KB145371

자연어 처리 쿡북
with 파이썬

자연어 처리 쿡북
with 파이썬

파이썬으로 NLP를 구현하는
60여 가지 레시피

크리슈나 바브사 · 나레쉬 쿠마르 · 프라탑 단게티 지음
지은 옮김

Packt> i!i 에이콘

지은이 소개

크리슈나 바브사^{Krishna Bhavsar}

서비스업, 은행업, 헬스케어 등과 같은 다양한 산업 영역에서 10년간 근무하며 자연어 처리, 소셜미디어 분석, 텍스트 마이닝 작업을 했다. Stanford CoreNLP, IBM의 SystemText와 BigInsights, GATE, NLTK와 같은 다양한 NLP 라이브러리에서 텍스트 분석과 관련된 산업 문제를 해결하기 위해 연구했다. 또한 유명 TV 프로그램과 인기 있는 리테일 브랜드와 제품에 대한 소셜미디어 반응을 분석하는 일을 하고 있다. 2010년 NAACL에서 감정 분석 기술에 관한 논문을 발표했다. 최근에 NLP 파이프라인/툴 세트를 만들어 대중에게 오픈소스로 공개했다. 학문과 기술 외에도 오토바이와 축구에 대한 열정을 지니고 있다. 여가 시간에는 여행하고 탐험하는 것을 좋아한다. 오토바이로 인도를 일주하고 배낭여행으로 동남아시아와 유럽 대부분의 국가를 여행했다.

무엇보다도 인생에서 가장 큰 원동력이자 굳건한 지지자가 돼 주신 어머니께 감사드리고 싶습니다. Synerzip의 경영 팀과 모든 친구들에게 저의 이 여정에 대해 지지해주신 것에 대해 감사드립니다. 마지막으로 람과 도로시에게 직업적으로 어려운 시기에 함께해준 데 특별히 감사드립니다.

나레쉬 쿠마르^{Naresh Kumar}

「포춘^{Fortune}」이 선정한 5백대 기업에서 대규모 인터넷 애플리케이션을 설계, 구현하고 운용하는 데 수십 년 이상의 전문 경험을 보유하고 있다. 전자상거래, 웹 호스팅, 의료, 빅데이터 및 분석, 데이터 스트리밍, 광고, 데이터베이스 등의 분야에서 실무 경험을 쌓은 풀스택 아키텍트다. 오픈소스를 신봉하며 적극적으로 기여한다. 리눅스 시스템 내부에서부터 프론트엔드 기술에 이르기까지 최신식의 새로운 기술을 계속 유지한다. 인도 라자스탄주Rajasthan에 있는 비츠 필라니BITS-Pilani대학에서 컴퓨터과학과 경제학을 복수 전공했다.

프라탑 단게티Pratap Dangeti

인도 방갈로르Bangalore의 리서치 및 혁신 연구소 TCS에서 구조화, 이미지, 텍스트 데이터를 위한 머신 러닝과 딥러닝 솔루션을 개발한다. 해석학과 데이터 과학 분야 양쪽에서 많은 경험을 쌓았다. 산업공학과 운영 연구 프로그램으로 IIT 봄베이에서 석사 학위를 받았다. 인공지능 애호가이자 여가 시간에는 미래의 기술과 혁신적인 방법론에 관해 읽기를 좋아한다. 『머신 러닝과 통계』(에이콘, 2018)를 저술하기도 했다.

제 사회생활 내내 그리고 책을 쓰는 동안 지지해준 어머니 락슈미에게 감사드리고 싶습니다. 어머니께 이 책을 바칩니다. 또한 격려해준 가족과 친구들에게 감사드립니다. 그들이 없었으면 이 책을 쓸 수 없었을 것입니다.

기술 감수자 소개

후안 토마스 올리바 라모스^{Juan Tomas Oliva Ramos}

멕시코 과나후아토대학의 환경 엔지니어로 행정 공학 및 품질 분야의 석사 학위를 받았다. 특허 관리 및 개발, 기술 혁신 프로젝트 및 프로세스의 통계 제어를 통한 기술적 솔루션 개발 분야에서 5년 이상의 경력을 쌓았다.

2011년부터 통계, 기업가 정신 및 프로젝트의 기술 개발을 가르치고 있다. 기업가 멘토가되어 멕시코의 과나후아토 인스티튜트 테크놀로지^{Instituto Tecnologico Superior de Purisima del Rincon Guanajuato}에서 기술 관리와 기업가 정신 관련 학과를 개설했다.

알파오메가^{Alfaomega}의 서평가이며 『Wearable Designs for Smart Watches, Smart TVs and Android Mobile Devices』를 쓰고 있다.

또한 운영 개선을 위한 프로그래밍 및 자동화 기술을 통해 특허를 받은 프로토타입을 개발했다.

이 책을 검토할 수 있는 지혜와 겸손함을 주신 하나님께 감사드립니다.

또한 이 훌륭한 책을 검토하고 헌신적인 사람들과 협력할 수 있는 기회를 주신 팩트출판사에 감사드립니다.

아름다운 아내 브렌다, 우리 두 공주님 마리아 레히나와 마리아 레나타 그리고 우리의 다음 식구인 앙헬 타데오 여러분 모두에게 감사합니다. 제게 새로운 날을 시작하기 위한 힘과 행복과 기쁨을 주십시오. 나의 가족이 돼 줘서 고맙습니다.

옮긴이 소개

지은(writer@llun.com)

인포메이션 아키텍처, 데이터 시각화, 콘텐츠 큐레이션 등 다방면에 관심이 많다. 장르를 불문하고, 글을 짓는 작가들 그리고 어떤 언어로 된 글을 다른 언어의 글로 옮기는 데 힘을 쏟고 있는 모든 이에게 경의를 표한다.

옮긴이의 말

이 책의 원제는 『Natural Language Processing with Python Cookbook』이다. 제목에서 알 수 있듯이 파이썬보다는 자연어 처리에 초점 맞춰져 있고, 파이썬은 도구로 사용하는 셈이다. 파이썬은 다양한 라이브러리가 잘 갖춰져 있어 텐서플로^{TensorFlow}를 비롯한 '딥러닝'용 언어로 주목받는 것은 물론, 프로그래밍 초보자나 학생들의 코딩 입문용에 이르기까지 전천후로 쓰이는 언어다. 바꿔 말해 자연어 처리를 배우기에 적합한 언어인 것이다. 파이썬 언어의 문법을 모르더라도 책에 나오는 레시피를 차근차근 따라 해보며 동작원리를 파악할 수 있지만 구문^{syntax}을 세세하게 설명하지 않으므로 파이썬의 기본적인 이해는 필요하다. 만약 파이썬을 처음 접한다면 입문서를 읽어보거나 간단한 강의를 먼저 경험해볼 것을 추천한다.

이 책은 짤막한 레시피 형태의 구성으로 언제든 필요한 부분을 펼쳐볼 수 있게 돼 있다. 다만 이전 레시피가 다음 레시피에 활용되는 경우가 많으니 처음 한 번은 순서대로 읽어보고, 이후 코드 실습과 함께 원하는 부분을 다시 찾아볼 것을 권한다. 이 책에서는 자연어 처리와 관련된 전반적인 영역에 걸쳐 부품이자 재료들을 제공하고 있으니, 두 가지 혹은 그 이상의 레시피를 다양한 방식으로 조합한다면 다채로운 애플리케이션을 만들어볼 수 있을 것이다.

번역과 관련해 한마디 덧붙인다면 항상 용어 선택이 가장 어렵다. 실무 현장에서는 갈수록 대부분의 IT 용어와 프로그래밍 용어가 원어(영어) 그대로 쓰이는 듯하다. 딥러닝을 심층 학습이라고 부르지 않는 것이 한 예다. 그렇지만 NLP는 '자연 언어 처리'라는 고유 영역이 있어 이 분야에서 통용되는 우리말이 있는 경우는 우리말로 옮겼다. 가령 'POS^{part of speech}'는 품사로 통일했고 'corpus', 'copora'는 '코퍼스'가 아니라 '말뭉치'로 적었다. 단, '브라운 코퍼스'와 같이 고유명사처럼 쓰이는 단어만 일부 예외를 뒀음을 참고하길 바란다.

차례

들어가며

자연어 처리에 관심을 가지고 이 책을 선택해주신 독자 여러분에게 감사 인사를 전한다. 이 책은 NLP 솔루션을 기초부터 이해하고 구현하기 위한 실용적인 관점을 제공한다. 자연어 툴킷^{NLTK}에 내장된 데이터 소스에 접근하고 자신의 소스를 만드는 것으로 시작하는 여정을 도와줄 것이다. 그런 다음 텍스트 정규화^{normalization}, 전처리^{preprocessing}, 품사 태깅 ^{POS tagging}, 구문 분석^{parsing} 등 복잡한 NLP 솔루션을 작성하게 된다.

이 책에서는 자연어 처리에서의 딥러닝 적용에 필요한 다양한 기본 사항이자 최첨단 기술을 다룬다. 케라스^{Keras} 소프트웨어를 사용해 딥러닝의 응용에 대해 설명할 것이다.

이 책은 다음과 같은 목표로 썼다.

- 다양한 기본 지식을 자세하게 설명해 초보자가 작업 속도를 높일 수 있도록 설계했다. 그리고 선택한 데이터에 알고리즘을 적용할 때, 좀 더 명확하게 이해할 수 있도록 다양한 개념을 새롭고 쉽게 설명할 것이다.
- NLP의 딥러닝 애플리케이션에 대한 새로운 트렌드를 소개한다.

이 책에서 다루는 내용

1장, 말뭉치와 워드넷 NLTK에서 기본 제공하는 말뭉치와 빈도 분포에 접근하는 방법을 소개한다. 워드넷이 무엇인지 알아보고 그 기능과 사용법을 탐구할 것이다.

2장, 처리 전 텍스트, 소싱, 정규화 다양한 형식의 데이터 소스에서 텍스트를 추출하는 방법을 보여준다. 웹상에서 원시 텍스트를 추출하는 방법도 배우게 된다. 이러한 이질적인 소스로부터 원시 텍스트를 정규화하고, 텍스트를 말뭉치로 조직화할 것이다.

3장, 전처리 토큰화, 스테밍, 원형 복원, 편집 거리와 같이 몇 가지 중요한 사전 처리 단계를 소개한다.

4장, 정규표현식 가장 기본적이고 간단하지만 가장 중요하면서 강력한 도구 중 하나를 다룬다. 텍스트 분석을 수행하는 방법으로 패턴 매칭의 개념을 배우게 되며, 이를 위해 정규표현식보다 더 좋은 도구는 없다.

5장, 품사 태깅과 문법 품사 태깅은 구문 분석의 기초를 형성하며 문법은 품사 태그 및 청크를 사용해 형성되고 변형될 수 있다. 자체 품사 태거 및 문법을 사용하고 또 작성하는 법을 배운다.

6장, 청킹, 문장 구문 분석, 의존성 기본 제공 청커를 사용하는 방법을 배우고 자체 청커(의존성 파서)를 학습/작성하는 데 도움을 준다. 훈련된 모델을 평가하는 방법을 배우게 된다.

7장, 정보 추출과 텍스트 분류 개체명 인식에 대해 자세히 알려준다. 내장된 개체명을 사용하거나 딕셔너리를 사용해 개체명을 생성할 것이다. 기본 제공되는 텍스트 분류 알고리즘과 애플리케이션 주변의 간단한 레시피를 사용하는 방법을 배워보자.

8장, 고급 NLP 레시피 지금까지 모든 수업을 결합하고 실제 응용 문제에 쉽게 적용할 수 있는 응용 가능한 레시피를 만드는 방법에 관한 것이다. 텍스트 유사도, 요약, 감정 분석, 표현 합성, 대용어 처리 등과 같은 레시피를 작성한다.

9장, NLP에서의 딥러닝 적용 이메일 분류, CNN 및 LSTM의 감정 분류, 마지막으로 저차원 공간에서의 고차원 단어 시각화와 같은 NLP 문제의 애플리케이션을 사용하는 딥러닝에 필요한 다양한 기본적인 사항을 전달한다.

10장, NLP 분야에서 딥러닝의 고급 응용 딥러닝을 이용한 최첨단 문제 해결 방법을 설명한다. 단편적인 사건들로 이뤄진episodic 데이터에 대한 답변, 다음 최상의 단어를 예측하기 위한 언어 모델링 그리고 생성 기법을 사용하는 챗봇chatbot 개발을 포함한다.

이 책의 레시피를 성공적으로 수행하려면 2.0GHz 이상의 프로세서와 최소 4GB RAM을 갖춘 윈도우 또는 유닉스 기반 운영 체제에 파이썬 3.x 이상 버전이 실행돼야 한다. 파이썬 개발용 IDE는 시중에 여러 제품이 있지만 개인적으로는 파이참^{PyCharm} 커뮤니티 에디션을 선호한다. 젯브레인^{Jetbrains}에서 개발한 무료 IDE로, 오픈소스다. 젯브레인이 개발한다는 건 지원이 우수하고 업데이트와 수정 사항이 꾸준하게 배포되고 있다는 뜻이다. 인텔리J^{IntelliJ}의 친숙성은 학습 곡선을 매우 평탄하게 유지해준다.

이 책은 독자가 케라스의 기초와 라이브러리 설치 방법을 알고 있다고 전제하되, 딥러닝과 선형 대수학 등의 지식은 갖추고 있지 않아도 무방하다.

책에서는 다음 버전의 소프트웨어를 사용했지만 더 최신 버전으로도 원활하게 실행된다.

- Anaconda 3-4.3.1(파이썬 및 관련 패키지는 모두 Anaconda에 포함됨, Python-3.6.1, NumPy-1.12.1, Pandas-0.19.2)
- Theano-0.9.0
- Keras-2.0.2
- feedparser-5.2.1
- bs4-4.6.0
- gensim-3.0.1

NLP를 사용해 고급 텍스트 분석을 구현하고자 기존 기술을 업그레이드하려는 데이터 과학자, 데이터 분석가를 대상으로 한다. 자연어 처리에 대한 몇 가지 기본 지식이 있으면 좋다.

NLP에 대한 지식이 없는 초보자 혹은 NLP의 전통적인 기법에서 NLP 애플리케이션의 최첨단 딥러닝 기술에 대한 지식을 확장하고자 하는 경험이 풍부한 전문가를 대상으로 한다.

절

이 책에는 자주 나타나는 여러 제목(준비하기, 수행 방법, 동작 원리, 추가 정보, 참고 항목)이 있다. 레시피 작성법에 대한 명확한 지침을 제공하기 위해 다음과 같은 절을 사용한다.

준비하기

이 절에서는 레시피에서 기대할 수 있는 것을 알려주고 레시피에 필요한 소프트웨어 또는 사전 설정을 준비하는 방법을 설명한다.

수행 방법

이 절에는 레시피를 수행하는 데 필요한 단계가 포함돼 있다.

동작 원리

이 절은 일반적으로 이전 절에서 발생한 일에 대한 자세한 설명으로 구성된다.

추가 정보

이 절은 독자가 레시피에 대해 더 잘 이해할 수 있도록 하기 위해 레시피에 대한 추가 정보로 구성된다.

참고 항목

이 절은 레시피에 대한 다른 유용한 정보에 대한 유용한 링크를 제공한다.

편집 규약

독자의 이해를 돕고자 다루는 정보에 따라 글꼴 스타일을 다르게 적용했다. 다음은 이러한 스타일의 예와 그 의미에 대한 설명이다.

텍스트, 데이터베이스 테이블 이름, 폴더 이름, 파일 이름, 파일 확장자, 경로 이름, 더미 URL, 사용자 입력, 트위터 핸들의 코드 단어는 다음과 같이 표시된다. "reuters.py라는 새 파일을 만들고 다음 임포트행을 파일에 추가한다."

코드 단락은 다음과 같이 표기한다.

```
for w in reader.words(fileP):
    print(w + ' ', end='')
    if (w is '.'):
        print()
```

명령행 입력 또는 출력은 다음과 같이 표기한다.

```
# 딥러닝 모듈
>>> import numpy as np
>>> from keras.models import Sequential
```

새로운 용어와 **중요한 단어**는 굵게 표시한다.

 경고나 중요한 노트는 이와 같이 나타낸다.

 팁과 요령은 이와 같이 나타낸다.

독자 의견

독자 의견은 언제나 환영한다. 좋은 점 또는 고쳐야 할 점에 대한 솔직한 의견을 말해주길 바란다. 독자 의견은 우리에게 매우 중요하다. 앞으로 더 좋은 책을 발행하는 데 큰 도움이 되기 때문이다.

일반적인 의견을 보내려면 전달하고자 하는 내용에 책 제목을 달아 feedback@packtpub.com으로 이메일을 보내면 된다.

여러분이 전문 지식을 가진 주제가 있고 책을 내거나 만드는 데 기여하고 싶다면 http://www.packtpub.com/authors에서 저자 가이드를 참조하길 바란다.

고객 지원

독자에게 최대의 혜택을 주기 위한 몇 가지 서비스를 제공받을 수 있다.

예제 코드 다운로드

이 책에서 사용된 예제 코드는 http://www.packtpub.com/support를 방문해 이메일을 등록하면 파일을 직접 받을 수 있으며, 이 링크를 통해 원서의 Errata도 확인할 수 있다. 또한 https://github.com/PacktPublishing/Natural-Language-Processing-with-Python-Cookbook에서 다운 받을 수 있으며, 에이콘출판사의 도서정보 페이지인 http://www.acornpub.co.kr/book/nlp-python-cookbook에서도 예제 코드를 다운로드할 수 있다.

정오표

오타 없이 정확하게 만들기 위한 모든 수단을 동원해서 책을 만들지만 실수가 있을 수 있다. 문장이나 코드에서 문제를 발견했다면 우리에게 알려주기 바란다. 다른 독자들의 혼란을 방지하고 차후 나올 개정판을 개선하는 데 도움이 되기 때문이다. 오류를 발견했다면 http://www.packtpub.com/submit-errata에서 책 제목을 선택하고 Errata Submission Form 링크를 클릭해 자세한 내용을 입력할 수 있다. 보내준 오류 내용이 확인되면 웹사이트에 그 내용이 올라가거나 해당 서적의 정오표 부분에 그 내용이 추가될 것이다.

기존 오류 수정 내용은 https://www.packtpub.com/books/content/support 검색창에 책 제목을 입력해보라. Errata 절 하단에 필요한 정보가 나타날 것이다.

한국어판은 에이콘출판사의 도서정보 페이지 http://www.acornpub.co.kr/book/nlp-python-cookbook에서 찾아볼 수 있다.

저작권 침해

인터넷에서의 저작권 침해는 모든 매체에서 벌어지고 있는 심각한 문제다. 팩트출판사에선 저작권과 라이선스 보호를 매우 심각하게 인식하고 있다. 어떤 형태로든 팩트출판사 서적의 불법 복제물을 인터넷에서 발견했다면 적절한 조치를 취할 수 있도록 해당 주소나 사이트명을 알려주길 바란다.

의심되는 불법 복제물 링크를 copyright@packtpub.com으로 보내주길 바란다. 저자를 보호하고 가치 있는 내용을 계속 만들 수 있도록 도와주는 독자 여러분의 마음에 깊은 감사의 뜻을 전한다.

질문

이 책과 관련해서 어떠한 종류의 질문이라도 있다면 questions@packtpub.com으로 문의하길 바란다. 최선을 다해 질문에 답하겠다. 한국어판에 관한 질문은 에이콘출판사 편집 팀(editor@acornpub.co.kr)으로 문의해주길 바란다.

1 말뭉치와 워드넷

1장에서는 다음과 같은 레시피를 다룬다.

- 내장 말뭉치 액세스
- 외부 말뭉치 다운로드, 로드하고 액세스하기
- 브라운 코퍼스에서 세 가지 장르의 wh 단어[1] 모두 세기
- 웹 및 채팅 텍스트 자료 파일 중 하나에서 빈도 분포 작업 탐색
- 모호한 단어를 가지고 워드넷을 사용해 모든 의미 탐구
- 두 개의 구별되는 동의어 집합을 선택하고 워드넷을 사용해 상위어와 하위어 개념 탐색
- 워드넷으로 명사, 동사, 형용사, 부사의 다의어 평균 계산

---

1 질문 및 관련 절을 소개하는 데 사용되는 영어 단어 클래스. 우리말로는 '육하원칙'이라고 하는 who, where, when, what, why, how 같은 단어들이다. - 옮긴이

소개

현실 세계의 **자연어 처리**^{NLP, Natural Language Processing} 문제를 해결하려면 방대한 양의 데이터로 작업해야 한다. 이 데이터는 일반적으로 오픈 디아스포라^{diaspora} 및 NLTK 패키지 애드온의 형태로 제공된다. 예를 들어 맞춤법 검사기를 만들려면 일치하는 단어의 방대한 말뭉치가 필요하다.

1장에서 다루는 내용은 다음과 같다.

- NLTK에서 가용한 각종 유용한 텍스트 말뭉치 소개
- 파이썬에서 이러한 기본 말뭉치에 액세스하는 방법
- 빈도 분포로 작업하기
- 워드넷과 어휘 기능 소개

실용적인 관점에서 이러한 것들을 배워볼 것이다. 레시피를 통해 위 목표를 모두 달성하는 연습을 해보려고 한다.

내장 말뭉치 액세스

앞서 설명했듯이 NLTK와 함께 사용할 수 있는 많은 말뭉치^{corpora}가 있다. 이미 컴퓨터에 NLTK 데이터를 다운로드해 설치했다고 가정하겠다. 아직 설치 전이라면 http://www.nltk.org/data.html에서 찾아볼 수 있다.[2] 또한 NLTK 데이터에서 사용 가능한 전체 목록은 http://www.nltk.org/에서 확인할 수 있다.

첫 번째 레시피이자 작업은 이러한 말뭉치 중 하나에 액세스하는 방법을 배우는 것이다. 로이터 코퍼스^{Reuters corpus} 혹은 다른 것으로 몇 가지 테스트를 해보자. 말뭉치를 우리 프로그램에 임포트하고 다양한 방식으로 액세스해보려 한다.

---

2 nltk 데이터를 다운로드하기 전에 nltk를 설치해줘야 한다. 윈도우에서는 pip install nltk 명령으로, 다른 OS는 다음 링크를 참조한다. http://www.nltk.org/install.html – 옮긴이

1. reuters.py라는 새 파일을 만들고 다음 임포트행을 추가한다. 이렇게 하면 전체 NLTK 데이터 중 우리 프로그램 내에서는 reuters 코퍼스에만 액세스할 수 있다.

```
from nltk.corpus import reuters
```

2. 이제 이 말뭉치에서 정확히 무얼 쓸 수 있는지 확인하고자 한다. 가장 간단한 방법은 corpus 객체에서 fileids() 함수를 호출하는 것이다. 프로그램에 다음 행을 추가한다.

```
files = reuters.fileids()
print(files)
```

3. 이제 프로그램을 실행하면 다음과 비슷한 결과가 나온다.

```
['test/14826', 'test/14828', 'test/14829', 'test/14832',
'test/14833', 'test/14839',
..., 'training/9995']
```

이들은 파일 목록과 reuters 코퍼스에 있는 각각의 상대 경로다.

4. 이제 이 파일들의 실제 내용에 접근할 것이다. 이를 위해 corpus 객체에서 words() 함수를 다음과 같이 사용할 것이고 test/16097 파일에 액세스할 것이다.

```
words16097 = reuters.words(['test/16097'])
print(words16097)
```

5. 프로그램을 다시 실행하면 새로운 출력행이 나타난다.

```
['UGANDA', 'PULLS', 'OUT', 'OF', 'COFFEE', 'MARKET', ...]
```

보다시피, test/16097 파일에 있는 단어 목록이 표시된다. 전체 단어 목록이 메모리 객체에 로드되지만 일부는 생략돼 표시된다.

6. 이제 동일한 파일 test/16097에서 특정 수의 단어(20개)에 액세스하려고 한다. 그렇다! 우리는 액세스하려는 단어의 수를 지정하고 리스트에 저장하여 사용할 수 있다. 코드에 다음 두 줄을 추가하라.

```
words20 = reuters.words(['test/16097'])[:20]
print(words20)
```

이 코드를 실행하면 출력행이 추가된다.

```
['UGANDA', 'PULLS', 'OUT', 'OF', 'COFFEE', 'MARKET', '-', 'TRADE',
'SOURCES', 'Uganda', "'", 's', 'Coffee', 'Marketing', 'Board', '(',
'CMB', ')', 'has', 'stopped']
```

7. 앞으로 로이터 코퍼스는 파일 목록뿐만 아니라 90개 주제로 계층적으로 분류된다. 각 주제에는 다수의 파일이 연결돼 있다. 즉, 주제 중 하나에 액세스하면 실제로 해당 주제와 연관된 모든 파일 세트에 액세스하고 있다는 것이다.

먼저 다음 코드를 추가해 카테고리 목록을 출력해보겠다.

```
reutersGenres = reuters.categories()
print(reutersGenres)
```

코드를 실행하면 다음 내용이 콘솔에 추가된다.

```
['acq', 'alum', 'barley', 'bop', 'carcass', 'castor-oil', 'cocoa',
'coconut', 'coconut-oil', ...
```

90개의 범주가 모두 표시된다.

8. 마지막으로 두 항목에 액세스할뿐만 아니라 행마다 하나의 문장으로 완만하게 선언된 형태로 단어를 출력하는 네 줄의 간단한 코드를 작성한다.

다음 코드를 파이썬 파일에 추가한다.

```
for w in reuters.words(categories=['bop','cocoa']):
    print(w+' ',end='')
    if(w is '.'):
        print()
```

9. 간단히 설명하면, 먼저 'bop'과 'cocoa' 카테고리를 선택하고 이 두 카테고리 파일의 모든 단어를 출력했다. 마침표(.)가 나올 때마다 새로운 행을 삽입했다. 코드를 실행하면 다음과 비슷한 내용이 콘솔에 출력된다. NLTK가 업데이트된다면 출력 내용이 일부 달라질 가능성도 있다. 코드가 정상적으로 동작한다면 형태는 대부분 유사하게 유지될 것이다. 이후 나올 말뭉치를 이용하는 다른 레시피의 출력도 모두 마찬가지다.

```
['test/14826', 'test/14828', 'test/14829', 'test/14832',
'test/14833', 'test/14839', ...
['UGANDA', 'PULLS', 'OUT', 'OF', 'COFFEE', 'MARKET', ...]
['UGANDA', 'PULLS', 'OUT', 'OF', 'COFFEE', 'MARKET', '-', 'TRADE',
'SOURCES', 'Uganda', "'", 's', 'Coffee', 'Marketing', 'Board', '(',
'CMB', ')', 'has', 'stopped']
['acq', 'alum', 'barley', 'bop', 'carcass', 'castor-oil', 'cocoa',
'coconut', 'coconut-oil', ...
SOUTH KOREA MOVES TO SLOW GROWTH OF TRADE SURPLUS South Korea ' s
trade surplus is growing too fast and the government has started
taking steps to slow it down , Deputy Prime Minister Kim Mahn-je
said .
He said at a press conference that the government planned to
increase investment , speed up the opening of the local market to
foreign imports, and gradually adjust its currency to hold the
surplus " at a proper level ." But he said the government would not
allow the won to appreciate too much in a short period of time .
South Korea has been under pressure from Washington to revalue the
won .
The U .
S .
Wants South Korea to cut its trade surplus with the U .
S ., Which rose to 7 .
4 billion dlrs in 1986 from 4 .
3 billion dlrs in 1985 .
 .
 .
 .
```

외부 말뭉치 다운로드, 로드하고 액세스하기

이제는 기본 제공 말뭉치를 로드하고 액세스하는 방법을 배웠으니 외부 말뭉치를 다운로드, 로드하고 액세스하는 방법을 배울 것이다. 다양한 기본 제공 말뭉치는 교육용으로 매우 유용하지만 실제 문제를 해결하려면 일반적으로 외부 데이터셋이 필요하다. 이 레시피를 위해 긍정과 부정적인 리뷰라는 레이블이 이미 분류돼 있어 감정 분석 모듈을 학습하기 위해 널리 사용되는 **코넬 CS 영화 리뷰**^{Cornell CS Movie Review} 말뭉치를 사용할 것이다.

준비하기

우선 인터넷에서 데이터셋을 다운로드해야 한다. 링크는 다음과 같다.

```
http://www.cs.cornell.edu/people/pabo/movie-review-data/mix20_rand700_tokens_
cleaned.zip
```

데이터셋을 다운로드하고 압축을 풀어서 나온 Reviews 디렉터리를 컴퓨터의 적당한 위치에 저장한다.

수행 방법

1. `external_corpus.py`라는 새 파일을 만들고 다음 임포트행을 추가한다.

   ```
   from nltk.corpus import CategorizedPlaintextCorpusReader
   ```

   다운로드한 말뭉치는 이미 분류돼 있으므로 `CategorizedPlaintextCorpusReader`를 사용해 주어진 자료를 읽고 로드한다. 이 방법으로 말뭉치의 카테고리가 채워지고, 이 경우에는 긍정과 부정이라는 결과를 얻을 수 있다.

2. 이제 말뭉치를 읽을 것이다. 앞서 다운로드한 파일에서 압축을 푼 Reviews 폴더의 절대 경로를 알아야 한다. 다음 네 줄의 코드를 추가한다.

```
reader = CategorizedPlaintextCorpusReader(r'/[볼륨명]/Data/NLPCookBook/
Reviews/txt_sentoken', r'.*\.txt', cat_pattern=r'(\w+)/*')
print(reader.categories())
print(reader.fileids())
```

첫 번째 줄은 CategorizedPlaintextCorpusReader 생성자를 호출해 말뭉치를 읽는 곳이다. 세 가지 인수는 컴퓨터의 txt_sentoken 폴더에 대한 절대 경로, txt_sentoken 폴더의 모든 샘플 문서 이름 및 주어진 말뭉치의 카테고리(이 경우 'pos'와 'neg')다. 면밀히 살펴보면, 세 가지 인자 모두 정규표현 패턴이라는 것을 알 수 있다. 다음 두 줄은 말뭉치가 올바르게 로드됐는지 확인하고 말뭉치의 관련 범주와 파일 이름을 출력한다.

프로그램을 실행하면 다음과 같은 내용이 표시된다.

```
['neg', 'pos']
['neg/cv000_tok-9611.txt', 'neg/cv001_tok-19324.txt', 'neg/cv002_tok-
3321.txt', 'neg/cv003_tok-13044.txt', 'neg/cv004_tok-25944.txt', 'neg/
cv005_tok-24602.txt', 'neg/cv006_tok-29539.txt', 'neg/cv007_tok-11669.
txt', 'neg/cv008_tok-11555.txt', 'neg/cv009_tok-19587.txt', 'neg/cv010_
tok-2188.txt',
```

3. 이제 말뭉치가 올바르게 로드됐는지 확인했으니 두 카테고리의 샘플 문서 중 하나에 액세스한다. 이를 위해 먼저 각각 'pos'와 'neg' 카테고리의 샘플을 포함하는 목록을 작성해보겠다.

```
posFiles = reader.fileids(categories='pos')
negFiles = reader.fileids(categories='neg')
```

reader.fileids() 메소드는 인수로 카테고리 이름을 받는다. 앞의 두 줄의 코드에서 수행하려는 작업은 보다시피 간단하고 직관적이다.

4. 이제 posFiles 및 negFiles의 각 목록에서 임의로 파일을 선택하자. 이를 위해서 파이썬 random 라이브러리의 randint() 함수가 필요하다. 다음 코드를 추가하고 이후 동작에 대해 자세히 설명한다.

```
from random import randint
fileP = posFiles[randint(0,len(posFiles)-1)]
fileN = negFiles[randint(0, len(negFiles) - 1)]
print(fileP)
print(fileN)
```

첫 번째 줄은 random 라이브러리에서 randint( ) 함수를 가져온다. 다음 두 파일
은 긍정 및 부정 범주 리뷰 세트에서 각각 임의의 파일을 선택한다. 마지막 두 줄
은 파일명을 출력한다.

5. 이제 두 개의 파일을 선택했으니 액세스해 문장으로 콘솔에 출력해보자. 첫 번째
   레시피에서 사용했던 방법을 사용해 한 줄씩 출력한다. 다음 코드 행을 추가한다.

```
for w in reader.words(fileP):
    print(w + ' ', end='')
    if (w is '.'):
        print()
for w in reader.words(fileN):
    print(w + ' ', end='')
    if (w is '.'):
        print()
```

for 루프는 모든 파일을 하나씩 읽고 콘솔에서 줄 단위로 출력한다. 레시피의 전
체 출력은 다음과 유사해야 한다.

```
['neg', 'pos']
['neg/cv000_29416.txt', 'neg/cv001_19502.txt',
 'neg/cv002_17424.txt', ...]
pos/cv182_7281.txt
neg/cv712_24217.txt
the saint was actually a little better than i expected it to be ,
in some ways .
in this theatrical remake of the television series the saint...
```

이 레시피의 핵심 요소는 NLTK의 CategorizedPlaintextCorpusReader 클래스다. 다운 로드한 말뭉치가 분류돼 있다는 것을 이미 알고 있기 때문에 reader 객체를 만들 때 적절한 인수만 제공하면 된다. CategorizedPlaintextCorpusReader 클래스의 구현은 샘플을 적절한 버킷(여기서는 'pos'와 'neg')에 로드하는 작업을 내부적으로 처리한다.

브라운 코퍼스에서 세 가지 장르의 wh 단어 모두 세기

브라운 코퍼스^{Brown corpus}는 NLTK 데이터 패키지의 일부다. 브라운대학에서 만든 가장 오래된 텍스트 말뭉치 가운데 하나로, 뉴스, 유머, 종교 등과 같은 15가지 장르/범주로 광범위하게 분류한 500개의 텍스트를 모아 놓은 것이다.

이 말뭉치는 텍스트에 이미 주제/개념이 할당돼 있는 분류(때로는 겹침)된 일반 텍스트 말뭉치를 보여주는 좋은 사례다. 따라서 그에 대해 수행하는 모든 분석은 첨부된 주제를 준수할 수 있다.

준비하기

이 레시피의 목적은 주어진 말뭉치에서 간단한 계산 작업을 수행하도록 하는 것이다. 여기서는 nltk 라이브러리의 FreqDist 객체를 사용하지만 FreqDist의 기능에 대한 자세한 설명은 다음 레시피에서 다룬다. 여기서는 적용 문제에 집중할 것이다.

수행 방법

1. BrownWH.py라는 새 파일을 만들고 시작하려면 다음 임포트문을 추가한다.

```
import nltk
from nltk.corpus import brown
```

nltk 라이브러리와 브라운 코퍼스를 임포트했다.

2. 다음으로 말뭉치에서 모든 장르를 확인하고, 작업을 진행하기 위해 세 가지 카테고리를 선택할 것이다.

```
print(brown.categories())
```

brown.categories() 함수를 호출하면 브라운 코퍼스의 모든 장르 리스트를 반환한다. 이를 실행하면 다음과 같은 출력이 표시된다.

```
['adventure', 'belles_lettres', 'editorial', 'fiction',
'government', 'hobbies', 'humor', 'learned', 'lore', 'mystery',
'news', 'religion', 'reviews', 'romance', 'science_fiction']
```

3. 이제 이 리스트에서 3가지 genres(fiction, humor, romance; 소설, 유머, 로맨스)를 선택하고 이들 genres의 텍스트에서 뽑아내고자 하는 whwords를 선택한다.

```
genres = ['fiction', 'humor', 'romance']
whwords = ['what', 'which', 'how', 'why', 'when', 'where', 'who']
```

선택된 세 genres와 7가지 whwords를 포함하는 또 다른 리스트를 만들었다.

 무엇을 whwords로 간주하는지에 따라 리스트는 더 길거나 짧을 수 있다.

4. genres와 리스트에서 세고 싶은 단어가 있으므로, for 루프를 반복적으로 사용해 반복하고 코드 줄 수를 최적화한다. 그래서 먼저 genres 리스트에 for 반복문을 작성한다.

```
for i in range(0,len(genres)):
    genre = genres[i]
    print()
    print("'"+ genre + "' wh 단어 분석")
    genre_text = brown.words(categories = genre)
```

이 네 줄의 코드는 genres 리스트를 반복하고 genre_text 변수의 각 장르의 전체 텍스트를 연속 목록 단어로 로드한다.

5. 다음은 nltk 라이브러리의 FreqDist 객체를 사용하는 작은 구문 복합이다. 지금은 문법과 그로부터 얻을 수 있는 광범위한 수준의 출력을 이해해보자.

```
fdist = nltk.FreqDist(genre_text)
```

FreqDist()는 단어 목록을 받아들이고 입력 단어 목록에 매핑되는 단어와 해당 빈도가 포함된 개체를 반환한다. 여기서 fdist 객체는 genre_text 단어 목록에 있는 각 고유 단어의 빈도를 포함한다.

6. 다음 단계가 어떻게 진행될지 이미 짐작했을 것이다. FreqDist()가 반환 fdist 개체에 액세스하는 각각의 wh 단어 수를 가져온다. 직접 해보자.

```
for wh in whwords:
    print(wh + ':', fdist[wh], end=' ')
```

whwords 리스트를 반복하면서 fdist 객체에 인덱스로 각각의 wh 단어를 사용해 모든 빈도/개수를 되찾아서 출력한다.

전체 프로그램을 실행하면 다음과 같은 출력을 볼 수 있다.

```
['adventure', 'belles_lettres', 'editorial', 'fiction',
'government', 'hobbies', 'humor', 'learned', 'lore', 'mystery',
'news', 'religion', 'reviews', 'romance', 'science_fiction']
'fiction' wh 단어 분석
what: 128 which: 123 how: 54 why: 18 when: 133 where: 76 who: 103
'humor' wh 단어 분석
what: 36 which: 62 how: 18 why: 9 when: 52 where: 15 who: 48
'romance' wh 단어 분석
what: 121 which: 104 how: 60
why: 34 when: 126 where: 54 who: 89
```

동작 원리

결과를 분석해보면 콘솔에서 선택된 3개의 genres에 대한 단어가 모두 7개라는 것을 명확하게 알 수 있다. wh 단어의 모집단을 계산해 주어진 텍스트가 상대적 절 또는 의문문에서 높은지 여부를 어느 정도 측정할 수 있다. 마찬가지로, 주어진 텍스트와 여러분의 온톨로지ontology와의 관련성을 이해하기 위해 단어 수를 얻고 싶은 중요한 단어 온톨로지 목록을 만들 수 있다. 단어 집단의 수를 세고 계수의 분포를 분석하는 것은 텍스트 분석을 시작하는 오래되고 간단하며 가장 인기 있는 트릭 가운데 하나다.

웹 및 채팅 텍스트 자료 파일 중 하나에서 빈도 분포 작업 탐색

웹 텍스트 및 채팅 텍스트는 비형식적 문헌이며, 이름에서 알 수 있듯이 파이어폭스Firefox 토론 포럼, 영화 대본, 와인 리뷰, 개인 광고, 청각 대화 등의 콘텐츠가 포함돼 있다. 이 레시피의 목표는 빈도 분포 및 특징, 기능의 사용법을 이해하는 것이다.

준비하기

이 레시피의 목표에 따라 `nltk.corpus.webtext` 내부의 개인 광고 파일에서 빈도 분포를 실행한다. 그 다음 뚜렷한 단어, 가장 일반적인 단어 10개, 최대 빈도 단어, 빈도 분포 플롯 및 집계와 같은 `nltk.FreqDist` 개체의 다양한 기능을 살펴보겠다.[3]

수행 방법

1. webtext.py라는 새 파일을 만들고 다음 세 줄을 추가한다.[4]

```
import nltk, matplotlib
from nltk.corpus import webtext
print(webtext.fileids())
```

방금 필요한 라이브러리와 webtext 코퍼스를 임포트했다. 동시에 이들을 구성하는 파일명도 출력했다. 프로그램을 실행하면 다음과 같은 결과를 볼 수 있다.

---

3 matplotlib 라이브러리가 설치돼 있어야 한다. 아직 설치하지 않았다면 pip install matplotlib 명령어로 설치한다. - 옮긴이
4 matplotlib도 임포트한다. - 옮긴이

```
['firefox.txt', 'grail.txt', 'overheard.txt', 'pirates.txt',
 'singles.txt', 'wine.txt']
```

2. 이제 개인 광고 데이터가 포함된 파일을 선택하고 빈도 분포를 실행한다. 다음
   세 줄을 추가한다.

```
fileid = 'singles.txt'
wbt_words = webtext.words(fileid)
fdist = nltk.FreqDist(wbt_words)
```

   singles.txt에는 목표 데이터가 들어 있다. 그래서 wbt_words에 그 파일의 단어
   를 담고 freqDist 객체 fdist를 얻기 위해 빈도 분포를 실행했다.

3. 가장 일반적으로 나타나는 단어(fdist.max() 함수 사용)와 해당 단어의 카운트
   (fdist[fdist.max()] 연산 사용)를 표시하는 다음 행을 추가한다.

```
print('최대 발생 토큰 "',fdist.max(),'" 수 : ', fdist[fdist.max()])
```

4. 다음 행은 fdist.N() 함수를 사용해 빈도 분포의 주머니에서 뚜렷한 단어 수를
   보여준다. 코드에 다음 행을 추가한다.

```
print('말뭉치 내 총 고유 토큰 수 : ', fdist.N())
```

5. 이제 선택한 말뭉치에서 가장 빈번하게 쓰인 단어 10개를 찾아보자. fdist.
   most_common() 함수를 사용하면 된다. 코드에 다음 두 줄을 추가한다.

```
print('말뭉치에서 가장 흔한 10개 단어는 다음과 같습니다.')
print(fdist.most_common(10))
```

6. fdist.tabulate() 함수를 사용해 전체 빈도 분포를 표로 만들어보겠다. 코드에
   다음 행을 추가한다.

```
print('개인 광고의 빈도 분포')
print(fdist.tabulate())
```

7. 이제는 fdist.plot() 함수를 사용해 누적 빈도가 있는 도수 분포 그래프를 그려
   볼 것이다.

```
fdist.plot(cumulative=True)
```

프로그램을 실행하고 출력을 확인해보자. 결과는 다음 절에서 논의할 것이다.

```
['firefox.txt', 'grail.txt', 'overheard.txt', 'pirates.txt',
'singles.txt', 'wine.txt']
```

최대 발생 토큰 " , " 수 : **539**

말뭉치 내 총 고유 토큰 수 : **4867**

말뭉치에서 가장 흔한 **10**개 단어는 다음과 같습니다.

```
[(',', 539), ('.', 353), ('/', 110), ('for', 99), ('and', 74),
('to', 4),
('lady', 68), ('-', 66), ('seeks', 60), ('a', 52)]
```

개인 광고의 빈도 분포

```
, . / for and to lady ........
539 353 110 99 74 74 ........
None
```

또한 다음의 그래프 팝업을 보게 될 것이다.

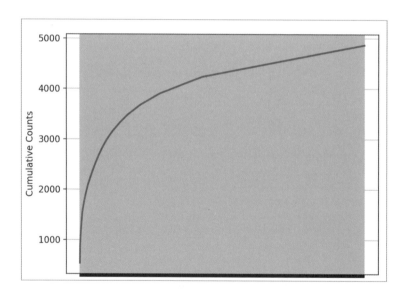

동작 원리

결과를 분석해보면 결과를 모두 매우 직관적으로 알 수 있다. 하지만 특이한 점은 대부분 의미가 없다는 것이다. 최대 빈도수의 토큰은 ',' 이다. 가장 일반적인 토큰 10개를 보면 대상 데이터셋에 대해 알 수 있는 것이 많지 않다. 그 이유는 말뭉치에서 사전 처리 작업이 수행되지 않았기 때문이다. 3장에서 불용어^{stop word} 처리라고 하는 가장 기본적인 전처리 단계 중 하나를 배우면 그 차이점을 알게 될 것이다.

모호한 단어를 가지고 워드넷을 사용해 모든 의미 탐구

이 레시피부터 줄곧 워드넷에 주목할 것이다. 제목에서 볼 수 있듯이 단어의 뜻^{sense}이 무엇인지 탐구할 것이다. 개략적으로 설명하면 영어는 매우 모호한 언어. 거의 하나 걸러 하나의 단어는 다른 맥락에서 다른 의미를 가지고 있다. 예를 들어 지구상의 거의 모든 언어 코스에서 처음 10개의 영어 단어 중 하나로 배우게 될 가장 단순한 단어인 bat을 예로 들어보자. 첫 번째 의미는 크리켓, 야구, 테니스, 스쿼시 등과 같은 다양한 스포츠에서 공을 치는 데 사용되는 클럽이다.

이제 bat(박쥐)은 밤에 날아다니는 야행성 포유류를 의미할 수도 있다. Bat은 DC 코믹스에 의하면 배트맨이 좋아하는 가장 진보된 운송 수단이기도 하다. 이들은 모두 명사 변형이다. 동사의 가능성을 생각해보자. Bat은 또한 눈 깜빡임^{bat an eyelid}(깜짝 놀라다)을 의미할 수 있다. 결과적으로 싸움이나 시합에서 누군가를 흠씬 두들겨 패는 것을 의미할 수도 있다. 서론은 이것으로 충분하다고 믿는다. 이제 실제 레시피로 넘어가자.

준비하기

레시피의 목적을 염두에 두고 워드넷이 이해하는 다양한 뜻을 탐구할 단어를 선택해야 한다. 그렇다. NLTK에는 워드넷이 내장돼 있어 추가로 라이브러리를 설치할 필요가 없다. 자, 이 레시피의 예제로 또 다른 간단한 단어인 chair를 택하자.

1. ambiguity.py라는 새 파일을 만들고 다음 코드를 추가해 시작한다.

```
from nltk.corpus import wordnet as wn
chair = 'chair'
```

여기서 필요한 NLTK 말뭉치 리더 wordnet을 wn이라는 객체로 가져왔다. 지금까지 사용한 다른 말뭉치 리더와 마찬가지로 임포트할 수 있다. 다음 단계 준비를 위해 chair라는 단어가 포함된 문자열 변수를 만들었다.

2. 이 부분이 가장 중요한 단계다. 두 줄을 추가하고 현재 작업을 자세히 설명해 보려고 한다.

```
chair_synsets = wn.synsets(chair)
print('의자(Chair)의 뜻 Synsets :', chair_synsets, '\n\n')
```

첫 번째 줄은 간단해 보이지만 실제로는 내부 워드넷 데이터베이스에 액세스하고 단어 chair와 관련된 모든 뜻을 가져오는^{fetching} API 인터페이스다. 워드넷은 이러한 각 뜻의 synsets(동의어 집합)를 호출한다. 다음 줄은 단순히 인터프리터에게 방금 가져온 것을 출력하도록 요청한다. 이만큼만 실행하면 다음과 같은 결과가 나온다.

```
의자(Chair)의 뜻 Synsets : [Synset('chair.n.01'),
Synset('professorship.n.01'), Synset('president.n.04'),
Synset('electric_chair.n.01'), Synset('chair.n.05'),
Synset('chair.v.01'), Synset('moderate.v.01')]
```

보다시피 7개의 Synset이 리스트에 포함돼 있다. 워드넷 데이터베이스에 Chair라는 단어가 7가지 뜻으로 존재한다는 것을 의미한다.

3. 획득한 synset의 리스트를 반복하고 특정 작업을 수행하는 for 루프를 추가할 것이다.

```
for synset in chair_synsets:
    print(synset, ': ')
    print('Definition: ', synset.definition())
    print('Lemmas/Synonymous words: ', synset.lemma_names())
    print('Example: ', synset.examples(), '\n')
```

synset의 리스트를 반복하고 각각의 의미의 정의, 관련 기본형^{lemma}/동의어를 출력하고 문장에서 각 의미의 사용 예다. 하나의 전형적인 반복은 다음과 유사한 내용을 출력할 것이다.

```
Synset('chair.v.01') :
Definition: act or preside as chair, as of an academic department
in a university
Lemmas/Synonymous words: ['chair', 'chairman']
Example: ['She chaired the department for many years']
```

첫 번째 줄은 Synset의 이름이고, 두 번째 줄은 이 뜻/Synset의 정의이고 세 번째 줄은 이 Synset과 관련된 Lemmas를 포함하고 네 번째 줄은 예문이다.

다음과 같은 결과를 얻을 것이다.

```
의자(Chair)의 뜻 Synsets : [Synset('chair.n.01'),
Synset('professorship.n.01'), Synset('president.n.04'),
Synset('electric_chair.n.01'), Synset('chair.n.05'),
Synset('chair.v.01'), Synset('moderate.v.01')]
Synset('chair.n.01') :
Definition: a seat for one person, with a support for the back
Lemmas/Synonymous words: ['chair']
Example: ['he put his coat over the back of the chair and sat
down']
Synset('professorship.n.01') :
Definition: the position of professor
Lemmas/Synonymous words: ['professorship', 'chair']
Example: ['he was awarded an endowed chair in economics']
Synset('president.n.04') :
Definition: the officer who presides at the meetings of an
organization
Lemmas/Synonymous words: ['president', 'chairman', 'chairwoman',
chair', 'chairperson']
```

```
Example: ['address your remarks to the chairperson']
Synset('electric_chair.n.01') :
Definition: an instrument of execution by electrocution; resembles
an ordinary seat for one person
Lemmas/Synonymous words: ['electric_chair', 'chair', 'death_chair',
'hot_seat']
Example: ['the murderer was sentenced to die in the chair']
Synset('chair.n.05') :
Definition: a particular seat in an orchestra
Lemmas/Synonymous words: ['chair']
Example: ['he is second chair violin']
Synset('chair.v.01') :
Definition: act or preside as chair, as of an academic department
in a university
Lemmas/Synonymous words: ['chair', 'chairman']
Example: ['She chaired the department for many years']
Synset('moderate.v.01') :
Definition: preside over
Lemmas/Synonymous words: ['moderate', 'chair', 'lead']
Example: ['John moderated the discussion']
```

동작 원리

보다시피 chair라는 단어의 일곱 가지 의미에 대한 정의, 기본형, 예문이 출력에 표시된다. 위의 코드 샘플에서 상세히 설명한 작업에 대해 쉬운 API 인터페이스를 사용할 수 있다. 이제 워드넷이 어떻게 이러한 결론에 도달했는지에 대해 조금 이야기해보자. 워드넷은 단어에 대한 모든 정보를 계층적 방식으로 저장하는 단어 데이터베이스다. 이번 예제를 살펴보면 동의어 집합과 워드넷 저장 공간의 계층 구조적 특성에 대해 적고 있다. 다음 다이어그램에서 자세히 설명한다.

두 개의 구별되는 동의어 집합을 선택하고 워드넷을 사용해 상위어와 하위어 개념 탐색

하위어hyponym는 이전 레시피의 도입부에서 탐구한 'bat'과 같은 일반적인 단어보다 더 구체적인 의미의 단어다. 좀 더 구체적이라 함은 예를 들면 크리켓 방망이, 야구 방망이, 육식 박쥐, 스쿼시 라켓 등이 있다. 이는 정확히 무엇을 의미하려 하는지 의사소통하는 측면에서 좀 더 구체적이다.

하위어와는 반대로 상위어hypernym는 동일한 개념의 더 일반적인 형태 또는 단어다. 예를 들어 bat은 일반적인 단어이며 야구방망이, 막대, 유물, 포유류, 동물 또는 유기체를 의미할 수 있다. 물리적인 개체나 살아 있는 존재 또는 물체처럼 일반화될 수 있고 여전히 bat이라는 단어의 상위어라고 볼 수 있다.

준비하기

하위어와 상위어의 개념을 탐구하기 위해, synsets bed.n.01(첫 번째 단어 bed의 뜻)과 woman.n.01(두 번째 단어 woman의 뜻)을 선택하기로 하자. 이제 실제 레시피 절에서 상위어와 하위어 API의 사용법과 의미를 설명할 것이다.

수행 방법

1. HypoNHypernyms.py라는 새 파일을 만들고 다음 세 줄을 추가한다.

```
from nltk.corpus import wordnet as wn
woman = wn.synset('woman.n.01')
bed = wn.synset('bed.n.01')
```

라이브러리를 임포트하고 나중에 처리할 두 개의 synset을 초기화했다.

2. 다음 두 줄을 추가한다.

```
print(woman.hypernyms())
woman_paths = woman.hypernym_paths()
```

woman Synset의 hypernyms() API 함수에 대한 단순 호출로, 동일한 직계 부모 노드의 동의어 집합을 반환한다. 그러나, hypernym_paths() 함수는 약간 까다롭다. 이 함수는 집합의 리스트를 반환할 것이다. 각 집합은 루트 노드에서 woman Synset까지의 경로를 포함한다. 이 두 줄을 실행하면 Synset woman의 두 직계 부모가 콘솔에 다음과 같이 표시된다.

```
[Synset('adult.n.01'), Synset('female.n.02')]
```

woman은 워드넷 데이터베이스의 계층 구조에서 성인adult과 여성female 범주에 속한다.

3. 이제 루트 노드에서 woman.n.01 노드로 경로를 출력하려 한다. 다음 중첩 for 루프를 코드에 추가한다.

```
for idx, path in enumerate(woman_paths):
    print('\n\n상위어 경로 :', idx + 1)
    for synset in path:
        print(synset.name(), ', ', end='')
```

설명했듯이 반환된 객체는 워드넷 계층 구조에 저장된 대로 정확히 루트에서 woman.n.01 노드까지의 경로를 따르도록 순서가 지정된 집합들의 리스트다. 다음은 실행했을 때의 예시 경로다.

상위어 경로 : 1

```
entity.n.01 , physical_entity.n.01 , causal_agent.n.01 ,
person.n.01 , adult.n.01 , woman.n.01
```

4. 이제는 hyponyms로 작업해보자. 아래 두 줄을 추가하면 synset bed.n.01의 hyponyms(하위어)를 가져와 콘솔에 출력한다.

```
types_of_beds = bed.hyponyms( )
print('\n\nbed의 형태(하위어): ', types_of_beds)
```

설명대로 실행하면 다음과 같은 20개의 synsets가 출력된다.

bed의 형태(하위어): [Synset('berth.n.03'), Synset('builtin_
bed.n.01'), Synset('bunk.n.03'), Synset('bunk_bed.n.01'),
Synset('cot.n.03'), Synset('couch.n.03'), Synset('deathbed.n.02'),
Synset('double_bed.n.01'), Synset('four-poster.n.01'),
Synset('hammock.n.02'), Synset('marriage_bed.n.01'),
Synset('murphy_bed.n.01'), Synset('plank-bed.n.01'),
Synset('platform_bed.n.01'), Synset('sickbed.n.01'),
Synset('single_bed.n.01'), Synset('sleigh_bed.n.01'),
Synset('trundle_bed.n.01'), Synset('twin_bed.n.01'),
Synset('water_bed.n.01')]

워드넷 내에서 단어 뜻 bed.n.01에 대한 하위어 또는 더 구체적인 용어다.

5. 이제 사람이 더 이해하기 쉬운 실제 단어나 lemmas(기본형)를 출력해보자. 다음
코드를 추가한다.

```
print(sorted(set(lemma.name( ) for synset in types_of_beds for lemma
in synset.lemmas( ))))
```

이 코드는 상위어 예제에서 4줄로 썼던 중첩 for 루프와 아주 흡사하다. 네 줄이
여기 한 줄로 묶인 것이다(즉, 단지 파이썬으로 기술을 과시하고 있다). 단 한 줄만으로
유의미하고 명확한 단어인 26개 lemmas를 출력할 것이다.

이제 최종 출력을 살펴보자.

```
출력: [Synset('adult.n.01'), Synset('female.n.02')]
상위어 경로 : 1
entity.n.01 , physical_entity.n.01 , causal_agent.n.01 ,
person.n.01 , adult.n.01 , woman.n.01 ,
상위어 경로 : 2
entity.n.01 , physical_entity.n.01 , object.n.01 ,
whole.n.02 ,
living_thing.n.01 , organism.n.01 , person.n.01 , adult.n.01 ,
woman.n.01 ,
```

```
상위어 경로 : 3
entity.n.01 , physical_entity.n.01 , causal_agent.n.01 ,
person.n.01 , female.n.02 , woman.n.01 ,
상위어 경로 : 4
entity.n.01 , physical_entity.n.01 , object.n.01 ,
whole.n.02
living_thing.n.01 , organism.n.01 , person.n.01 , female.n.02 ,
woman.n.01 ,

bed의 형태(하위어) : [Synset('berth.n.03'), Synset('builtin_
bed.n.01'), Synset('bunk.n.03'), Synset('bunk_bed.n.01'),
Synset('cot.n.03'), Synset('couch.n.03'), Synset('deathbed.n.02'),
Synset('double_bed.n.01'), Synset('four-poster.n.01'),
Synset('hammock.n.02'), Synset('marriage_bed.n.01'),
Synset('murphy_bed.n.01'), Synset('plank-bed.n.01'),
Synset('platform_bed.n.01'), Synset('sickbed.n.01'),
Synset('single_bed.n.01'), Synset('sleigh_bed.n.01'),
Synset('trundle_bed.n.01'), Synset('twin_bed.n.01'),
Synset('water_bed.n.01')]
['Murphy_bed', 'berth', 'built-in_bed', 'built_in_bed', 'bunk',
'bunk_bed', 'camp_bed', 'cot', 'couch', 'deathbed', 'double_bed',
'four-poster', 'hammock', 'marriage_bed', 'plank-bed',
'platform_bed', 'sack', 'sickbed', 'single_bed', 'sleigh_bed',
'truckle', 'truckle_bed', 'trundle', 'trundle_bed', 'twin_bed',
'water_bed']
```

동작 원리

보다시피 woman.n.01에는 성인과 여성이라는 두 개의 상위어가 있지만 워드넷 데이터베이스의 계층 구조에는 출력에 표시된 대로 루트 노드 entity에서 woman까지 네 가지 경로가 있다.

마찬가지로 Synset bed.n.01은 20개의 하위어를 가지고 있다. 하위어들은 더 구체적이고 모호하지 않다(영어에서는 명확한 것이 없음). 가장 덜 모호한 노드이므로 계층 구조의 단말 노드leaf node에 해당하거나 단말에 매우 가까이 있다.

워드넷으로 명사, 동사, 형용사, 부사의 다의어 평균 계산

먼저 다의성^{polysemy}이 무엇인지 이해하자. 단어나 구의 뜻이 여러 가지로 가능함을 의미한다. 앞서 봤듯이 영어는 모호한 언어이며 일반적으로 계층 구조에 있는 대부분의 단어에 대해 하나 이상의 의미가 존재한다. 이제 문제 설명으로 돌아가서 워드넷에 있는 모든 단어의 특정 언어 특성을 토대로 다의어의 평균 수를 계산해야 한다. 이 레시피는 이전 레시피와는 다르다. 이것은 API 개념의 발견일 뿐만 아니라 언어적 개념을 여기서 발견하려고 한다(나는 1장에서 마침내 그렇게 할 수 있는 기회를 갖게 돼 매우 감동적이다.).

준비하기

단어의 품사 유형 중 하나의 다의어를 계산하는 프로그램을 작성하기로 했고 다른 세 가지 품사를 위한 프로그램은 여러분이 수정하도록 남겨둘 것이다. 다 떠먹여주지는 않겠단 말이다. 걱정할 필요는 없다. 여러분을 위해 레시피 자체에 충분한 힌트를 줘서 더 쉽게 만들 것이다(벌써 너무 이해하기 어렵다고 생각하는 사람들을 위해). 그럼 실제 레시피를 배워보자. 이번에는 명사의 다의어 평균 하나만 계산할 것이다.

수행 방법

1. polysemy.py라는 새 파일을 만들고 다음 두 초기화 행을 추가한다.

   ```
   from nltk.corpus import wordnet as wn
   type = 'n'
   ```

   관심 있는 단어의 품사 유형을 초기화했으며 역시 필요한 라이브러리를 임포트했다. 좀 더 설명을 덧붙이자면, n은 명사에 해당한다.

2. 다음은 이 레시피의 가장 중요한 코드다.

   ```
   synsets = wn.all_synsets(type)
   ```

이 API는 워드넷 데이터베이스에 존재하는 명사 유형 n의 모든 synset을 반환한다. 마찬가지로 품사 유형을 동사나 부사, 형용사로 변경하면 API는 해당 유형의 모든 단어를 반환한다(힌트 #1).

3. 이제 각 synset의 모든 lemma를 하나의 거대한 리스트로 통합해 추가로 처리할 수 있다. 다음 코드를 추가해 이를 수행한다.

```
lemmas = []
for synset in synsets:
    for lemma in synset.lemmas():
        lemmas.append(lemma.name())
```

위 코드는 꽤 직관적이다. synset의 리스트와 각 synset의 lemmas를 반복하는 중첩 for 루프를 이용해 엄청나게 큰 lemma 리스트에 추가한다.

4. 거대한 리스트에 모든 lemmas가 있지만 문제가 있다. 그것이 리스트다 보니 몇 가지 중복이 있다. 중복을 제거하고 개별 lemmas를 세어보자.

```
lemmas = set(lemmas)
```

리스트를 집합으로 변환하면 자동으로 중복 제거^{deduplicate}된다(그렇다. 유효한 영어 단어이며 필자가 발명했다).

5. 자, 이 레시피에서 두 번째로 중요한 단계다. 워드넷 데이터베이스에서 각 lemma의 뜻을 계수(count)한다.

```
count = 0
for lemma in lemmas:
    count = count + len(wn.synsets(lemma, type))
```

대부분의 코드는 직관적이다. wn.synsets(lemma, type) API에 초점을 맞춰보자. 이 API는 단어/기본형(첫 번째 인수)과 그것이 속한 품사 유형을 입력으로 사용하고, 기본형 단어에 속하는 모든 뜻(synsets)을 반환한다. 넘겨주는 유형 인수에 따라 해당 품사 유형의 단어만 뜻을 반환한다(힌트 #2).

6. 평균 다의어를 계산하는 데 필요한 모든 수를 갖고 있다. 콘솔에서 다음과 같이 출력해보자.

```
print('개별 기본형 합계: ', len(lemmas))
print('총 뜻: ', count)
print(type, '(명사)의 다의어 평균: ', count/len(lemmas))
```

품사 유형 n 혹은 noun(명사)의 총 개별 기본형, 뜻 수, 평균 다의어 수를 출력한다.

출력: 개별 기본형 합계 : 119034
총 뜻 : 152763
n(명사)의 다의어 평균 : 1.2833560159282222

동작 원리

이 절에서는 다룰 내용이 많지 않으므로 대신 나머지 유형의 다의어를 계산하는 방법에 대해 더 많은 정보를 주겠다. 살펴봤듯이 명사 → 'n'이다. 마찬가지로 동사 → 'v', 부사 → 'r', 형용사 → 'a'이다(힌트 #3).

자, 떠먹여주는 레시피에 의존하지 않고도 여러분의 NLP 프로그램을 직접 만드는 데 충분한 힌트가 됐기를 바란다.

2

처리 전 텍스트, 소싱, 정규화

2장에서는 다음 주제를 다룬다.

- 문자열 연산의 중요성
- 문자열 연산 심화
- 파이썬에서 PDF 파일 읽기
- 파이썬에서 워드 문서 읽기
- PDF, DOCX, 일반 텍스트 파일을 가져와 사용자 정의 말뭉치 생성
- RSS 피드에서 내용 읽기
- BeautifulSoup를 사용한 HTML 파싱

소개

1장에서는 NLTK에서 기본으로 제공하는 말뭉치를 살펴봤다. 말뭉치는 사용법을 잘 정리하고 표준화했지만 업계의 문제를 해결할 때 항상 잘 정리돼 있는 것은 아니다. 표준화와 정리는 고사하고 필요한 데이터를 통일된 형식으로 얻지 못할 수도 있다. 2장의 목표는 PDF 및 워드 DOCX 파일 등의 바이너리 형식에서 데이터를 추출하는 데 도움이 되는

몇 가지 파이썬 라이브러리를 소개하는 것이다. 또한 RSS와 같은 웹 피드에서 데이터를 가져올 수 있는 라이브러리와 HTML을 파싱하고 문서에서 원본raw 텍스트를 추출하는 데 도움이 되는 라이브러리를 살펴볼 것이다. 또한 이질적인heterogeneous 소스에서 가공되지 않은 텍스트를 추출하고, 정규화하고, 사용자 정의 말뭉치를 생성하는 방법을 학습한다.

2장에서는 일곱 가지 다양한 레시피를 배워볼 것이다. 2장 제목에서도 알 수 있듯이 PDF 파일과 워드 문서, 웹에서 데이터를 구해오는 방법을 배우게 된다. PDF 및 워드 문서는 바이너리이며 웹을 통해 HTML 형식의 데이터를 가져온다. 이러한 이유로 각 데이터에 대해 정규화 및 텍스트 변환 작업도 수행한다.

문자열 연산의 중요성

NLP 전문가로서 많은 텍스트 콘텐츠를 작업하게 될 것이다. 그리고 텍스트를 다룰 때는 문자열 연산을 알아야 한다. 파이썬에서 str 클래스와 그 연산을 이해하는 데 도움이 될 짧고 상큼한 레시피로 시작하려고 한다.

준비하기

이 레시피에는 파이썬 인터프리터와 텍스트 에디터만 있으면 된다. join, split, addition, multiplication 연산자와 인덱스를 살펴볼 것이다.

수행 방법

1. StringOps1.py라는 새 파이썬 파일을 만든다.
2. 두 개의 객체를 정의한다.

```
namesList = ['유나', '지은', '스튜어트', '케빈']
sentence = '우리 강아지는 소파 위에서 잔다'
```

첫 번째 객체인 nameList는 몇몇 이름이 포함된 str 객체의 리스트고 두 번째 객체인 sentence는 str 객체인 하나의 문장이다.

3. 먼저 결합(join) 기능이 무엇이며 어디에 쓰는지 살펴보자.

```
names = ';'.join(namesList)
print(type(names), ':', names)
```

join() 함수는 모든 string 객체에서 호출할 수 있다. str 객체의 리스트를 인수로 받아들이고 결합 구분자^{delimiter}를 써서 호출한 문자열 객체의 내용들을 연결해 모든 str 객체를 하나의 str 객체로 결합한다. join 함수는 객체를 반환한다. 이 두 줄을 실행하면 출력은 다음과 같다.

<class 'str'> : 유나;지은;스튜어트;케빈

4. 다음으로 split 메소드를 알아보자.

```
wordList = sentence.split(' ')
print((type(wordList)), ':', wordList)
```

문자열에서 호출된 split 함수는 내용을 여러 str 객체로 분할하고 분할된 객체들의 리스트를 생성해 반환한다. 이 함수는 하나의 str 인수를 취하는데, 이는 분할 기준으로 사용된다. 코드를 실행하면 다음과 같은 결과가 출력된다.

<class 'list'> : ['우리', '강아지는', '소파', '위에서', '잔다']

5. 산술연산자인 +(더하기)와 *(곱하기)는 문자열에도 사용할 수 있다. 다음 줄을 추가하고 결과를 확인하자.

```
additionExample = '파이썬' + '파이썬' + '파이썬'
multiplicationExample = '파이썬' * 2
print('텍스트 덧셈 :', additionExample)
print('텍스트 곱셈 :', multiplicationExample)
```

이번에는 출력을 먼저 확인한 다음 동작 방식에 대해 설명한다.

텍스트 덧셈: 파이썬파이썬파이썬
텍스트 곱셈: 파이썬파이썬

+ 연산자는 연결concatenation이라고 한다. 문자열을 하나의 **str** 객체로 연결하여 새로운 문자열을 생성한다. * 연산자를 사용하면 위 출력에서 보듯이 문자열을 곱할 수 있다. 또한 이러한 작업은 문자열 사이에 공백을 삽입하는 등의 추가 작업을 수행하지 않는다는 점에 유의하라.

6. 문자열에서 문자의 인덱스를 살펴보자. 다음 코드를 추가한다.

```
str = 'Python NLTK'
print(str[1])
print(str[-3])
```

먼저 새로운 **string** 객체를 선언한다. 그런 다음 문자열의 두 번째 문자(y)에 액세스한다. 이는 문자에 접근이 간단하다는 것을 보여준다. 파이썬은 리스트 객체에 액세스할 때 음수 인덱스를 사용할 수 있게 해준다. -1은 마지막 요소를 의미하고, -2는 뒤에서 두 번째 요소를 의미한다. 예를 들어 앞의 **str** 객체에서 인덱스 7과 -4는 동일한 문자 N이다.

출력: <class 'str'> : 유나;지은;스튜어트;케빈
<class 'list'> : ['우리', '강아지는', '소파', '위에서', '잔다']
텍스트 덧셈: 파이썬파이썬파이썬
텍스트 곱셈: 파이썬파이썬
y
L

동작 원리

split( ) 및 join( ) 함수를 사용해 각각 문자열로 문자열 리스트를, 문자열 리스트로 문자열을 만들었다. 그런 다음 문자열을 써서 몇몇 산술 연산자를 사용해봤다. 문자열에 -(빼기) 및 /(나누기) 연산자는 사용할 수 없다는 점에 유의한다. 마지막으로 임의의 문자열에서 개별 문자에 접근하는 방법을 알아봤는데, 독특하게 문자열에 액세스할 때 음수negative 인덱스 번호를 사용할 수 있다.

이 레시피는 파이썬에서 허용하는 몇 가지 일반적인 문자열 작업을 소개하는 것이 목적이므로 매우 간단하고 수월하다. 다음 순서로 중단했던 곳부터 계속하여 문자열 연산을 좀더 해볼 것이다.

문자열 연산 심화

이전 레시피에서 더 나아가 부분 문자열, 문자열 대체 및 문자열의 모든 문자에 액세스하는 방법을 알 수 있다.

시작하자.

수행 방법

1. StringOps2.py라는 새 파이썬 파일을 만들고 다음 문자열 객체 str을 정의한다.

   str = 'NLTK Dolly Python'

2. str 객체의 네 번째 문자에서 끝나는 부분 문자열^{substring}에 액세스해보자.

   print('다음의 인덱스에서 끝나는 부분 문자열:',str[:4])

   인덱스가 0부터 시작하는 것을 알기 때문에, 이 코드는 0부터 3까지의 문자를 포함하는 부분 문자열을 반환할 것이다. 실행하면 출력은 다음과 같다.

   다음의 인덱스에서 끝나는 부분 문자열: NLTK

3. 이제 객체 str의 특정 지점에서 시작해 끝까지 포함하는 부분 문자열에 액세스할 것이다.

   print('다음의 인덱스에서 시작하는 부분 문자열:', str[11:])

   이는 인터프리터에게 객체 str의 부분 문자열을 인덱스 11에서 끝까지 반환하도록 지시한다. 이 코드를 실행하면 다음 출력이 표시된다.

   다음의 인덱스에서 시작하는 부분 문자열: Python

4. str 객체에서 Dolly 부분 문자열에 액세스해보자. 다음 행을 추가하라.

```
print('부분 문자열 :', str[5:10])
```

위 구문은 10번째 문자를 제외하고 인덱스 5에서 10인 문자를 반환한다. 출력은 다음과 같다.

부분 문자열 : Dolly

5. 이제 복잡한 트릭을 위한 시간이다. 이미 음수 인덱스가 문자열 연산에서 어떻게 동작하는지를 살펴봤다. 다음을 해보고 작동 방식을 살펴보겠다.

```
print('복잡한 방식의 부분 문자열:', str[-12:-7])
```

실행하고 출력을 확인한다.

복잡한 방식의 부분 문자열: Dolly

이전 단계와 완전히 똑같다! 마지막 문자는 -1, 끝에서 두 번째는 -2 등등 계속해서 역으로 계산한다. 이렇게 하여 인덱스 값을 얻을 수 있다.

6. 다음 if 연산자를 사용해 in 연산자를 확인해보자.

```
if 'NLTK' in str:
    print('NLTK를 찾았습니다.')
```

위 코드를 실행하고 다음과 같은 출력을 확인한다.

NLTK를 찾았습니다.

외견상으로 볼 때 in 연산자는 단순히 좌변 문자열이 우변 문자열의 부분 문자열인지 확인한다.

7. str 객체에 간단한 replace 함수를 사용한다.

```
replaced = str.replace('Dolly', 'Dorothy')
print('대체된 문자열:', replaced)
```

replace 함수는 단순히 두 개의 인수를 입력받는다. 첫 번째 인수는 바꿔야 할 부분 문자열이고 두 번째는 바꿔줄 새 부분 문자열이다. 함수는 새로운 문자열 객체를 반환하고 호출한 객체를 변경하지 않는다. 실행하고 다음 출력을 확인한다.

대체된 문자열: NLTK Dorothy Python

8. 마지막으로 중요한 것은 replaced 객체를 반복해 모든 문자에 액세스할 것이다.

```
print('각 문자(character) 액세스:')
for s in replaced:
    print(s)
```

이 코드는 replaced 객체의 각 문자를 새 행에 출력한다. 최종 결과물을 살펴보자.

출력: 다음의 인덱스에서 끝나는 부분 문자열: NLTK
다음의 인덱스에서 시작하는 부분 문자열: Python
부분 문자열: Dolly
복잡한 방식의 부분 문자열: Dolly
NLTK를 찾았습니다.
대체된 문자열: NLTK Dorothy Python
각 문자(character) 액세스:
N
L
T
K

D
o
r
o
t
h
y

P
y
t
h
o
n

동작 원리

string 객체는 문자^{character}의 리스트에 불과하다. 첫 번째 단계에서 봤듯이, 리스트에 액세스하기 위한 for 구문을 사용해 문자열의 모든 문자에 접근할 수 있다. 리스트의 대괄호 안에 있는 ":" 문자는 리스트의 일부를 원한다는 것을 나타낸다. : 다음에 숫자가 나오면 0부터 시작해 인덱스에서 1을 뺀 값으로 끝나는 부분 리스트를 의미한다. 마찬가지로 : 뒤에 숫자가 오는 것은 주어진 숫자부터 끝까지의 부분 리스트를 원한다는 것을 의미한다.

이것으로 파이썬을 이용한 문자열 연산을 알아보는 간단한 과정을 마친다. 다음에는 파일과 온라인 리소스, HTML 등으로 넘어갈 것이다.

파이썬에서 PDF 파일 읽기

파이썬에서 PDF 파일에 액세스하기 위한 간단한 레시피부터 시작한다. 이를 위해서는 **PyPDF2** 라이브러리를 설치해야 한다.

준비하기

pip가 설치돼 있다고 가정한다. 그런 다음 파이썬2와 3에 pip와 함께 PyPDF2 라이브러리를 설치하려면 커맨드라인에서 다음 명령을 실행하기만 하면 된다.

```
pip install pypdf2
```

라이브러리를 성공적으로 설치했다면 계속 진행할 준비가 됐다. 이와 함께 다음 링크에서 2장에서 사용할 테스트 문서를 다운로드하라.

```
http://bit.ly/nlp-python-cookbook
```

1. pdf.py라는 파일을 만들고 다음 임포트행을 추가한다.

```
from PyPDF2 import PdfFileReader
```

PdfFleleReader 클래스를 lib PyPDF2에서 임포트한다.

2. 다음 파이썬 함수를 추가한다. 이 함수는 파일을 읽어들여서 PDF 파일의 모든 텍스트를 반환한다.

```
def getTextPDF(pdfFileName, password = ''):
```

이 함수는 두 개의 인수, 읽으려는 PDF 파일의 경로 및 PDF 파일의 암호(만약 있다면)를 허용한다. password 파라미터는 옵션이다.

3. 이제 함수를 정의해보자. 함수 선언 아래에 다음 줄을 추가한다.

```
pdf_file = open(pdfFileName, 'rb')
read_pdf = PdfFileReader(pdf_file)
```

첫 번째 줄은 파일을 읽기 및 역방향 탐색 모드로 연다. 첫 번째 줄은 본질적으로 바이너리 모드에서 텍스트가 아닌 파일만 열리는 파이썬 파일 열기 명령이자 함수다. 두 번째 줄은 이 열린 파일을 PDF 문서를 사용할 PdfFileReader 클래스로 전달한다.

4. 다음 단계는 암호로 보호된 파일의 암호를 해제하는 것이다.

```
if password != '':
    read_pdf.decrypt(password)
```

함수를 호출하면서 password를 넘겨주면 해당 암호를 사용해 파일의 암호 해제를 시도한다.

5. 이제 파일에서 텍스트를 읽을 것이다.

```
text = []
for i in range(0, read_pdf.getNumPages() ):
    text.append(read_pdf.getPage(i).extractText())
```

문자열 리스트를 만들고 각 페이지의 텍스트를 해당 문자열 리스트에 추가한다.

6. 최종 출력물을 반환한다.

```
return '\n'.join(text)
```

리스트 안의 모든 문자열 객체의 내용을 줄바꿈 문자로 결합해 하나의 문자열 객체를 반환한다.

7. TestPDFs.py라는 또 다른 파일을 pdf.py와 같은 폴더에 만들고 다음 임포트문을 추가한다.

```
import pdf
```

8. 이제 암호로 보호된 문서와 일반 문서의 텍스트를 출력한다.

```
pdfFile = 'sample-one-line.pdf'
pdfFileEncrypted = 'sample-one-line.protected.pdf'
print('PDF 1: \n',pdf.getTextPDF(pdfFile))
print('PDF 2: \n',pdf.getTextPDF(pdfFileEncrypted,'tuffy'))
```

레시피의 처음 여섯 단계는 파이썬 함수만 만들고 콘솔에 출력하는 부분은 없다.
7번째와 8번째 단계는 다음과 같이 출력된다.

PDF 1:
This is a sample PDF document I am using to demonstrate in the tutorial.
이 튜토리얼에서 시연하기 위해 사용하고 있는 샘플 **PDF** 문서입니다.

PDF 2:
This is a sample PDF document
샘플 **PDF** 문서입니다.
password protected.
암호로 보호됩니다.

PyPDF2는 PDF에서 내용을 추출하는 데 사용되는 순수 파이썬 라이브러리다. 라이브러리에는 페이지 자르기, 디지털 서명을 위한 이미지 겹치기, 새 PDF 파일 작성 등 많은 기능이 있다. 그러나 NLP 엔지니어로서 텍스트 분석 작업의 목적은 내용을 읽는 것이다. 2단계에서 PyPDF2 모듈은 파일 내용을 로드할 때 마지막에서 파일을 읽으므로 역방향 검색 모드로 파일을 여는 것이 중요하다. 또한 PDF 파일이 암호로 보호돼 있고 내용에 액세스하기 전에 암호를 해제하지 않으면 파이썬 인터프리터가 PdfReadError를 발생시킨다.

파이썬에서 워드 문서 읽기

이 레시피에서는 워드Word/DOCX 문서를 로드하고 읽는 방법을 살펴보겠다.

DOCX 워드 문서를 읽는 데 사용할 수 있는 라이브러리는 단락 경계, 텍스트 스타일을 볼 수 있으며 소위 실행을 할 수 있다는 점에서 좀 더 종합적이다. 텍스트 분석 작업에서 모든 것이 중요할 수 있기 때문에 모두 알아볼 것이다.

 마이크로소프트 워드가 없다면 오픈소스 버전의 리브레 오피스(LibreOffice)와 오픈 오피스(Open Office)를 사용해 .docx 파일을 만들고 편집할 수 있다.

준비하기

이미 컴퓨터에 pip가 설치돼 있다고 가정하고 pip를 사용해 python-docx라는 모듈을 설치한다. 완전히 다른 모듈인 docx라는 다른 라이브러리와 혼동하지 말라. pythondocx 라이브러리에서 docx 객체를 가져올 것이다. 커맨드라인에서 다음 명령을 실행하면 라이브러리가 설치된다.

```
pip install python-docx
```

라이브러리를 성공적으로 설치했다면 계속 진행할 준비가 됐다.

이 레시피에서는 테스트 문서를 사용할 것이다. 2장의 첫 번째 레시피에서 공유했던 링크에서 모든 문서를 이미 다운로드했다면 관련 문서가 있을 것이다.

아직 다운로드 받지 않았다면 https://www.dropbox.com/sh/bk18dizhsu1p534/AABEuJw4TArUbzJf4Aa8gp5Wa?dl=0에서 sample-one-line.docx 문서를 다운로드하라.

이제 시작해보자.

수행 방법

1. word.py라는 새로운 파이썬 파일을 만들고 다음 임포트행을 추가한다.

   ```
   import docx
   ```

   python-docx 모듈의 docx 객체를 가져온다.

2. getTextWord 함수를 정의하라.

   ```
   def getTextWord(wordFileName):
   ```

   이 함수는 하나의 문자열 파라미터인 wordFileName을 사용한다. 이 파라미터에는 읽어들이려는 워드 파일의 절대 경로가 있어야 한다.

3. doc 객체를 초기화한다.

   ```
   doc = docx.Document(wordFileName)
   ```

   이제 doc 객체에 읽을 단어 파일이 로드된다.

4. doc 객체 내에 로드된 문서에서 텍스트를 읽을 것이다. 다음 행을 추가한다.

   ```
   fullText = []
   for para in doc.paragraphs:
       fullText.append(para.text)
   ```

먼저, 문자열 배열 fullText를 초기화했다. for 루프는 단락별로 문서 단락에서 텍스트를 읽고 fullText 목록에 추가로 계속된다.

5. 이제 모든 단편^{fragment}/단락^{para}을 단일 문자열 객체에 결합해 함수의 최종 출력으로 반환한다.

```
return '\n'.join(fullText)
```

fullText 배열의 모든 요소를 구분된 \n과 결합해 결과 객체를 반환했다. 파일을 저장하고 종료한다.

6. 다른 파일을 만들어서 TestDocx.py라고 이름을 지정하고 다음 임포트행을 추가한다.

```
import docx
import word
```

위에서 작성한 docx 라이브러리와 word.py를 임포트한다.

7. 이제 DOCX 문서를 읽고 word.py에 작성한 API를 사용해 전체 내용을 출력한다. 다음 두 줄을 추가한다.

```
docName = 'sample-one-line.docx'
print('Document in full :\n',word.getTextWord(docName))
```

첫 줄에 문서 경로를 초기화한 다음 API를 사용해 전체 문서를 출력한다. 이 부분을 실행하면 다음과 같은 결과를 얻을 수 있다.

Document in full :
몇몇 **볼드체**, *이탤릭체*, 밑줄 친 텍스트가 있는 샘플 **PDF** 문서입니다. 다음과 같은 제목도 포함돼 있습니다.
제목입니다.
세 번째 단락입니다.

8. 이미 설명한 바와 같이 워드/DOCX 문서는 훨씬 더 풍부한 정보를 포함하고 있으며 라이브러리는 텍스트 이상의 것을 제공할 것이다. 이제 단락 정보를 살펴보겠다. 다음 네 줄의 코드를 추가한다.

```
doc = docx.Document(docName)
print('단락 수 :',len(doc.paragraphs))
print('2번 단락 :',doc.paragraphs[1].text)
print('2번 단락 스타일 :',doc.paragraphs[1].style)
```

앞 단락의 두 번째 줄은 주어진 문서의 단락 수를 나타낸다. 세 번째 줄은 문서의 두 번째 단락만 반환하고 네 번째 줄은 여기서 Title인 두 번째 단락의 스타일을 분석한다. 실행하면 이 네 줄의 출력은 다음과 같다.

```
단락 수 : 3
2번 단락 : This is my TITLE.
2번 단락 스타일 : _ParagraphStyle('Title') id: 4374023248
```

이는 따로 설명이 필요 없다.

9. 다음으로 아래 행을 추가하여 실행(run)이 무엇인지 확인한다.

```
print('Paragraph 1:',doc.paragraphs[0].text)
print('Number of runs in paragraph 1:',len(doc.paragraphs[0].runs))
for idx, run in enumerate(doc.paragraphs[0].runs):
    print('Run %s : %s' %(idx,run.text))
```

여기서는 첫 번째 단락을 처음으로 반환한다. 다음으로 단락에서 실행 횟수를 반환한다. 후에 모든 실행을 출력하고 있다.

10. 이제 각 실행의 스타일을 식별하려면 다음 코드를 작성한다.

```
print('is Run 0 underlined:',doc.paragraphs[0].runs[5].underline)
print('is Run 2 bold:',doc.paragraphs[0].runs[1].bold)
print('is Run 7 italic:',doc.paragraphs[0].runs[3].italic)
```

이전 스니펫의 각 행은 밑줄, 굵게, 기울임꼴 스타일을 각각 점검한다. 다음 절에서는 최종 출력을 표시한다.

출력:

```
Document in full :
몇몇 볼드체, 이탤릭체, 밑줄 친 텍스트가 있는 샘플 PDF 문서입니다. 다음과 같은 제목도 포함돼 있습니다.
제목입니다.
세 번째 단락입니다.
단락 수 : 3
2번 단락 : This is my TITLE.
2번 단락 스타일 : _ParagraphStyle('Title') id: 4374023248
Paragraph 1: This is a sample PDF document with some text in BOLD, some
in ITALIC and some underlined. We are also embedding a Title down below.
Number of runs in paragraph 1: 8
Run 0 : This is a sample PDF document with
Run 1 : some text in BOLD
Run 2 : ,
Run 3 : some in ITALIC
Run 4 :  and
Run 5 : some underlined.
Run 6 :  We are also embedding a Title down below
Run 7 : .
is Run 0 underlined: True
is Run 2 bold: True
is Run 7 italic: True
```

동작 원리

먼저 주어진 DOCX 파일을 읽고 string 객체의 전체 내용을 반환하는 함수를 word.py 파일에 작성했다. 이전에 봤던 출력 텍스트는 매우 간단하지만, 좀 더 자세히 설명하고자 하는 것은 Paragraph와 Run행이다. .docx 문서의 구조는 python-docx 라이브러리의 세 가지 데이터 유형으로 표현된다. 최상위 레벨은 Document 객체다. 각 문서 안에 여러 단락이 있다.

줄바꿈^{new line}이나 캐리지 반환^{carriage return}이 나타날 때마다 새 단락의 시작을 나타낸다. 모든 단락에는 단어 스타일의 변경을 나타내는 여러 실행이 포함돼 있다. 스타일 지정이란 다양한 글꼴, 크기, 색상 및 굵게, 기울임꼴, 밑줄 등과 같이 가용한 스타일 요소를 의미한다. 이러한 요소 중 하나가 변경될 때마다 새로운 실행이 시작된다.

PDF, DOCX, 일반 텍스트 파일을 가져와 사용자 정의 말뭉치 생성

이 레시피에서는 라이브러리나 개념 면에서 뭔가 새로운 것을 사용하진 않을 것이다. 1장에서 온 말뭉치의 개념을 다시 설명하고 있다. 간단히 말해 이제 인터넷에서 가져온 것을 사용하는 것이 아니라 우리만의 말뭉치를 만들려고 한다.

준비하기

여기서는 2장의 첫 번째 레시피에서 소개한 드롭박스 폴더의 파일 몇 개를 사용하려고 한다. 폴더에서 모든 파일을 다운로드했다면 문제없고, 아직 다운로드하지 않았다면 https://www.dropbox.com/sh/bk18dizhsu1p534/AABEuJw4TArUbzJf4Aa8gp5Wa?dl=0에서 다음 파일을 다운로드하라.

- `sample_feed.txt`
- `sample-pdf.pdf`
- `sample-one-line.docx`

2장의 순서대로 따라오지 않았다면 다시 돌아가 처음의 두 레시피를 참조해야 한다. 앞의 두 가지 레시피에서 작성한 두 개의 모듈, 즉 `word.py`와 `pdf.py`를 재사용할 것이다. 이 레시피는 새로운 개념을 소개한다기보다 1장의 처음 두 레시피와 말뭉치에서 사용한 것을 응용하는 방법에 더 가깝다. 실제 코드를 살펴보겠다.

1. createCorpus.py라는 새 파이썬 파일을 만들고 시작하기 위해 다음과 같은 임포트행을 추가한다.

```
import os
import word, pdf
from nltk.corpus.reader.plaintext import PlaintextCorpusReader
```

2장의 초반 두 가지 레시피에서 작성한 파일 작업, word와 pdf 모듈과 함께 사용할 os 라이브러리를 임포트했다. 이 레시피의 최종 목표인 PlaintextCorpusReader 가 있다.

2. 이제 텍스트 파일의 경로를 입력으로 취하여 전체 텍스트를 string 객체로 반환 하는 간단한 함수를 작성해보겠다. 다음 행을 추가한다.

```
def getText(txtFileName):
    file = open(txtFileName, 'r')
    return file.read()
```

첫 줄은 함수 및 입력 파라미터를 정의한다. 두 번째 줄은 주어진 파일을 읽기 모드로 연다(open 함수의 두 번째 파라미터 r은 읽기 모드를 나타냄). 세 번째 줄은 파일의 내용을 읽고 이를 string 개체로 반환한다.

3. 이제 디스크/파일 시스템에 새로운 corpus 폴더를 생성할 것이다. 다음 세 줄을 추가한다.

```
newCorpusDir = 'mycorpus/'
if not os.path.isdir(newCorpusDir):
    os.mkdir(newCorpusDir)
```

첫 번째 줄은 새 폴더의 이름을 담은 간단한 string 객체다. 두 번째 줄은 동일 한 이름의 디렉터리/폴더가 이미 디스크에 있는지를 확인한다. 세 번째 줄은 os.mkdir() 함수가 지정된 이름으로 디렉터리를 생성한다. 그 결과, mycorpus

라는 이름을 가진 새로운 디렉터리가 파이썬 파일이 위치한 작업 디렉터리에 만들어진다.

4. 이제 세 파일을 하나씩 읽어온다. 일반 텍스트 파일로 시작해 다음 행을 추가한다.

```
txt1 = getText('sample_feed.txt')
```

앞서 작성한 getText() 함수를 호출하면 sample_feed.txt 파일을 읽고 txt1 문자열 객체에 출력을 반환한다.

5. 이제 PDF 파일을 읽어온다. 다음 줄을 추가한다.

```
txt2 = pdf.getTextPDF('sample-pdf.pdf')
```

pdf.py 모듈의 getTextPDF() 함수를 사용해 sample-pdf.pdf 파일의 내용을 txt2 문자열 객체로 가져온다.

6. 마지막으로 다음 줄을 추가해 DOCX 파일을 읽어온다.

```
txt3 = word.getTextWord('sample-one-line.docx')
```

word.py 모듈의 getTextWord() 함수를 사용해 sample-one-line.docx 파일의 내용을 txt3 문자열 객체로 가져온다.

7. 다음 단계는 이 세 문자열 객체의 내용을 디스크에 파일로 쓰는 것이다. 다음 코드를 작성한다.

```
files = [txt1,txt2,txt3]
for idx, f in enumerate(files):
    with open(newCorpusDir+str(idx)+'.txt', 'w') as fout:
        fout.write(f)
```

- 첫 번째 줄: 문자열 객체에서 배열을 만들어 이후 루프에 사용
- 두 번째 줄: files 배열에 인덱스가 있는 for 루프
- 세 번째 줄: 쓰기 모드(open 함수 호출 시 w 옵션)로 새 파일 열기
- 네 번째 줄: 문자열 객체의 내용을 파일에 쓰기

8. 이제 파일을 저장한 `mycorpus` 디렉터리에서 `PlainTextCorpus` 객체를 만든다.

```
newCorpus = PlaintextCorpusReader(newCorpusDir, '.*')
```

간단한 한 줄짜리 명령이지만 내부적으로 단락, 문장, 단어 등을 식별하는 많은 텍스트 처리를 수행한다. 두 개의 파라미터는 말뭉치 디렉터리 경로와 고려해야 할 파일명의 패턴이다(여기서는 corpus reader에게 디렉터리의 모든 파일을 고려하도록 요청했다). 사용자 정의 말뭉치를 만들었다. 이렇게나 쉽게 말이다.

9. `PlainTextCorpusReader`가 올바르게 로드됐는지 확인하자. 다음 코드를 추가해 테스트하라.

```
print(newCorpus.words())
print(newCorpus.sents(newCorpus.fileids()[1]))
print(newCorpus.paras(newCorpus.fileids()[0]))
```

첫 번째 줄은 말뭉치에 있는 모든 단어를 포함하는 배열을 출력한다(일부만 표시). 두 번째 줄은 문장을 1.txt 파일에 출력한다. 세 번째 줄은 단락을 0.txt 파일에 출력한다.

```
출력: ['Five', 'months', '.', 'That', "'", 's', 'how', ...]
[['A', 'generic', 'NLP'], ['(', 'Natural', 'Language',
'Processing', ')', 'toolset'], ...]
[[['Five', 'months', '.']], [['That', "'", 's', 'how', 'long',
'it', "'", 's', 'been', 'since', 'Mass', 'Effect', ':',
'Andromeda', 'launched', ',', 'and', 'that', "'", 's', 'how',
'long', 'it', 'took', 'BioWare', 'Montreal', 'to', 'admit', 'that',
'nothing', 'more', 'can', 'be', 'done', 'with', 'the', 'ailing',
'game', "'", 's', 'story', 'mode', '.'], ['Technically', ',', 'it',
'wasn', "'", 't', 'even', 'a', 'full', 'five', 'months', ',', 'as',
'Andromeda', 'launched', 'on', 'March', '21', '.']], ...]
```

동작 원리

출력은 매우 간단하며 마지막 단계에서 설명했다. 특이한 것은 각 개체의 특성을 보여주는 것이다. 첫 번째 줄은 새 말뭉치의 모든 단어 목록이다. 그것은 문장/단락/파일과 같은 더 높은 수준의 구조와 관련이 없다. 두 번째 줄은 파일 1.txt에 있는 모든 문장의 목록이다. 각 문장은 각 문장 안에 있는 단어 목록이다. 세 번째 줄은 각 단락 객체가 차례로 문장의 목록인 단락의 목록이다. 각 문장은 차례로 그 문장의 단어 목록이며, 모두 0.txt 파일이다. 보다시피 단락과 문장에서 많은 구조가 유지된다.

RSS 피드에서 내용 읽기

RSS^{Rich Site Summary} 피드는 인터넷에서 정기적으로 변경되는 내용이 전달되는 '컴퓨터가 읽을 수 있는' 형식이다. 이 형식으로 정보를 제공하는 대부분의 웹사이트는 뉴스 기사, 온라인 게시 등과 같은 업데이트를 제공한다. 구독자는 업데이트되는 피드에 표준화된 형식으로 정기적으로 접근할 수 있다.

준비하기

이 레시피의 목적은 RSS 피드를 읽고 해당 피드에서 게시물 중 하나의 콘텐츠에 액세스하는 것이다. 이를 위해 매셔블^{Mashable}의 RSS 피드를 사용할 것이다. 매셔블은 디지털 미디어 웹사이트로 간단히 말해서 기술 및 소셜미디어 블로그 목록이다. 웹사이트 RSS 피드의 URL은 http://feeds.mashable.com/Mashable이다.

또한 RSS 피드를 읽으려면 feedparser 라이브러리가 필요하다. 이 라이브러리를 설치하려면 터미널에서 다음 명령을 실행한다.

```
pip install feedparser
```

이 모듈과 유용한 정보로 무장한 첫 번째 RSS 피드 리더를 파이썬으로 작성할 수 있다.

1. rssReader.py라는 새 파일을 만들고 다음을 추가한다.

```
import feedparser
```

2. 이제 매셔블 피드를 메모리에 로드한다. 다음 행을 추가한다.

```
myFeed = feedparser.parse("http://feeds.mashable.com/Mashable")
```

myFeed 객체는 매셔블의 RSS 피드의 첫 페이지를 포함한다. 피드는 피드 파서에 의해 모든 해당 필드를 채우기 위해 다운로드되고 파싱된다. 각 게시물은 myFeed 객체의 항목 리스트에 포함된다.

3. 제목을 확인하고 현재 피드에 있는 게시물 수를 세어 보자.

```
print('피드 제목 :', myFeed['feed']['title'])
print('포스트 수 :', len(myFeed.entries))
```

첫 번째 줄에서는 myFeed 객체에서 피드 제목을 가져오고 두 번째 줄에서는 myFeed 객체 내부에서 항목 객체의 길이를 계산한다. entries 객체는 앞서 언급한 파싱된 피드의 모든 게시물 목록에 지나지 않는다. 실행하면 출력은 다음과 비슷할 것이다.

```
피드 제목 : Mashable
포스트 수 : 30
```

Title은 항상 Mashable이 되며 집필 시점 기준으로 매셔블에서는 한 번에 최대 30개의 글을 피드에 넣었다.

4. 이제 항목 목록에서 첫 번째 post를 가져와 콘솔에 제목을 출력한다.

```
post = myFeed.entries[0]
print('포스트 제목 :',post.title)
```

첫 번째 줄에서는 entries 리스트의 0번째 요소에 물리적으로 액세스하여 post 객체에 로드한다. 두 번째 줄은 해당 게시물의 제목을 출력한다. 실행 시 다음과 같은 출력을 볼 수 있다.

포스트 제목 : The moon literally blocked the sun on Twitter

비슷할 테지만 피드가 업데이트되므로 똑같은 제목은 아닐 것이다.

5. 이제 포스트의 원본^{raw} HTML 콘텐츠에 액세스하여 콘솔에 출력한다.

```
content = post.content[0].value
print('콘텐츠 원본 :\n',content)
```

먼저 게시물의 콘텐츠 객체와 실제 콘텐츠 객체에 액세스한다. 그런 다음 콘솔에 출력한다.

```
출력: 피드 제목 : Mashable
포스트 수 : 30
포스트 제목 : The moon literally blocked the sun on Twitter
콘텐츠 원본 :
<img alt=""
src="https://i.amz.mshcdn.com/DzkxxIQCjyFHGoIBJoRGoYU3Y8o=/575x323/
filters:quality(90)/https%3A%2F%2Fblueprint-apiproduction.
s3.amazonaws.com%2Fuploads%2Fcard%2Fimage%2F569570%2F0ca
3e1bf-a4a2-4af4-85f0-1bbc8587014a.jpg" /><div style="float: right;
width: 50px;"><a
href="http://twitter.com/share?via=Mashable&text=The+moon+literally
+blocked+the+sun+on+Twitter&url=http%3A%2F%2Fmashable.com%2F2017%2F
08%2F21%2Fmoon-blocks-sun-eclipse-2017-
twitter%2F%3Futm_campaign%3DMash-Prod-RSS-Feedburner-All-
Partial%26utm_cid%3DMash-Prod-RSS-Feedburner-All-Partial"
style="margin: 10px;">
<p>The national space agency threw shade the best way it knows how:
by blocking the sun. Yep, you read that right. </p>
<div><div><blockquote>
<p>HA HA HA I've blocked the Sun! Make way for the Moon<a
href="https://twitter.com/hashtag/SolarEclipse2017?src=hash">#Solar
Eclipse2017</a> <a
```

```
href="https://t.co/nZCoqBlSTe">pic.twitter.com/nZCoqBlSTe</a></p>
<p>— NASA Moon (@NASAMoon) <a
href="https://twitter.com/NASAMoon/status/899681358737539073">Augus
t 21, 2017</a></p>
</blockquote></div></div>
```

동작 원리

인터넷에서 받는 대부분의 RSS 피드는 시간순으로 표시되며 맨 위에 마지막 메시지가 표시된다. 따라서 레시피에서 액세스한 게시물은 항상 피드가 제공하는 가장 최근 게시물이 된다. 피드 자체는 끊임없이 변화하고 있다. 이러한 이유로 프로그램을 실행할 때마다 출력의 형식은 동일하게 유지되지만 피드의 업데이트 속도에 따라 콘솔의 게시물 내용이 달라질 수 있다. 또한 여기에서는 깨끗한 콘텐츠가 아닌 콘솔에 원본 HTML을 직접 표시한다. 다음으로는 HTML 파싱과 페이지에서 필요한 정보만 얻는 방법을 살펴보겠다. 이 레시피의 또 다른 부록은 원하는 피드를 읽고 피드의 모든 게시물을 디스크에 저장한 다음 피드를 사용해 일반 텍스트 말뭉치를 만드는 것이다. 말할 필요도 없이 앞뒤 레시피에서 영감을 얻을 수 있다.

BeautifulSoup를 사용한 HTML 파싱

웹에서 데이터를 처리해야 할 때 대부분의 경우는 HTML 페이지 형태일 것이다. 이를 위해 파이썬에서 HTML을 파싱하는 법을 소개하려 한다. 파싱에 사용할 수 있는 파이썬 모듈이 많이 있지만 이 레시피에서는 BeautifulSoup4 라이브러리를 사용해 HTML을 파싱하는 방법을 살펴보겠다.

BeautifulSoup4 패키지는 파이썬 2와 파이썬 3에서 동작한다. 사용 전에 이 패키지를 다운로드해 파이썬 인터프리터에 설치해야 한다. 수행한 작업에 맞춰 pip 설치 유틸리티를 사용한다. 커맨드라인에서 다음 명령을 실행한다.

```
pip install beautifulsoup4
```

이 모듈과 함께 드롭박스에 있는 sample-html.html 파일도 필요하다. 앞에서 파일을 다운로드하지 않았다면 다음 링크를 확인하라.

```
https://www.dropbox.com/sh/bk18dizhsu1p534/AABEuJw4TArUbzJf4Aa8gp5Wa?dl=0
```

1. 필요한 패키지를 이미 설치했다고 가정하고 다음 임포트행으로 시작한다.

   ```
   from bs4 import BeautifulSoup
   ```

   bs4 모듈에서 HTML을 파싱하는 데 사용할 BeautifulSoup 클래스를 가져왔다.

2. HTML 파일을 BeautifulSoup 객체로 로드해보자.

   ```
   html_doc = open('sample-html.html', 'r').read()
   soup = BeautifulSoup(html_doc, 'html.parser')
   ```

   첫 번째 행에서 sample-html.html 파일의 내용을 str 객체 html_doc에 로드한다. 다음으로 HTML 파일의 내용을 첫 번째 인수로 전달하고 html.parser를 두 번째 인수로 전달하여 BeautifulSoup 객체를 만든다. html 파서를 사용해 문서를 파싱하도록 한다. 이렇게 하면 문서가 soup 객체에 로드되고 파싱돼 사용할 준비가 된다.

3. 이 soup 객체의 가장 간단하면서 제일 유용한 작업은 모든 HTML 태그를 제거하고 텍스트 내용을 가져오는 것이다. 다음 코드를 추가한다.

```
print('\n\nHTML이 제거된 전체 텍스트 :')
print(soup.get_text())
```

soup 객체에 대해 호출된 get_text( ) 메소드는 파일에서 HTML이 제거된 내용을 가져온다. 지금까지 작성한 코드를 실행하면 다음과 같은 출력이 표시된다.

```
HTML이 제거된 전체 텍스트 :
Sample Web Page
Main heading
This is a very simple HTML document
Improve your image by including an image.
Add a link to your favorite Web site.
This is a new sentence without a paragraph break, in bold italics.
This is purely the contents of our sample HTML document without any
of the HTML tags.
```

4. 때로는 HTML 태그가 제거된 순수 콘텐츠로는 충분치 않다. 특정 태그 내용이 필요할 수도 있다. 다음 중 하나의 태그에 액세스해보자.

```
print('<title> 태그에 액세스 :', end=' ')
print(soup.title)
```

soup.title은 파일에서 발견한 첫 번째 title 태그를 반환한다. 출력 결과는 다음과 같다.

```
<title> 태그에 액세스 : <title>Sample Web Page</title>
```

5. 태그에서 HTML이 제거된 텍스트만 가져오도록 하겠다.

```
print(' <H1> 태그의 텍스트에 액세스 :', end=' ')
print(soup.h1.string)
```

soup.h1.string 명령을 실행하면 첫 번째 <h1> 태그에 둘러싸인 텍스트가 반환된다. 이 라인의 출력은 다음과 같다.

```
<H1> 태그의 텍스트에 액세스 : Main heading
```

6. 이제 태그의 속성에 접근할 것이다. 이 경우 img 태그의 alt 속성에 액세스한다. 다음 코드를 추가한다.

```
print('<H1> 태그의 속성에 액세스 :', end=' ')
print(soup.img['alt'])
```

주의 깊게 보라. 태그의 속성에 액세스하는 구문은 텍스트에 액세스하는 것과 다르다. 이 코드를 실행하면 다음 결과를 얻게 된다.

<H1> 태그의 속성에 액세스 : A Great HTML Resource

7. 마지막으로 HTML 파일에 여러 유형의 태그가 여러 번 나타날 수 있다. 간단히 '.' 구문은 첫 번째 인스턴스만 가져온다. 모든 인스턴스를 가져오려면 다음과 같이 find_all( ) 기능을 사용한다.

```
print('\n 존재하는 모든 <p> 태그에 액세스 :')
for p in soup.find_all('p'):
    print(p.string)
```

BeautifulSoup 객체에서 호출된 find_all( ) 함수는 태그명을 인수로 받아 전체 HTML 트리를 검색한 다음 해당 태그를 모두 리스트로 반환한다. for 루프에서 반환된 리스트에 액세스해 주어진 BeautifulSoup 객체의 모든 <p> 태그의 내용 즉, 텍스트를 출력한다.

출력 :

HTML이 제거된 전체 텍스트 :

Sample Web Page

Main heading
This is a very simple HTML document
Improve your image by including an image.

Add a link to your favorite Web site.
 This is a new sentence without a paragraph break, in bold italics.

```
<title> 태그에 액세스 : <title>Sample Web Page</title>
<H1> 태그의 텍스트에 액세스 : Main heading
<img> 태그의 속성에 엑세스 : A Great HTML Resource

존재하는 모든 <p> 태그에 엑세스 :
This is a very simple HTML document
Improve your image by including an image.
None
```

동작 원리

BeautifulSoup4는 HTML 및 XML을 파싱하는 데 쓰는 매우 편리한 라이브러리다. 파이썬의 내장 HTML 파서를 지원하지만, 다른 서드파티 파서(예: lxml 파서 및 순수 파이썬 html5lib 파서)를 사용할 수도 있다. 이 레시피에서는 파이썬 내장 HTML 파서를 사용했다. 생성되는 출력은 따로 설명이 필요 없다. 물론 HTML이 무엇인지와 간단한 HTML을 작성하는 방법 정도는 알고 있다고 가정한다.[1]

---

1 Hyper Text Markup Language의 약자로 마크업 언어의 일종이다. 인터넷에서 보는 일반적인 웹사이트, 웹 페이지의 기본 형태라고 할 수 있다. - 옮긴이

3
전처리

3장에서는 다음과 같은 레시피를 다룬다.

- 토큰화—NLTK 내장 토크나이저 사용법
- 스테밍—NLTK 내장 스테머 사용법
- 원형 복원—NLTK의 WordnetLemmatizer 사용법
- 불용어—불용어 말뭉치 사용법과 불용어가 만들어내는 차이점 확인
- 편집 거리—두 문자열 간의 편집 거리를 찾기 위한 알고리즘 작성
- 두 단문 처리와 둘 사이의 공통 어휘 추출

소개

2장에서는 다양한 파일 포맷과 형식에서 가져온 가공되지 않은 데이터를 읽고 표준화하고 정리하는 방법을 배웠다. 3장에서는 NLP 애플리케이션에서 한걸음 나아가 사용할 데이터를 준비할 것이다. 전처리는 모든 종류의 데이터 처리 작업에서 가장 중요한 단계다. 그렇지 않으면 '무가치한 데이터를 넣으면 무가치한 결과가 나온다(garbage in, garbage out)' 는 컴퓨터 과학계의 오래되고 진부한 명제의 제물이 될 것이다. 3장의 목표는 토큰화, 스테밍, 원형 복원 등과 같은 중요한 전처리 단계를 소개하는 것이다.

3장에서는 여섯 가지 레시피를 해볼 것이다. 개별 레시피에서 토큰화, 스테밍, 원형 복원, 불용어 처리, 편집 거리 순으로 각각의 사전 처리 작업을 수행함으로써 3장을 만들어 나 갈 것이다. 마지막 레시피에서는 두 가지 자유로운 형식의 텍스트 사이에 공통적인 어휘 를 찾기 위해 이러한 전처리 기술 중 일부를 결합할 수 있는 방법의 예를 살펴볼 것이다.

토큰화−NLTK 내장 토크나이저 사용법

토큰화란 무엇인지, 왜 필요한지, 어떻게 하는지 이해하자.

준비하기

먼저 토큰이란 무엇인지 알아보겠다. 문서 또는 긴 문자열을 다루거나 처리하려는 경우 가장 먼저 할 일은 단어와 구두점punctuation mark으로 구분하는 것이다. 이를 토큰화 과정이 라고 부른다. NLTK에서 어떤 유형의 토크나이저를 사용할 수 있는지 확인하고 구현한다.

수행 방법

1. tokenizer.py라는 파일을 만들고 다음 임포트행을 추가한다.

```
from nltk.tokenize import LineTokenizer, SpaceTokenizer, TweetTokenizer
from nltk import word_tokenize
```

이 레시피에서 탐색할 네 가지 토크나이저를 가져온다.

2. LineTokernizer부터 시작하겠다. 다음 두 줄을 추가한다.

```
lTokenizer = LineTokenizer();
print("Line tokenizer 출력 : ",lTokenizer.tokenize("My name is
 Maximus Decimus Meridius, commander of the Armies of the North,
 General of the Felix Legions and loyal servant to the true emperor,
 Marcus Aurelius. \nFather to a murdered son, husband to a murdered
 wife. \nAnd I will have my vengeance, in this life or the next."))
```

3. 이름에서 알 수 있듯이 이 토크나이저는 입력 문자열을 줄^{line}로 나눌 것이다(문장이 아니다. 명심하라!). 출력과 토크나이저의 동작을 보자.

Line tokenizer 출력 : ['My name is Maximus Decimus Meridius, commander of the Armies of the North, General of the Felix Legions and loyal servant to the true emperor, Marcus Aurelius. ', 'Father to a murdered son, husband to a murdered wife. ', 'And I will have my vengeance, in this life or the next.']

보다시피 3개의 문자열 리스트를 반환한다. 즉, 주어진 입력이 줄바꿈 문자가 있는 위치를 기준으로 세 줄로 나뉘어졌다. LineTokenizer는 단순히 주어진 입력 문자열을 새로운 줄로 나눈다.

4. 이제 SpaceTokenizer를 살펴볼 것이다. 이름 그대로 공백 문자로 나눠 분할할 것이다. 다음 행을 추가한다.

```
rawText = "By 11 o'clock on Sunday, the doctor shall open the
 dispensary."
sTokenizer = SpaceTokenizer()
print("Space Tokenizer 출력 : ",sTokenizer.tokenize(rawText))
```

5. sTokenizer 객체는 SpaceTokenizer의 객체다. tokenize() 메소드를 호출했으니 아래 출력이 나타난다.

Space Tokenizer 출력 : ['By', '11', "o'clock", 'on', 'Sunday,', 'the', 'doctor', 'shall', 'open', 'the', 'dispensary.']

6. 예상대로 입력 rawText는 공백 문자 " "로 분할된다. 그 다음은 word_tokenize() 메소드다. 다음 코드를 추가한다.

```
print("Word Tokenizer 출력 : ", word_tokenize(rawText))
```

7. 여기에 차이점이 있다. 앞서 본 다른 두 가지는 클래스인 반면, word_tokenize는 nltk 모듈의 메소드다. 이것은 우리가 토큰화라고 정의한 바를 그대로 따르기 때문에 앞으로 대부분은 이 메소드를 사용할 것이다. 단어와 구두점(문장부호)이 구분된다. 출력을 보자.

```
Word Tokenizer 출력 : ['By', '11', "o'clock", 'on', 'Sunday',
',', 'the', 'doctor', 'shall', 'open', 'the', 'dispensary', '.']
```

8. 보다시피 SpaceTokenizer와 word_tokenize( ) 사이의 차이가 명확하게 표시된다.

9. 이제 마지막 순서다. 특수 문자열을 다룰 때 사용할 수 있는 특별한 Tweet Tokernizer가 있다.

```
tTokenizer = TweetTokenizer()
print("Tweet Tokenizer 출력 : ",tTokenizer.tokenize("This is a
cooool #dummysmiley: :-) :-P <3"))
```

10. 트윗에는 특별한 단어, 특수 문자, 해시태그, 이모티콘smiley 등이 포함돼 있다. 이두 줄의 출력을 살펴보자.

```
Tweet Tokenizer 출력 : ['This', 'is', 'a', 'cooool',
'#dummysmiley', ':', ':-)', ':-P', '<3']
```

이처럼 tTokenizer는 해시태그의 단어를 원래의 상태로 유지하고 손상시키지 않았다. 이모티콘도 원형을 잃지 않고 유지되고 있다. 이것은 애플리케이션이 요구할 때 사용할 수 있는 특별한 작은 클래스다.

11. 다음은 전체 프로그램의 출력이다. 이미 자세히 살펴봤으므로 다시 설명하지는 않는다.

```
Line tokenizer 출력 : ['My name is Maximus Decimus Meridius,
commander of the Armies of the North, General of the Felix Legions
and loyal servant to the true emperor, Marcus Aurelius. ', 'Father
to a murdered son, husband to a murdered wife. ', 'And I will have
my vengeance, in this life or the next.']
Space Tokenizer 출력 : ['By', '11', "o'clock", 'on', 'Sunday,',
'the', 'doctor', 'shall', 'open', 'the', 'dispensary.']
Word Tokenizer 출력 : ['By', '11', "o'clock", 'on', 'Sunday',
```

```
',', 'the', 'doctor', 'shall', 'open', 'the', 'dispensary', '.']
Tweet Tokenizer 출력 : ['This', 'is', 'a', 'cooool',
'#dummysmiley', ':', ':-)', ':-P', '<3']
```

동작 원리

NLTK 모듈에서 3개의 토크나이저 클래스와 하나의 메소드를 알아봤다. 수행 방법을 이해하는 것은 그리 어렵지 않지만, 왜 그렇게 하는지 알 필요가 있다. 언어 처리 작업에서 처리할 수 있는 최소 단위는 토큰이다. 이는 세밀한 수준에서 가장 작은 단위를 이해하려고 시도하고, 세부 수준을 높여 문장, 단락, 문서 및 말뭉치(있는 경우)의 의미를 이해하기 위해 작은 단위들을 합하는 분할 정복divide-and-conquer 전략과 매우 유사하다.

스테밍-NLTK 내장 스테머 사용법

어간stem의 개념과 스테밍(어간 추출) 과정을 이해해보자. 스테밍이 필요한 이유와 NLTK 내장 스테밍 클래스를 이용해 수행하는 방법을 배울 것이다.

준비하기

그렇다면 어간은 무엇으로 돼 있을까? 어간은 접미사suffix가 없는 단어의 기본형이다.[1] 그리고 스테머stemmer는 접미사를 제거하고 단어의 어간을 반환한다. NLTK에서 어떤 형태의 스테머를 사용할 수 있는지 보자.

---

1 어간(語幹)이란 문법에서 어형 변화의 기초가 되는 부분이다. 예를 들면 '하다/하니/하고/하며'에서 '하-', '쓰다/쓰니/쓰고/쓰며'에서 '쓰-'를 말한다. 영어에서는 "writing"과 "written"의 어간이 "writ"다. - 옮긴이

1. stemmers.py라는 파일을 만들고 다음 임포트행을 추가한다.

```
from nltk import PorterStemmer, LancasterStemmer, word_tokenize
```

이 레시피에서 탐색할 네 가지 유형의 토크나이저를 가져온다.

2. 스테머를 적용하기 전에 입력 텍스트를 토큰화해야 한다. 다음 코드를 써서 빠르게 처리해보자.

```
raw = "My name is Maximus Decimus Meridius, commander of the Armies
of the North, General of the Felix Legions and loyal servant to the
true emperor, Marcus Aurelius. Father to a murdered son, husband to
a murdered wife. And I will have my vengeance, in this life or the
next."
tokens = word_tokenize(raw)
```

토큰 목록에는 raw 입력 문자열에서 생성된 모든 tokens가 포함된다.

3. 첫 번째로 포터 스테머(PorterStemmer)를 알아볼 것이다. 다음 세 줄을 추가하자.

```
porter = PorterStemmer()
pStems = [porter.stem(t) for t in tokens]
print(pStems)
```

4. 먼저 stemmer 객체를 초기화한다. 그런 다음 어간을 입력 텍스트의 모든 tokens에 적용한 다음 결과를 출력한다. 결과를 살펴보면 더 자세히 알 수 있다.

```
['My', 'name', 'is', 'maximu', 'decimu', 'meridiu', ',', 'command',
'of', 'the', 'armi', 'of', 'the', 'north', ',', 'gener', 'of',
'the', 'felix', 'legion', 'and', 'loyal', 'servant', 'to', 'the',
'true', 'emperor', ',', 'marcu', 'aureliu', '.', 'father', 'to',
'a', 'murder', 'son', ',', 'husband', 'to', 'a', 'murder', 'wife',
'.', 'and', 'I', 'will', 'have', 'my', 'vengeanc', ',', 'in',
'thi', 'life', 'or', 'the', 'next', '.']
```

출력 결과에서 볼 수 있듯이 모든 단어는 마지막 's', 'es', 'e', 'ed', 'al' 등으로 사용됐다.

5. 다음은 랭커스터 스테머(LancasterStemmer)다. 포터 스테머보다 제거할 접미사가 더 많이 포함돼 있으므로 오류가 발생하기 쉽다.

```
lancaster = LancasterStemmer()
lStems = [lancaster.stem(t) for t in tokens]
print(lStems)
```

6. 같은 연습이다. 이번에는 포터 스테머 대신 랭커스터 스테머를 사용한다. 출력 결과를 보자.

```
['my', 'nam', 'is', 'maxim', 'decim', 'meridi', ',', 'command',
'of', 'the', 'army', 'of', 'the', 'nor', ',', 'gen', 'of', 'the',
'felix', 'leg', 'and', 'loy', 'serv', 'to', 'the', 'tru', 'emp',
',', 'marc', 'aureli', '.', 'fath', 'to', 'a', 'murd', 'son', ',',
'husband', 'to', 'a', 'murd', 'wif', '.', 'and', 'i', 'wil', 'hav',
'my', 'veng', ',', 'in', 'thi', 'lif', 'or', 'the', 'next', '.']
```

출력 부분에서 차이점에 대해 논의하겠지만, 삭제된 접미사는 Porter보다 많은 것을 알 수 있다. 'us', 'e', 'th', 'eral', "ered" 등이다.

7. 다음은 전체 프로그램의 출력이다. 두 스테머의 출력을 비교해볼 것이다.

```
['My', 'name', 'is', 'maximu', 'decimu', 'meridiu', ',', 'command',
'of', 'the', 'armi', 'of', 'the', 'north', ',', 'gener', 'of',
'the', 'felix', 'legion', 'and', 'loyal', 'servant', 'to', 'the',
'true', 'emperor', ',', 'marcu', 'aureliu', '.', 'father', 'to',
'a', 'murder', 'son', ',', 'husband', 'to', 'a', 'murder', 'wife',
'.', 'and', 'I', 'will', 'have', 'my', 'vengeanc', ',', 'in',
'thi', 'life', 'or', 'the', 'next', '.']
['my', 'nam', 'is', 'maxim', 'decim', 'meridi', ',', 'command',
'of', 'the', 'army', 'of', 'the', 'nor', ',', 'gen', 'of', 'the',
'felix', 'leg', 'and', 'loy', 'serv', 'to', 'the', 'tru', 'emp',
',', 'marc', 'aureli', '.', 'fath', 'to', 'a', 'murd', 'son', ',',
'husband', 'to', 'a', 'murd', 'wif', '.', 'and', 'i', 'wil', 'hav',
'my', 'veng', ',', 'in', 'thi', 'lif', 'or', 'the', 'next', '.']
```

두 출력 결과를 비교해보면 접미사를 삭제할 때 랭커스터가 분명히 탐욕스러운greedy 것을 알 수 있다. 가능한 한 많은 문자를 제거하려고 시도하는 반면, 포터는 욕심내지 않고 non-greedy 가능한 한 적게 제거하려고 한다.

동작 원리

일부 언어 처리 작업의 경우 입력 텍스트에서 사용할 수 있는 형태를 무시하고 대신 어간으로 작업한다. 예를 들어 인터넷에서 카메라camera를 검색할 때 그 결과에는 camera라는 단어뿐만 아니라 cameras가 포함된 문서도 있고, 그 반대의 경우도 있다. 지나고 나서 생각해보면 두 단어는 어간이 camera로 동일하다.

이 말을 해두면, 이 방법이 오류가 발생하기 쉽다는 것을 분명히 알 수 있다. 스테머가 단어를 줄이면 철자가 꽤 많이 섞이기 때문이다. 때로는 이 방법이 유용할 수 있지만 의미를 제대로 이해하고 싶다면 여기에서 많은 데이터가 손실된다. 이 때문에 다음 레시피에서 **원형 복원**이란 것을 살펴볼 것이다.

원형 복원–NLTK WordnetLemmatizer 사용법

기본형lemma과 원형 복원lemmatization이 무엇인지 이해한다. 스테밍과 어떻게 다른지 왜 필요한지, nltk 라이브러리의 WordnetLemmatizer를 사용해 실행하는 방법을 설명한다.

준비하기

lemma란 어휘 목록 표제어lexicon headword 혹은 더 간단히 말하면 단어의 기본형이다.

이미 어간이 무엇인지는 배웠다. 그러나 기본형은 접미사를 제거하거나 대체함으로써 얻은 어간과 달리 사전과 일치하는 기본 형태다. 사전 매칭dictionary match이기 때문에, 원형 복원은 스테밍보다 느리다.

1. lemmatizer.py라는 파일을 만들고 다음과 같은 임포트행을 추가한다.

   ```
   from nltk import word_tokenize, PorterStemmer, WordNetLemmatizer
   ```

   먼저 문장을 토큰화해야 하며, PorterStemmer를 사용해 출력을 비교한다.

2. 어간을 적용하기 전에 입력 텍스트를 토큰화해야 한다. 다음 코드를 통해 빠르게 처리해보겠다.

   ```
   raw = "My name is Maximus Decimus Meridius, commander of the armies
    of the north, General of the Felix legions and loyal servant to the
    true emperor, Marcus Aurelius. Father to a murdered son, husband to
    a murdered wife. And I will have my vengeance, in this life or the
    next."
   tokens = word_tokenize(raw)
   ```

   토큰 목록에는 입력 문자열 raw로부터 생성된 모든 토큰이 포함된다.

3. 우선 이전 레시피에서 이미 살펴본 PorterStemmer를 적용할 것이다. 다음 세 줄을 추가하자.

   ```
   porter = PorterStemmer()
   stems = [porter.stem(t) for t in tokens]
   print(stems)
   ```

   먼저, stems 객체를 초기화한다. 그런 다음 입력 텍스트의 모든 토큰에 스테머를 적용하고 마지막으로 결과를 출력한다. 레시피의 끝부분에서 결과를 확인할 것이다.

4. 이제 lemmatizer를 적용한다. 다음 세 줄을 추가한다.

   ```
   lemmatizer = WordNetLemmatizer()
   lemmas = [lemmatizer.lemmatize(t) for t in tokens]
   print(lemmas)
   ```

5. 실행하면 위 세 줄의 출력은 다음과 같다.

```
['My', 'name', 'is', 'Maximus', 'Decimus', 'Meridius', ',',
'commander', 'of', 'the', 'army', 'of', 'the', 'north', ',',
'General', 'of', 'the', 'Felix', 'legion', 'and', 'loyal',
'servant', 'to', 'the', 'true', 'emperor', ',', 'Marcus',
'Aurelius', '.', 'Father', 'to', 'a', 'murdered', 'son', ',',
'husband', 'to', 'a', 'murdered', 'wife', '.', 'And', 'I', 'will',
'have', 'my', 'vengeance', ',', 'in', 'this', 'life', 'or', 'the',
'next', '.']
```

보다시피 명사의 경우 끝에 's'를 제거할 필요는 없다. 그러나 비명사 legions와 armies의 경우 접미사를 제거하고 대치한다. 하지만 본질적으로 하고 있는 것은 사전 일치다. 출력 부분에서 차이점에 대해 논의할 것이다.

6. 다음은 전체 프로그램의 출력이다. 스테머의 출력을 비교해보겠다.

```
['My', 'name', 'is', 'maximu', 'decimu', 'meridiu', ',', 'command',
'of', 'the', 'armi', 'of', 'the', 'north', ',', 'gener', 'of',
'the', 'felix', 'legion', 'and', 'loyal', 'servant', 'to', 'the',
'true', 'emperor', ',', 'marcu', 'aureliu', '.', 'father', 'to',
'a', 'murder', 'son', ',', 'husband', 'to', 'a', 'murder', 'wife',
'.', 'and', 'I', 'will', 'have', 'my', 'vengeanc', ',', 'in',
'thi', 'life', 'or', 'the', 'next', '.']
['My', 'name', 'is', 'Maximus', 'Decimus', 'Meridius', ',',
'commander', 'of', 'the', 'army', 'of', 'the', 'north', ',',
'General', 'of', 'the', 'Felix', 'legion', 'and', 'loyal',
'servant', 'to', 'the', 'true', 'emperor', ',', 'Marcus',
'Aurelius', '.', 'Father', 'to', 'a', 'murdered', 'son', ',',
'husband', 'to', 'a', 'murdered', 'wife', '.', 'And', 'I', 'will',
'have', 'my', 'vengeance', ',', 'in', 'this', 'life', 'or', 'the',
'next', '.']
```

스테머와 lemmatizer의 출력을 비교해보면 스테머가 많은 실수를 범하고 lemmatizer는 오류가 매우 적은 것을 알 수 있다. 그러나 단어 'murdered'는 아무 작업도 하지 않는 오류가 나타난다. 그럼에도 최종 산출물로서 lemmatizer는 스테머보다 기본형을 얻는 데 훨씬 뛰어나다.

동작 원리

WordNetLemmatizer는 사전에서 결과 단어를 찾을 수 있는 경우에만 접미사를 제거한다. 이것은 원형 복원 과정을 스테밍보다 느리게 만든다. 또한 대문자로 시작하는 단어를 특별한 단어로 인식해 어떤 처리도 하지 않으며 그대로 반환한다. 이 문제를 해결하려면 입력 문자열을 소문자로 변환한 다음 원형 복원을 실행할 수 있다.

이러니저러니 해도 결국 원형 복원은 여전히 완벽하지 않으며 오류가 있을 것이다. 입력 문자열과 이번 레시피의 결과를 확인해보면 'murdered'를 'murder'로 변환할 수 없었다. 마찬가지로 'women'이라는 단어는 올바르게 처리하지만 'men'은 처리할 수 없다.

불용어─불용어 말뭉치 사용법과 불용어가 만들어내는 차이점 확인

이 레시피에서는 구텐베르크Gutenberg 코퍼스를 예제로 사용한다. 구텐베르크 코퍼스는 NLTK 데이터 모듈의 일부다. 프로젝트 구텐베르크 텍스트 아카이브에 있는 약 25,000권의 전자책 중에서 18가지 텍스트를 선택해 제공한다. 그것이 바로 PlainTextCorpus이고 이는 곧 해당 말뭉치와 관련된 카테고리가 없음을 의미한다. 특정 주제에 대한 텍스트의 유사도affinity에 대해 걱정하지 않고 단어/토큰으로 다뤄보고자 할 때 가장 적합하다. 이번 짧은 레시피의 목표 가운데 하나는 텍스트 분석에서 가장 중요한 전처리 단계 중 하나 즉, 불용어 처리를 소개하는 것이다.

목표에 따라 이 말뭉치를 사용해 불용어의 맥락 안에서 파이썬으로 NLTK 모듈의 빈도 분포Frequency Distribution 사용법을 상세히 설명한다. 작은 시놉시스를 주기 위해, 불용어는 문장 형성에 있어서 중요한 구문론적 가치를 지니고 있지만 무시할 수 있거나 최소한의 의미적 가치를 지닌 단어다. 구문론을 사용하지 않고 단어 주머니bag-of-words 접근 방식(예를 들면 TF/IDF)으로 작업하는 경우 특정 관심사를 제외한 불용어를 제거하는 것이 좋다.

nltk.corpus.stopwords도 NLTK 데이터 모듈의 일부로서 nltk.corpus.gutenberg와 함께 이 레시피에서 사용할 말뭉치다.

1. Gutenberg.py라는 새 파일을 만들고 다음 세 줄의 코드를 추가한다.

```
import nltk
from nltk.corpus import gutenberg
print(gutenberg.fileids())
```

2. 여기서는 처음 두 줄에 필요한 라이브러리와 구텐베르크 코퍼스를 가져온다. 두 번째 줄은 말뭉치가 성공적으로 로드됐는지 확인하는 데 사용된다.

```
['austen-emma.txt', 'austen-persuasion.txt', 'austen-sense.txt',
'bible-kjv.txt', 'blake-poems.txt', 'bryant-stories.txt',
'burgessbusterbrown.
txt', 'carroll-alice.txt', 'chesterton-ball.txt',
'chesterton-brown.txt', 'chesterton-thursday.txt', 'edgeworthparents.
txt', 'melville-moby_dick.txt', 'milton-paradise.txt',
'shakespeare-caesar.txt', 'shakespeare-hamlet.txt', 'shakespearemacbeth.
txt', 'whitman-leaves.txt']
```

18개의 모든 구텐베르크 텍스트의 이름이 콘솔에 출력돼 있다.

3. 다음 두 줄의 코드를 추가해 말뭉치의 모든 단어 목록에 약간의 전처리 단계를 수행한다.

```
gb_words = gutenberg.words('bible-kjv.txt')
words_filtered = [e for e in gb_words if len(e) >= 3]
```

첫 번째 줄은 샘플 bible-kjv.txt에서 말뭉치의 모든 단어 목록을 gb_words 변수에 간단히 복사한다. 두 번째 흥미로운 단계는 구텐베르크의 전체 단어 목록을 반복하면서 길이가 2자 이하인 모든 단어/토큰을 삭제하는 것이다.

4. 이제 `nltk.corpus.stopwords`에 액세스하고 이전 목록의 필터링된 단어 목록에 대한 불용어 처리를 수행한다. 다음 코드행을 동일하게 추가한다.

```
stopwords = nltk.corpus.stopwords.words('english')
words = [w for w in words_filtered if w.lower() not in stopwords]
```

첫 줄은 영어용 불용어 말뭉치에서 `stopwords` 변수로 간단히 로드한다. 두 번째 줄은 이전 예제에서 개발한 필터링된 단어 목록에서 모든 불용어를 필터링하는 곳이다.

5. 이제 `nltk.FreqDist`를 전처리된 단어 목록과 일반 `words` 리스트에 적용한다. 같은 줄을 추가한다.

```
fdistPlain = nltk.FreqDist(words)
fdist = nltk.FreqDist(gb_words)
```

2단계와 3단계에서 공식화한 단어 목록을 인수로 전달해 `FreqDist` 개체를 만든다.

6. 이제 방금 막 만든 빈도 분포의 특성 중 일부를 확인하고자 한다. 코드에서 다음 네 줄을 추가하면 각 내용이 표시된다.

```
print('Following are the most common 10 words in the bag')
print(fdist.most_common(10))
print('Following are the most common 10 words in the bag minus the
 stopwords')
print(fdistPlain.most_common(10))
```

`most_common(10)` 함수는 빈도 분포로 처리되는 단어 주머니^{BoW}에서 가장 일반적인 10개의 단어를 반환한다. 반환에 대해서는 이제 논의하고 정교화할 것이다.

7. 이 프로그램을 실행한 후에는 다음과 비슷한 내용이 표시된다.

```
['austen-emma.txt', 'austen-persuasion.txt', 'austen-sense.txt',
'bible-kjv.txt', 'blake-poems.txt', 'bryant-stories.txt',
'burgessbusterbrown.
txt', 'carroll-alice.txt', 'chesterton-ball.txt',
'chesterton-brown.txt', 'chesterton-thursday.txt', 'edgeworthparents.
```

```
txt', 'melville-moby_dick.txt', 'milton-paradise.txt',
'shakespeare-caesar.txt', 'shakespeare-hamlet.txt', 'shakespearemacbeth.
txt', 'whitman-leaves.txt']
Following are the most common 10 words in the bag
[(',', 70509), ('the', 62103), (':', 43766), ('and', 38847), ('of',
34480), ('.', 26160), ('to', 13396), ('And', 12846), ('that',
12576), ('in', 12331)]
Following are the most common 10 words in the bag minus the
stopwords
[('shall', 9838), ('unto', 8997), ('lord', 7964), ('thou', 5474),
('thy', 4600), ('god', 4472), ('said', 3999), ('thee', 3827),
('upon', 2748), ('man', 2735)]
```

동작 원리

출력 결과를 잘 보면 처리되지 않거나 일반 단어 목록에서 가장 일반적인 10개 단어는 많은 의미를 지닌다. 전처리된 단어들로 말미암아 god, lord, man과 같은 가장 일반적인 10개 단어는 우리가 신앙이나 종교와 관련된 텍스트를 다루고 있다는 것을 빠르게 이해할 수 있게 해준다.

이 레시피의 가장 중요한 목적은 데이터에 대한 복잡한 분석을 실행하기 전에 수행해야 하는 텍스트 사전 처리 기술에 대한 불용어 처리 개념을 소개하는 것이다. NLTK 불용어 자료에는 11개 언어에 대한 불용어가 들어 있다. 텍스트 분석 애플리케이션에서 키워드의 중요성을 분석하려고 할 때 불용어를 올바르게 처리하면 시간이 오래 걸릴 것이다. 빈도 분포는 단어의 중요성을 파악하는 데 도움이 된다. 통계적으로 말하자면, 이 분포는 단어의 빈도와 중요성의 2차원 평면에 배치하면 이상적으로 종 곡선^{bell curve}처럼 보일 것이다.

편집 거리-두 문자열 간의 편집 거리를 찾기 위한 알고리즘 작성

레벤슈타인 거리^{Levenshtein distance}라고도 부르는 편집 거리^{Edit distance}는 두 거리 간의 유사성을 측정하는 데 사용되는 기법이다. 본질적으로 얼마나 많은 편집 연산, 삭제, 삽입 혹은 대체가 주어진 문자열 A를 문자열 B로 변환할 것인가에 대한 수다. 편집 거리를 계산하기 위한 자체 알고리즘을 작성한 다음 nltk.metrics.distance.edit_distance( )와 비교해 온전성 검사^(sanity check)를 수행한다.

레벤슈타인 거리 부분에서 수학 방정식을 좀 더 살펴볼 수 있다. 파이썬에서 알고리즘 구현을 살펴보고 그 이유를 알아보겠다. 하지만 그 뒤에 완전한 수학을 다루는 것은 불가능할 수도 있다. 위키피디아(https://en.wikipedia.org/wiki/Levenshtein_distance)에 링크가 있다.

수행 방법

1. edit_distance_calculator.py라는 파일을 만들고 다음 임포트행을 추가한다.

   ```
   from nltk.metrics.distance import edit_distance
   ```

   nltk.metrics.distance 모듈에서 내장 nltk 라이브러리의 edit_distance 함수를 가져왔다.

2. 두 개의 문자열을 입력받고 둘 사이의 편집 거리를 계산하는 방법을 정의하자. str1과 str2는 함수가 받아들일 수 있는 두 개의 문자열이며 정수 거리값을 반환한다.

   ```
   def my_edit_distance(str1, str2):
   ```

3. 다음 단계는 두 입력 문자열의 길이를 구하는 것이다. 길이를 사용해 m x n 테이블을 만든다. 여기서 m과 n은 각각 두 개의 문자열 s1과 s2의 길이이다.

   ```
   m=len(str1)+1
   n=len(str2)+1
   ```

4. 이제 테이블을 만들고 첫 번째 행과 열을 초기화한다.

```
table = {}
for i in range(m): table[i,0]=i
for j in range(n): table[0,j]=j
```

5. 이것은 차원 배열을 초기화할 것이고 내용은 메모리에 있는 다음 테이블처럼 보일 것이다.

		0	1	2	3	4	
	0	0	1	2	3	4	
1	1						A
2	2						N
3	3						D
		H	A	N	D		

이것은 함수 내부에 있고 알고리즘을 정교화하기 위해 함수에 전달할 예제 문자열을 사용하고 있다.

6. 이제 까다로운 부분이다. 수식을 사용해 행렬을 채운다.

```
for i in range(1, m):
    for j in range(1, n):
        cost = 0 if str1[i-1] == str2[j-1] else 1
        table[i,j] = min(table[i, j-1]+1, table[i-1, j]+1, table[i-1,
j-1]+cost)
```

cost는 경합의 문자가 동일하거나 편집됐는지, 특히 삭제 또는 삽입인지에 따라 계산된다. 다음 행의 수식은 행렬에 있는 셀의 값을 계산하고 첫 번째 두 개는 대체를 처리하고 세 번째는 대체를 위한 것이다. 또한 이전 단계의 비용을 추가하고 최소 세 단계를 취한다.

7. 마지막으로 최종 편집 거리값으로 table[m, n]인 마지막 셀의 값을 반환한다.

```
return table[i,j]
```

8. 이제 우리 함수와 nltk 라이브러리의 edit_distance( ) 함수를 두 문자열에서 호출하고 결과를 확인한다.

```
print("Our Algorithm :",my_edit_distance("hand", "and"))
print("NLTK Algorithm :",edit_distance("hand", "and"))
```

9. 예제 단어는 hand와 and다. 첫 번째 문자열에 대한 1회 삭제 또는 두 번째 문자열에 1회 삽입 작업만으로 일치한다. 따라서 예상 레벤슈타인 점수는 1이다.

10. 다음은 프로그램의 출력이다.

```
Our Algorithm : 1
NLTK Algorithm : 1
```

예상대로 NLTK edit_distance( )는 1을 반환하고 우리 알고리즘도 마찬가지다. 알고리즘이 예상대로 작동한다고 할 수 있지만, 몇 가지 예제를 추가해 테스트해보자.

동작 원리

이미 알고리즘에 대해 간단하게 설명했다. 이제 행렬 테이블에 알고리즘이 어떻게 채워지는지 살펴보겠다. 아래 첨부된 표를 참고하라.

		0	1	2	3	4	
0	0	1	2	3	4	
1	1	1	1	2	3	A
2	2	2	2	1	2	N
3	3	3	3	2	1	D
		H	A	N	D	

이미 행렬을 초기화하는 방법을 봤다. 그런 다음 알고리즘의 수식을 사용해 행렬을 채운다. 노란색 바탕은 중요한 숫자다. 첫 번째 반복이 끝나면 거리가 일관되게 1의 방향으로 이동하고 반환되는 최종 값은 초록색 배경 셀로 표시된다.

편집 거리 알고리즘의 적용되는 예는 여러 가지가 있다. 무엇보다도 텍스트 에디터, 검색 엔진과 많은 텍스트 기반 애플리케이션의 맞춤법 검사기와 자동 제안에 사용된다. 비교 비용은 비교할 문자열 길이의 곱과 동일하기 때문에 대용량 텍스트를 비교하는 데 적용하기엔 간혹 실용적이지 못하다.

두 단문 처리와 둘 사이의 공통 어휘 추출

이 레시피는 일반적인 텍스트 분석 문제를 다루는 방법에 대한 아이디어를 제공한다. 결과를 도출해내는 과정에서 여러 가지 전처리 기술을 사용할 것이다. 레시피는 텍스트 분석의 실제 응용이 아니라 중요한 사전 처리 작업에서 끝난다. http://www.english-for-students.com/에 있는 몇 가지 단문을 사용할 것이다.

준비하기

이 레시피에서 모든 특수 문자와 단어 분리, 케이스 폴딩casefolding2 및 일부 세트와 목록 작업을 제거한다. 특별한 라이브러리를 사용하지 않고 파이썬 프로그래밍 기법만 사용한다.

수행 방법

1. lemmatizer.py라는 파일을 만들고 단편 소설이나 뉴스 기사를 통해 긴 문자열을 만든다.

   ```
   story1 = """In a far away kingdom, there was a river. This river
   was home to many golden swans. The swans spent most of their time
   on the banks of the river. Every six months, the swans would leave
   a golden feather as a fee for using the lake. The soldiers of the
   ```

---

2 케이스 폴딩은 소문자로 변환하는 것과 비슷하지만 문자열의 모든 케이스 구분을 제거하기 때문에 좀 더 공격적이다. 예를 들어, 독일어 소문자 'ß'는 "ss"와 동등하다. 이미 소문자이므로 lower()는 'ß'에 아무런 영향을 미치지 않는다. casefold()는 "ss"로 변환한다(출처: https://python.flowdas.com/library/stdtypes.html). – 옮긴이

kingdom would collect the feathers and deposit them in the royal treasury.

One day, a homeless bird saw the river. "The water in this river seems so cool and soothing. I will make my home here," thought the bird.

As soon as the bird settled down near the river, the golden swans noticed her. They came shouting. "This river belongs to us. We pay a golden feather to the King to use this river. You can not live here."

"I am homeless, brothers. I too will pay the rent. Please give me shelter," the bird pleaded. "How will you pay the rent? You do not have golden feathers," said the swans laughing. They further added, "Stop dreaming and leave once." The humble bird pleaded many times. But the arrogant swans drove the bird away.

"I will teach them a lesson!" decided the humiliated bird.

She went to the King and said, "O King! The swans in your river are impolite and unkind. I begged for shelter but they said that they had purchased the river with golden feathers."

The King was angry with the arrogant swans for having insulted the homeless bird. He ordered his soldiers to bring the arrogant swans to his court. In no time, all the golden swans were brought to the King's court.

"Do you think the royal treasury depends upon your golden feathers? You can not decide who lives by the river. Leave the river at once or you all will be beheaded!" shouted the King.

The swans shivered with fear on hearing the King. They flew away never to return. The bird built her home near the river and lived there happily forever. The bird gave shelter to all other birds in the river. """

story2 = """Long time ago, there lived a King. He was lazy and liked all the comforts of life. He never carried out his duties as a King. "Our King does not take care of our needs. He also ignores the affairs of his kingdom." The people complained.

One day, the King went into the forest to hunt. After having wandered for quite sometime, he became thirsty. To his relief, he spotted a lake. As he was drinking water, he suddenly saw a golden swan come out of the lake and perch on a stone. "Oh! A golden swan. I must capture it," thought the King.

But as soon as he held his bow up, the swan disappeared. And the

King heard a voice, "I am the Golden Swan. If you want to capture me, you must come to heaven."

Surprised, the King said, "Please show me the way to heaven." "Do good deeds, serve your people and the messenger from heaven would come to fetch you to heaven," replied the voice.

The selfish King, eager to capture the Swan, tried doing some good deeds in his Kingdom. "Now, I suppose a messenger will come to take me to heaven," he thought. But, no messenger came.

The King then disguised himself and went out into the street. There he tried helping an old man. But the old man became angry and said, "You need not try to help. I am in this miserable state because of out selfish King. He has done nothing for his people."

Suddenly, the King heard the golden swan's voice, "Do good deeds and you will come to heaven." It dawned on the King that by doing selfish acts, he will not go to heaven.

He realized that his people needed him and carrying out his duties was the only way to heaven. After that day he became a responsible King.
"""

앞서 언급한 웹사이트의 이야기 2개를 가져왔다.

2. 먼저 텍스트에서 일부 특수 문자를 제거한다. 모든 줄바꿈 문자('\n'), 쉼표, 마침표, 느낌표, 물음표 등을 제거한다. 마지막으로 casefold( ) 함수를 사용해 전체 문자열을 소문자로 변환한다.

```
story1 = story1.replace(",", "").replace("\n", "").replace('.',
   '').replace('"', '').replace("!","").replace("?","").casefold()
story2 = story2.replace(",", "").replace("\n", "").replace('.',
   '').replace('"', '').replace("!","").replace("?","").casefold()
```

3. 다음으로 텍스트를 단어로 분리한다.

```
story1_words = story1.split(" ")
print("첫 번째 이야기 단어 :",story1_words)
story2_words = story2.split(" ")
print("두 번째 이야기 단어 :",story2_words)
```

4. 문자에서 split을 사용해 story1과 story2에서 단어 목록을 분리해 가져온다. 이 단계 이후 결과를 확인하자.

첫 번째 이야기 단어 : ['in', 'a', 'far', 'away', 'kingdom', 'there', 'was', 'a', 'river', 'this', 'river', 'was', 'home', 'to', 'many', 'golden', 'swans', 'the', 'swans', 'spent', 'most', 'of', 'their', 'time', 'on', 'the', 'banks', 'of', 'the', 'river', 'every', 'six', 'months', 'the', 'swans', 'would', 'leave', 'a', 'golden', 'feather', 'as', 'a', 'fee', 'for', 'using', 'the', 'lake', 'the', 'soldiers', 'of', 'the', 'kingdom', 'would', 'collect', 'the', 'feathers', 'and', 'deposit', 'them', 'in', 'the', 'royal', 'treasury', 'one', 'day', 'a', 'homeless', 'bird', 'saw', 'the', 'river', 'the', 'water', 'in', 'this', 'river', 'seems', 'so', 'cool', 'and', 'soothing', 'i', 'will', 'make', 'my', 'home', 'here', 'thought', 'the', 'bird', 'as', 'soon', 'as', 'the', 'bird', 'settled', 'down', 'near', 'the', 'river', 'the', 'golden', 'swans', 'noticed', 'her', 'they', 'came', 'shouting', 'this', 'river', 'belongs', 'to', 'us', 'we', 'pay', 'a', 'golden', 'feather', 'to', 'the', 'king', 'to', 'use', 'this', 'river', 'you', 'can', 'not', 'live', 'here', 'i', 'am', 'homeless', 'brothers', 'i', 'too', 'will', 'pay', 'the', 'rent', 'please', 'give', 'me', 'shelter', 'the', 'bird', 'pleaded', 'how', 'will', 'you', 'pay', 'the', 'rent', 'you', 'do', 'not', 'have', 'golden', 'feathers', 'said', 'the', 'swans', 'laughing', 'they', 'further', 'added', 'stop', 'dreaming', 'and', 'leave', 'once', 'the', 'humble', 'bird', 'pleaded', 'many', 'times', 'but', 'the', 'arrogant', 'swans', 'drove', 'the', 'bird', 'away', 'i', 'will', 'teach', 'them', 'a', 'lesson', 'decided', 'the', 'humiliated', 'bird', 'she', 'went', 'to', 'the', 'king', 'and', 'said', 'o', 'king', 'the', 'swans', 'in', 'your', 'river', 'are', 'impolite', 'and', 'unkind', 'i', 'begged', 'for', 'shelter', 'but', 'they', 'said', 'that', 'they', 'had', 'purchased', 'the', 'river', 'with', 'golden', 'feathers', 'the', 'king', 'was', 'angry', 'with', 'the', 'arrogant', 'swans', 'for', 'having', 'insulted', 'the', 'homeless', 'bird', 'he', 'ordered', 'his', 'soldiers', 'to', 'bring', 'the', 'arrogant', 'swans', 'to', 'his', 'court', 'in', 'no', 'time', 'all', 'the', 'golden', 'swans', 'were', 'brought', 'to', 'the', 'king's', 'court', 'do', 'you', 'think', 'the', 'royal', 'treasury', 'depends', 'upon', 'your', 'golden',

'feathers', 'you', 'can', 'not', 'decide', 'who', 'lives', 'by', 'the', 'river', 'leave', 'the', 'river', 'at', 'once', 'or', 'you', 'all', 'will', 'be', 'beheaded', 'shouted', 'the', 'king', 'the', 'swans', 'shivered', 'with', 'fear', 'on', 'hearing', 'the', 'king', 'they', 'flew', 'away', 'never', 'to', 'return', 'the', 'bird', 'built', 'her', 'home', 'near', 'the', 'river', 'and', 'lived', 'there', 'happily', 'forever', 'the', 'bird', 'gave', 'shelter', 'to', 'all', 'other', 'birds', 'in', 'the', 'river', ''']
두 번째 이야기 단어 : ['long', 'time', 'ago', 'there', 'lived', 'a', 'king', 'he', 'was', 'lazy', 'and', 'liked', 'all', 'the', 'comforts', 'of', 'life', 'he', 'never', 'carried', 'out', 'his', 'duties', 'as', 'a', 'king', '"our', 'king', 'does', 'not', 'take', 'care', 'of', 'our', 'needs', 'he', 'also', 'ignores', 'the', 'affairs', 'of', 'his', 'kingdom', 'the', 'people', 'complained', 'one', 'day', 'the', 'king', 'went', 'into', 'the', 'forest', 'to', 'hunt', 'after', 'having', 'wandered', 'for', 'quite', 'sometime', 'he', 'became', 'thirsty', 'to', 'his', 'relief', 'he', 'spotted', 'a', 'lake', 'as', 'he', 'was', 'drinking', 'water', 'he', 'suddenly', 'saw', 'a', 'golden', 'swan', 'come', 'out', 'of', 'the', 'lake', 'and', 'perch', 'on', 'a', 'stone', '"oh', 'a', 'golden', 'swan', 'i', 'must', 'capture', 'it', 'thought', 'the', 'king', 'but', 'as', 'soon', 'as', 'he', 'held', 'his', 'bow', 'up', 'the', 'swan', 'disappeared', 'and', 'the', 'king', 'heard', 'a', 'voice', '"i', 'am', 'the', 'golden', 'swan', 'if', 'you', 'want', 'to', 'capture', 'me', 'you', 'must', 'come', 'to', 'heaven', 'surprised', 'the', 'king', 'said', '"please', 'show', 'me', 'the', 'way', 'to', 'heaven', '"do', 'good', 'deeds', 'serve', 'your', 'people', 'and', 'the', 'messenger', 'from', 'heaven', 'would', 'come', 'to', 'fetch', 'you', 'to', 'heaven', 'replied', 'the', 'voice', 'the', 'selfish', 'king', 'eager', 'to', 'capture', 'the', 'swan', 'tried', 'doing', 'some', 'good', 'deeds', 'in', 'his', 'kingdom', '"now', 'i', 'suppose', 'a', 'messenger', 'will', 'come', 'to', 'take', 'me', 'to', 'heaven', 'he', 'thought', 'but', 'no', 'messenger', 'came', 'the', 'king', 'then', 'disguised', 'himself', 'and', 'went', 'out', 'into', 'the', 'street', 'there', 'he', 'tried', 'helping', 'an', 'old', 'man', 'but', 'the', 'old', 'man', 'became', 'angry', 'and', 'said', '"you', 'need', 'not', 'try', 'to', 'help', 'i', 'am', 'in', 'this', 'miserable', 'state', 'because', 'of', 'out',

'selfish', 'king', 'he', 'has', 'done', 'nothing', 'for', 'his',
'people', 'suddenly', 'the', 'king', 'heard', 'the', 'golden',
'swan's', 'voice', ''do', 'good', 'deeds', 'and', 'you', 'will',
'come', 'to', 'heaven', 'it', 'dawned', 'on', 'the', 'king',
'that', 'by', 'doing', 'selfish', 'acts', 'he', 'will', 'not',
'go', 'to', 'heaven', 'he', 'realized', 'that', 'his', 'people',
'needed', 'him', 'and', 'carrying', 'out', 'his', 'duties', 'was',
'the', 'only', 'way', 'to', 'heaven', 'after', 'that', 'day', 'he',
'became', 'a', 'responsible', 'king', '']

위와 같이 모든 특수 문자가 제거된 단어 목록이 만들어진다.

5. 이제 이 단어 목록에서 어휘^{vocabulary}를 만들어보자. 어휘는 일련의 단어다. 반복할 필요가 없다!

```
story1_vocab = set(story1_words)
print("첫 번째 이야기 어휘 : ",story1_vocab)
story2_vocab = set(story2_words)
print("두 번째 이야기 어휘 : ",story2_vocab)
```

6. 리스트에 파이썬 내부 set( ) 함수를 호출하면 리스트의 중복이 제거돼 집합으로 변환된다.

첫 번째 이야기 어휘 : {'', 'king's', 'am', 'further', 'having',
'river', 'he', 'all', 'feathers', 'banks', 'at', 'shivered',
'other', 'are', 'came', 'here', 'that', 'soon', 'lives', 'unkind',
'by', 'on', 'too', 'kingdom', 'never', 'o', 'make', 'every',
'will', 'said', 'birds', 'teach', 'away', 'hearing', 'humble',
'but', 'deposit', 'them', 'would', 'leave', 'return', 'added',
'were', 'fear', 'bird', 'lake', 'my', 'settled', 'or', 'pleaded',
'in', 'so', 'use', 'was', 'me', 'us', 'laughing', 'bring', 'rent',
'have', 'how', 'lived', 'of', 'seems', 'gave', 'day', 'no',
'months', 'down', 'this', 'the', 'her', 'decided', 'angry',
'built', 'cool', 'think', 'golden', 'spent', 'time', 'noticed',
'lesson', 'many', 'near', 'once', 'collect', 'who', 'your', 'flew',
'fee', 'six', 'most', 'had', 'to', 'please', 'purchased',
'happily', 'depends', 'belongs', 'give', 'begged', 'there', 'she',
'i', 'times', 'dreaming', 'as', 'court', 'their', 'you', 'shouted',
'shelter', 'forever', 'royal', 'insulted', 'they', 'with', 'live',

'far', 'water', 'king', 'shouting', 'a', 'brothers', 'drove',
'arrogant', 'saw', 'soldiers', 'stop', 'home', 'upon', 'can',
'decide', 'beheaded', 'do', 'for', 'homeless', 'ordered', 'be',
'using', 'not', 'feather', 'soothing', 'swans', 'humiliated',
'treasury', 'thought', 'one', 'and', 'we', 'impolite', 'brought',
'went', 'pay', 'his'}
두 번째 이야기 어휘 : {'', 'needed', 'having', 'am', 'he', 'all',
'way', 'spotted', 'voice', 'realized', 'also', 'came', 'that',
'"our', 'soon', '"oh', 'by', 'on', 'has', 'complained', 'never',
'ago', 'kingdom', '"do', 'capture', 'said', 'into', 'long', 'will',
'liked', 'disappeared', 'but', 'would', 'must', 'stone', 'lake',
'from', 'messenger', 'eager', 'deeds', 'fetch', 'carrying', 'in',
'because', 'perch', 'responsible', 'was', 'me', 'disguised',
'take', 'comforts', 'lived', 'of', 'tried', 'day', 'no', 'street',
'good', 'bow', 'the', 'need', 'this', 'helping', 'angry', 'out',
'thirsty', 'relief', 'wandered', 'old', 'golden', 'acts', 'time',
'an', 'needs', 'suddenly', 'state', 'serve', 'affairs', 'ignores',
'does', 'people', 'want', 'your', 'dawned', 'man', 'to',
'miserable', 'became', 'swan', 'there', 'hunt', 'show', 'i',
'heaven', 'as', 'selfish', 'after', 'suppose', 'you', 'only',
'done', 'drinking', 'then', 'care', 'it', 'him', 'come', 'swan's',
'if', 'water', 'himself', 'nothing', '"please', 'carried', 'king',
'help', 'heard', 'up', 'try', 'a', 'held', 'saw', 'life',
'surprised', 'go', '"i', 'for', 'doing', 'our', 'some', '"now',
'sometime', 'forest', 'lazy', 'not', '"you', 'replied', 'quite',
'duties', 'thought', 'one', 'and', 'went', 'his'}

여기 중복 제거된 집합, 두 이야기의 어휘가 있다.

7. 이제 마지막 단계다. 이 두 이야기 사이의 공통 어휘를 생성한다.

```
common_vocab = story1_vocab & story2_vocab
print("공통 어휘 :",common_vocab)
```

8. 파이썬은 집합 연산 &(AND)를 허용한다. & 연산은 이 두 어휘 집합 사이의 교집합
   을 찾는다. 마지막 단계의 출력을 살펴보자.

```
공통 어휘 : {'', 'king', 'am', 'having', 'he', 'all',
'your', 'in', 'was', 'me', 'a', 'to', 'came', 'that', 'lived',
'soon', 'saw', 'of', 'by', 'on', 'day', 'no', 'never', 'kingdom',
```

```
'there', 'for', 'i', 'said', 'will', 'the', 'this', 'as', 'angry',
'you', 'not', 'but', 'would', 'golden', 'thought', 'time', 'one',
'and', 'lake', 'went', 'water', 'his'}
```

여기가 최종 목표다.

전체 프로그램의 출력은 방대한 양이라서 여기 다시 싣지는 않겠다. 나무를 아끼자!

동작 원리

특별한^{fancy} 라이브러리를 사용하지 않았으며 복잡한 작업도 수행하지 않았다. 그러나 이 단어 주머니로 하여금 여러 가지 일을 할 수 있는 기반을 구축했다.

여기에서 텍스트 유사도, 검색엔진 태깅, 텍스트 요약 등 여러 다양한 응용을 생각할 수 있다.

4

정규표현식

4장에서는 다음과 같은 레시피를 다룬다.

- 정규표현식 – *, +, ? 사용법
- 정규표현식 – $와 ^, 단어의 시작과 끝이 아닌 단어를 사용하는 방법
- 여러 개의 리터럴 문자열과 하위 문자열 검색
- 날짜 정규표현식과 문자 또는 문자 범위 집합 만들기
- 문장에서 모든 다섯 글자 단어를 찾고 약어 만들기
- 자체 정규식 토크나이저 작성법
- 독자적인 정규표현식 딕셔너리 작성법

소개

3장에서는 원 데이터raw data에 대해 수행하고자 하는 전처리 작업을 살펴봤다. 이어지는 4장에서는 정규식을 소개할 수 있는 좋은 기회를 제공한다. 정규표현식은 가장 간단하고 기본적인 그러나 가장 중요하면서 강력한 도구 가운데 하나다. 더 일반적으로 'regex'라고도 하며 텍스트의 패턴을 일치시키는 데 사용된다. 4장에서 정규표현식이 얼마나 강력한지 배우게 될 것이다.

여러분이 4장을 익히고 나면 정규표현을 작성하는 데 전문가가 될 것이라고 주장하는 건 아니며, 아마도 이 책이나 4장의 목표는 아닐 수도 있다. 4장의 목표는 텍스트 분석을 수행하는 방법으로 패턴 매칭의 개념을 소개하고, 시작하는 데 정규표현식보다 더 좋은 도구는 없다는 것이다. 레시피를 마칠 때까지 텍스트 일치, 텍스트 분할, 텍스트 검색이나 텍스트 추출 작업을 수행하는 데 상당한 자신감을 갖게 될 것이다.

앞서 언급한 레시피를 자세히 살펴보자.

정규표현식 – *, +, ? 사용법

정규표현식의 + 그리고 ? 연산자 사용법을 정교하게 만드는 방법으로 시작한다. 이 짧은 연산자는 일반적으로 와일드카드로 더 널리 알려져 있지만 구별을 위해 0 이상(*), 하나 이상(+), 0 또는 1(?)이라고 한다. 생각해본다면 이러한 이름이 훨씬 직관적이다.

준비하기

정규표현식 라이브러리는 파이썬 패키지의 일부다. 추가 패키지를 설치할 필요가 없다.

수행 방법

1. regex1.py라는 파일을 만들고 다음 임포트행을 추가한다.

   ```
   import re
   ```

   정규표현식을 처리하고 구현할 수 있는 re 객체를 가져온다.

2. 매칭을 위해 주어진 패턴을 적용할 파일에 다음의 파이썬 함수를 추가한다.

   ```
   def text_match(text, patterns):
   ```

   이 함수는 두 개의 인수를 넘겨받는다. text는 일치시킬 패턴patterns이 적용되는 입력 텍스트다.

3. 이제 함수를 정의해보자. 함수 밑에 다음 줄을 추가한다.

```
if re.search(patterns, text):
    return('일치하는 항목을 찾았습니다!')
else:
    return('일치하지 않음!')
```

re.search() 메소드는 지정된 패턴을 text 객체에 적용하고 메소드를 적용한 후 결과에 따라 true 또는 false를 반환한다. 이것이 함수의 마지막 부분이다.

4. 와일드카드 패턴을 하나씩 적용해보자. 0 또는 1로 시작한다.

```
print(text_match("ac", "ab?"))
print(text_match("abc", "ab?"))
print(text_match("abbc", "ab?"))
```

5. 패턴 ab?를 보자. 이는 a 뒤에 0 또는 하나의 b가 따라오는 것을 의미한다. 이 세 줄을 실행할 때 결과를 보자.

일치하는 항목을 찾았습니다!
일치하는 항목을 찾았습니다!
일치하는 항목을 찾았습니다!

자, 모두 일치하는 것을 발견했다. 이 패턴은 전체 입력이 아니라 입력의 일부와 일치하는지 확인한다. 따라서 3가지 입력 모두에 일치하는 항목을 찾았다.

6. 다음에 0 이상 차례다. 다음 세 줄을 추가한다.

```
print(text_match("ac", "ab*"))
print(text_match("abc", "ab*"))
print(text_match("abbc", "ab*"))
```

7. 동일한 입력 세트지만 다른 문자열이다. 패턴에 따르면 a가 0 또는 그 다음으로 b가 계속되는 것을 뜻한다. 이 세 줄의 결과를 보자.

일치하는 항목을 찾았습니다!
일치하는 항목을 찾았습니다!
일치하는 항목을 찾았습니다!

보다시피, 모든 텍스트에서 일치하는 항목을 찾는다. 원칙적으로 0 또는 하나의 와일드카드와 일치하는 항목은 모두 0 이상과 일치한다. 와일드카드 ?는 *의 하위 집합이다.

8. 이제 '1개 이상'인 와일드카드다. 다음 행을 추가한다.

```
print(text_match("ac", "ab+"))
print(text_match("abc", "ab+"))
print(text_match("abbc", "ab+"))
```

9. 같은 입력이다. 패턴에 1개 이상의 와일드카드 +가 포함돼 있다. 출력을 보자.

일치하지 않음!
일치하는 항목을 찾았습니다!
일치하는 항목을 찾았습니다!

보다시피 첫 번째 입력 문자열은 일치하는 것을 찾지 못했다. 나머지는 예상대로다.

10. 이제 반복 횟수를 더 구체적으로 지정하려면 다음 줄을 추가한다.

```
print(text_match("abbc", "ab{2}"))
```

패턴에 a가 뒤따르고 정확히 두 개의 b가 온다. 말할 필요도 없이 패턴은 입력 텍스트에서 일치하는 것을 찾는다.

11. 복습을 위한 시간이다. 다음 줄을 추가한다.

```
print(text_match("aabbbbc", "ab{3,5}?"))
```

이것은 부분 문자열 a 그 뒤에 네 개의 b를 가진 것과 일치할 것이다.

프로그램의 출력은 별 의미가 없다. 이미 각 단계의 결과를 분석했으므로 다시 싣지 않을 것이다.

re.search( ) 함수는 주어진 패턴을 테스트로만 적용하고 테스트 결과로 true 또는 false 를 반환하는 함수다. 일치하는 값을 반환하지는 않는다. 그래서 이후 레시피에서 배울 다른 re 함수가 있다.

정규표현식 – $와 ^, 단어의 시작과 끝이 아닌 단어를 사용하는 방법

'^'로 시작하고 '$'로 끝나는 연산자는 입력 텍스트의 시작 또는 끝 부분에서 주어진 패턴을 일치시키는 데 사용되는 표시자^{indicator}다.

준비하기

이전 레시피에서 만든 text_match( ) 함수를 재사용할 수 있지만 외부 파일을 임포트하는 것이 아니라 다시 작성한다. 레시피 구현을 살펴보자.

수행 방법

1. regex2.py라는 파일을 만들고 다음 임포트행을 추가한다.

   ```
   import re
   ```

2. 일치시키기 위해 주어진 패턴을 적용할 파일에 이 파이썬 함수를 추가한다.

   ```
   def text_match(text, patterns):
       if re.search(patterns, text):
           return('일치하는 항목을 찾았습니다!')
       else:
           return('일치하지 않음!')
   ```

이 함수는 두 개의 인수를 받는다. text는 매칭을 위해 patterns를 적용할 입력 텍스트이며 일치 항목을 찾았는지 여부를 반환한다. 이 함수는 이전 레시피에서 작성한 것과 동일하다.

3. 다음 패턴을 적용해보자. 다음과 같이 간단한 시작과 끝으로 시작한다.

```
print("테스트 패턴은 다음으로 시작하고 끝남")
print(text_match("abbc", "^a.*c$"))
```

4. ^a.*c$ 패턴을 살펴보자. 이것은 a로 시작하고, 그 뒤에 0개 이상의 문자가 오고 c로 끝남을 의미한다. 실행했을 때의 결과를 보자.

테스트 패턴은 다음으로 시작하고 끝남
일치하는 항목을 찾았습니다!

당연히 입력 텍스트와 일치하는 것을 발견했다. 여기서 소개한 것은 새로운 '.' 와 일드카드다. 점은 기본 모드에서 줄바꿈을 제외한 모든 문자와 일치한다. 즉, .* 라고 하면 0개 이상의 문자가 나오는 것을 의미한다.

5. 다음 단어에 대고 단어로 시작하는 입력 텍스트를 검색하는 패턴을 찾는다. 다음 두 줄을 추가한다.

```
print("단어로 시작함")
print(text_match("Tuffy eats pie, Loki eats peas!", "^\w+"))
```

6. \w는 영숫자와 밑줄을 나타낸다. 패턴은 다음과 같이 말한다. 모든 영숫자(\w)와 하나 이상(+)의 출현으로 시작(^)한다.

단어로 시작함
일치하는 항목을 찾았습니다!

결과는 예상대로 패턴이 일치하는 항목을 찾는다.

7. 다음으로 단어와 선택적 문장부호로 끝나는지 확인한다. 다음 행을 추가한다.

```
print("단어와 선택적 문장부호로 끝남")
print(text_match("Tuffy eats pie, Loki eats peas!", "\w+\S*?$"))
```

8. 패턴은 하나 이상의 \w 발생을 의미하며, 그 뒤에 0개 이상의 \S가 나오고 입력 텍스트의 끝 부분으로 떨어지게 된다. \S(대문자 S)를 이해하려면 먼저 공백 문자인 \s를 이해해야 한다. \S는 \s의 반대 또는 반의어이며 \w 뒤에 있으면 구두점을 찾는다.

단어와 선택적 문장부호로 끝남
일치하는 항목을 찾았습니다!

입력 텍스트의 끝에 peas!와 일치하는 것을 발견했다.

9. 다음으로 특정 문자가 포함된 단어를 찾는다. 다음 행을 추가한다.

```
print("단어의 시작이나 끝이 아닌 문자가 포함된 단어 찾기")
print(text_match("Tuffy eats pie, Loki eats peas!", "\Bu\B"))
```

이 패턴을 디코딩할 때 \B는 \b의 역집합$^{anti-set}$ 또는 반대^{reverse}다. \b는 단어의 시작 또는 끝에 있는 빈 문자열과 일치하며 이미 단어가 무엇인지를 보았다. 따라서 \B는 단어 내부에서 일치할 것이고 문자 u가 들어 있는 입력 문자열의 모든 단어와 일치한다.

단어의 시작이나 끝이 아닌 문자가 포함된 단어 찾기
일치하는 항목을 찾았습니다!

첫 번째 단어인 Tuffy에서 일치하는 것을 찾는다.

다음은 전체 프로그램의 결과다. 이미 자세히 살펴봤기 때문에 다시 설명하진 않을 것이다.

테스트 패턴은 다음으로 시작하고 끝남
일치하는 항목을 찾았습니다!
단어로 시작함
일치하는 항목을 찾았습니다!
단어와 선택적 문장부호로 끝남
일치하는 항목을 찾았습니다!
단어의 시작이나 끝이 아닌 문자가 포함된 단어 찾기
일치하는 항목을 찾았습니다!

시작과 끝과 함께 와일드카드 문자 .과 \w, \s, \b 등과 같은 다른 특수 시퀀스를 포함해 사용할 수 있다.

여러 개의 리터럴 문자열과 하위 문자열 검색

이 레시피에서는 정규표현식을 사용해 몇 가지 반복 함수를 실행한다. 더 구체적으로 우리는 for 루프를 사용해 입력 문자열에 대해 여러 패턴을 실행해야 하며 입력 시 여러 일치 항목에 대해 단일 패턴을 실행해야 한다. 어떻게 하는지 직접 보자.

준비하기

파이참 에디터나 다른 파이썬 에디터를 열면 바로 사용할 수 있다.

수행 방법

1. regex3.py라는 파일을 만들고 다음 임포트행을 추가한다.

    ```
    import re
    ```

2. 다음의 두 줄을 추가해 패턴과 입력 텍스트를 선언하고 정의한다.

    ```
    patterns = ['Tuffy', 'Pie', 'Loki']
    text = 'Tuffy eats pie, Loki eats peas!'
    ```

3. 첫 번째 for 루프를 작성하자. 다음을 추가한다.

    ```
    for pattern in patterns:
        print('"%s"에서 "%s" 검색 중 ->' % (text, pattern),)
        if re.search(pattern, text):
            print('찾았습니다!')
    ```

```
else:
    print('찾을 수 없습니다!')
```

이것은 단순한 for 루프로, 패턴 목록을 하나씩 반복하고 re의 search 함수를 호출한다. 이 부분을 실행하면 입력 문자열에 있는 세 단어 중 두 단어에 대해 일치하는 단어를 찾는다. 또한 이 패턴은 대문자 단어 Tuffy와 같은 대소문자를 구분한다. 출력 부분에서 결과를 논의할 것이다.

4. 다음 문자열에서 부분 문자열을 검색하고 해당 위치를 찾는다. 패턴과 입력 텍스트를 먼저 정의해보겠다.

```
text = 'Diwali is a festival of lights, Holi is a festival of colors!'
pattern = 'festival'
```

앞의 두 행은 입력 텍스트와 검색할 패턴을 각각 정의한다.

5. 이번에는 입력 텍스트에 대해 반복하고 주어진 패턴의 모든 항목을 가져오는 for 루프를 만든다.

```
for match in re.finditer(pattern, text):
    s = match.start()
    e = match.end()
    print('%d:%d에서 "%s"을(를) 찾았습니다.' % (s, e, text[s:e]))
```

6. finditer 함수는 패턴과 그 패턴을 적용할 입력 텍스트를 취한다. 반환된 목록에서 반복할 것이다. 모든 객체에 대해 시작 패턴과 끝 패턴을 호출해 패턴이 일치하는지와 일치하는 정확한 위치를 파악한다. 이 부분의 출력을 여기서 설명할 것이다. 출력은 다음과 같다.

12:20에서 "festival"을(를) 찾았습니다.
42:50에서 "festival"을(를) 찾았습니다.

출력이 두 줄이다. 이는 입력값의 두 위치에서 패턴을 발견했다는 것을 의미한다. 출력 텍스트 줄에 표시된 대로 첫 번째 문자는 12:20 위치에 있고 두 번째 문자는 42:50에 있다.

다음은 전체 프로그램의 출력이다. 이미 몇 가지 부분을 자세히 살펴봤지만 한 번 더 살펴보자.

```
"Tuffy eats pie, Loki eats peas!"에서 "Tuffy" 검색 중 ->
찾았습니다!
"Tuffy eats pie, Loki eats peas!"에서 "Pie" 검색 중 ->
찾을 수 없습니다!
"Tuffy eats pie, Loki eats peas!"에서 "Loki" 검색 중 ->
찾았습니다!
12:20에서 "festival"을(를) 찾았습니다.
42:50에서 "festival"을(를) 찾았습니다.
```

출력은 매우 직관적이다. 최소한 처음 여섯 줄은 그렇다. Tuffy라는 단어를 검색했고 Tuffy를 찾았다. Pie라는 단어는 찾지 못했다(re.search( ) 함수는 대소문자를 구별한다). 그런 다음 Loki라는 단어를 찾았다. 마지막 두 줄은 6번 단계에서 이미 설명했다. 단순히 문자열을 검색하는 것이 아니라 주어진 문장에서 찾은 인덱스를 표시했다.

동작 원리

지금까지 상당히 많이 사용해온 re.search( ) 함수에 대해 좀 더 알아보도록 하겠다. 앞의 결과에서 볼 수 있듯이 pie라는 단어는 입력 텍스트의 일부지만 대문자로 된 단어 Pie를 검색하므로 찾을 수 없다. search 함수 호출 시 re.IGNORECASE 플래그를 추가하면 대소문자를 구분하지 않고 검색한다. 구문은 re.search(pattern, string, flags = re.IGNORECASE)이다.

이제 re.finditer( ) 함수다. 이 함수의 구문은 re.finditer(pattern, string, flags=0) 이다. 입력 문자열에서 발견된 겹치지 않는 모든 일치 항목에 대해 MatchObject 인스턴스를 포함하는 이터레이터[iterator]를 반환한다.

날짜 정규표현식과 문자 집합 또는 문자 범위 집합 만들기

이 레시피에서는 먼저 간단한 날짜 정규식을 실행한다. 이와 함께 ( ) 그룹의 중요성을 배울 것이다. 레시피에 포함하기에는 너무 적기 때문에, 집합을 나타내는 대괄호 [ ]와 같은 것들을 더 넣을 것이다(집합이 무엇인지 자세히 알아볼 것이다).

수행 방법

1. regex4.py라는 파일을 만들고 다음 임포트행을 추가한다.

   ```
   import re
   ```

2. url 객체를 선언하고 간단한 날짜 찾기date finder 정규표현식을 작성해보겠다.

   ```
   url=
    "http://www.telegraph.co.uk/formula-1/2018/10/28/mexican-grand-prix
    -2017-time-does-start-tv-channel-odds-lewis1/"
   date_regex = '/(\d{4})/(\d{1,2})/(\d{1,2})/'
   ```

   url은 간단한 문자열 객체다. date_regex는 간단한 문자열 객체이기도 하지만 YYYY/DD/MM 형식 또는 YYYY/MM/DD 형식의 날짜와 일치하는 정규식을 포함한다. \d는 0에서 9까지의 숫자를 나타낸다. 우리는 이미 {} 표기법을 배웠다.

3. date_regex를 url에 적용하고 출력을 보자. 다음 행을 추가한다.

   ```
   print("URL에서 찾은 날짜 :", re.findall(date_regex, url))
   ```

4. 새로운 re 함수인 re.findall(pattern, input, flags = 0)은 패턴, 입력 텍스트 및 옵션 플래그를 받는다(이전 레시피에서 대/소문자를 구분하는 플래그를 배웠다). 출력을 보자.

   URL에서 찾은 날짜 : [('2018', '10', '28')]

   주어진 입력 문자열 객체에서 2018년 10월 28일을 찾았다.

5. 다음 부분에서는 문자열 집합 표기법 []에 대해 알아보겠다. 코드에 다음 함수를 추가한다.

```
def is_allowed_specific_char(string):
    charRe = re.compile(r'[^a-zA-Z0-9.]')
    string = charRe.search(string)
    return not bool(string)
```

이 단계에서는 입력 문자열에 특정 문자 집합 또는 다른 집합이 포함돼 있는지 확인하려는 것이다. 여기서는 약간 다른 접근 방식을 사용한다. 먼저 RegexObject를 반환하는 re.compile 패턴이다. 그런 다음 RegexObject의 search 메소드를 이미 컴파일된 패턴으로 호출한다. 일치하는 항목이 있으면 search 메소드는 MatchObject를 반환하고 그렇지 않으면 None을 반환한다. 자, 이제 집합 표기법 []로 주의를 돌려보자. 대괄호로 묶인 패턴은 a-z, A-Z, 0-9 또는 . 범위의 문자가 아님(^)을 의미한다. 효과적으로 이것은 대괄호로 둘러싸인 모든 규칙의 OR 연산이다.

6. 이제 패턴 테스트다. 함수를 두 개의 서로 다른 유형의 입력 즉, 하나는 일치하는 것과 다른 하나는 일치하지 않는 입력과 함께 호출하겠다.

```
print(is_allowed_specific_char("ABCDEFabcdef123450."))
print(is_allowed_specific_char("*&%@#!}{"))
```

7. 첫 번째 문자 집합에는 허용되는 문자 목록이 모두 들어 있지만 두 번째 집합에는 허용되지 않는 문자 집합이 모두 들어 있다. 예상대로 위 두 줄의 출력은 다음과 같다.

True
False

패턴은 입력 문자열의 모든 문자를 반복해 허용되지 않는 문자가 있는지 확인하고 플래그를 지정한다. is_allowed_specific_char()의 첫 번째 호출에서 허용되지 않는 문자 집합을 추가하고 직접 확인해볼 수 있다.

114

다음은 전체 프로그램의 출력이다. 이미 자세히 확인했으니 다시 설명하지 않겠다.

```
URL에서 찾은 날짜 : [('2018', '10', '28')]
True
False
```

동작 원리

먼저 그룹이 무엇인지 얘기하자. 정규표현식의 그룹은 패턴 선언 안의 괄호 () 안에 들어 있는 그룹이다. 날짜 일치의 결과가 표시되면 [('2018', '10', '28')]이라는 문자열 개체가 있는 집합 표기법을 볼 수 있다. 이제 신중하게 선언된 /(\d{4})/(\d{1,2})/(\d{1,2})/ 패턴을 보자. 날짜의 세 가지 구성 요소는 모두 그룹 표기법 () 안에 표시되므로 세 가지 모두 따로 식별된다.

이제 re.findall() 메소드는 주어진 입력에서 모든 일치를 찾는다. 즉, 입력 텍스트 안에 날짜가 더 있으면 출력은 [('2018', '10', '28'), ('2015', '05', '12')]처럼 보인다.

기본적으로 설정되는 [ ] 표기법은 집합 표기법으로 묶인 문자 중 하나와 일치한다. 일치하는 항목이 하나라도 발견되면 패턴은 true로 설정된다.

문장에서 모든 다섯 글자 단어를 찾고 약어 만들기

이전 레시피에서 예제로 다루고 싶은 모든 중요한 표기법을 다뤘다. 앞으로는 표기법을 설명하는 것보다 정규표현식을 사용해 특정 작업을 수행하는 데 도움이 되는 몇 가지 간단한 레시피를 살펴볼 것이다. 물론 계속해서 더 많은 표기법을 배울 것이다.

1. regex_assignment1.py라는 파일을 만들고 다음 임포트행을 추가한다.

   ```
   import re
   ```

2. 다음 두 줄을 추가해 입력 문자열을 정의하고 약어의 대체 패턴을 적용한다.

   ```
   street = '21 Teheran Road'
   print(re.sub('Road', 'Rd', street))
   ```

3. 먼저 re.sub( ) 메소드를 사용해 약어를 만들 것이다. 찾으려는 패턴은 Road로, Rd로 바꿀 문자열이며, 입력은 문자열 객체 street이다. 결과를 살펴보자.

   21 Teheran Rd

   확실히 예상한 대로 작동한다.

4. 이제 모든 문장에서 다섯 자짜리 단어를 찾아보겠다. 이 두 줄의 코드를 추가한다.

   ```
   text = 'Diwali is a festival of light, Holi is a festival of color!'
   print(re.findall(r"\b\w{5}\b", text))
   ```

5. 문자열 객체 text를 선언하고 문장에 배치한다. 다음으로 패턴을 생성하고 re.findall( ) 함수를 사용해 패턴을 적용한다. \b 경계 집합을 사용해 단어와 { } 표기법 사이의 경계를 식별해 다섯 글자인 단어만 단락 표시한다. 이를 실행하면 예상대로 일치하는 단어 목록이 표시된다.

   ['light', 'color']

다음은 프로그램의 출력이다. 이미 자세히 살펴봤으므로 넘어가자.

21 Teheran Rd
['light', 'color']

동작 원리

지금까지 정규식 표기법과 구문에 대해 잘 이해하고 있다고 가정한다. 따라서 레시피를 작성할 때 주어진 설명만으로도 충분하다. 대신 더 흥미로운 것을 살펴보자. findall( ) 메소드를 보면 r<pattern>와 같은 표기법이 표시된다. 이를 원시 문자열 표기법이라고 하며 정규표현식을 온전하게 보이도록 유지하는 데 도움이 된다. 그렇게 하지 않으면 정규식의 모든 역슬래시(\)에 이스케이프 시퀀스escape sequence를 지정해야 한다. 예를 들어 패턴 r\b\w{5}\b와 \\b\\w{5}\\b는 똑같은 작업 기능을 수행한다.

자체 정규식 토크나이저 작성법

이미 3장을 통해 토큰 및 토크나이저 개념을 알아봤으며 토크나이저가 왜 필요한지 알고 있다. 또한 NLTK 모듈의 내장 토크나이저를 사용하는 방법도 알아봤다. 이 레시피에서는 자체 토크나이저를 작성할 것이다. nltk.word_tokenize( )의 동작을 모방해 발전시킬 것이다.

준비하기

이전처럼 파이썬 인터프리터와 에디터가 있다면 준비는 끝난다.

수행 방법

1. regex_tokenizer.py라는 파일을 만들고 다음 임포트행을 추가한다.

```
import re
```

2. 원문을 토큰화하고 첫 번째 패턴을 정의하자.

```
raw = "I am big! It's the pictures that got small."
print(re.split(r' +', raw))
```

3. 이 패턴은 3장에서 본 공백 토크나이저와 동일하게 수행된다. 결과를 살펴보겠다.

```
['I', 'am', 'big!', "It's", 'the', 'pictures', 'that', 'got',
'small.']
```

보다시피 간단한 패턴은 예상대로 정확하게 작동한다.

4. 자, 이 정도면 충분하지 않은가? 우리는 토큰을 단어가 아닌 ' ' 문자로만 분리하려고 한다. 다음과 같은 패턴을 시도해보자.

```
print(re.split(r'\W+', raw))
```

5. 단어가 아닌 모든 문자 즉, \W로 나뉘어 있다. 결과를 살펴보자.

```
['I', 'am', 'big', 'It', 's', 'the', 'pictures', 'that', 'got',
'small', '']
```

단어가 아닌 모든 문자(' ', ,. ! 등)로 나뉘었지만 결과에서 완전히 제거됐다. 뭔가 더 많이, 다양하게 해야 할 것 같다.

6. split이 그런 역할을 하는 것 같지 않다. 다른 re 함수인 re.findall( )을 사용해보자. 다음을 추가한다.

```
print(re.findall(r'\w+|\S\w*', raw))
```

7. 실행하고 출력 결과를 보자.

```
['I', 'am', 'big', '!', 'It', "'s", 'the', 'pictures', 'that',
'got', 'small', '.']
```

대박을 터뜨린 듯하다.

다음은 프로그램 전체의 결과다. 이미 살펴봤으니 출력해보자.

```
['I', 'am', 'big!', "It's", 'the', 'pictures', 'that', 'got', 'small.']
['I', 'am', 'big', 'It', 's', 'the', 'pictures', 'that', 'got', 'small',
'']
['I', 'am', 'big', '!', 'It', "'s", 'the', 'pictures', 'that', 'got',
'small', '.']
```

보다시피, 점진적으로 최선의 결과를 얻기 위해 패턴과 접근 방식을 점차 개선했다.

동작 원리

공백 문자를 이용한 간단한 **re.split**으로 시작해 비어 문자^{nonword character}를 사용해 즉석에서 작성했다. 마지막으로 접근 방식을 바꿔봤다. 분할하는 대신 **re.findall**을 사용해 원하는 작업을 수행했다.

자체 정규식 스테머 작성법

3장을 통해 어간/기본형, 스테머의 개념을 알았고, 왜 필요한지 이미 알고 있다. NLTK 모듈에서 기본 제공되는 포터 스테머와 랭커스터 스테머를 사용하는 방법을 알아봤다. 이 레시피에서는 올바른 어근을 찾기 위해 후행하는 불필요한 접미사를 없애는 정규식 스테머를 작성한다.

준비하기

앞의 스테머와 원형 복원^{lemmatizer} 레시피에서 했던 것처럼, 스테머를 적용하기 전에 텍스트를 토큰화해야 한다. 토큰화가 바로 여기서 하려는 것이다. 최종 레시피에서 최종 토크나이저 패턴을 재사용한다. 이전 레시피를 익히지 않았다면 지금 확인하라. 이전 레시피를 배우고 나면 이번 레시피를 시작할 준비가 끝난다.

수행 방법

1. regex_stemmer.py라는 파일을 만들고 다음 임포트행을 추가한다.

```
import re
```

2. 스테밍을 할 수 있는 함수를 작성할 것이다. 먼저 이 단계에서 함수의 구문을 선언하고 다음 단계에서 정의할 것이다.

```
def stem(word):
```

이 함수는 문자열 객체를 파라미터로 받아들이고 결과로 문자열 객체를 반환해야 한다. 단어를 넣으면 어간이 나온다!

3. stem( ) 함수를 정의하자.

```
    splits = re.findall(r'^(.*?)(ing|ly|ed|ious|ies|ive|es|s|ment)?$', word)
    stem = splits[0][0]
    return stem
```

re.findall( ) 함수를 입력 단어에 적용해 두 그룹을 출력으로 반환한다. 첫 번째는 어간이고 그 다음은 가능한 접미사다. 첫 번째 그룹을 함수 호출에서 결과로 반환한다.

4. 입력 문장을 정의하고 토큰화해보자. 다음 행을 추가한다.

```
raw = "Keep your friends close, but your enemies closer."
tokens = re.findall(r'\w+|\S\w*', raw)
print(tokens)
```

5. 실행해 출력을 보자.

```
['Keep', 'your', 'friends', 'close', ',', 'but', 'your', 'enemies',
'closer', '.']
```

스테밍을 할 토큰이 있는 것처럼 보인다.

6. 방금 생성한 토큰 목록에 stem( ) 메소드를 적용해보겠다. for 루프를 다음과 같이 추가한다.

```
for t in tokens:
    print("'"+stem(t)+"'")
```

모든 토큰에 대해 반복하고 반환된 어간을 하나씩 출력한다. 다음 출력 부분에서 결과를 보고 논의할 것이다.

전체 코드의 출력을 살펴보자.

```
['Keep', 'your', 'friends', 'close', ',', 'but', 'your', 'enemies',
'closer', '.']
'Keep'
'your'
'friend'
'close'
','
'but'
'your'
'enem'
'closer'
'.'
```

스테머는 꽤 괜찮게 동작하고 있는 것 같다. 하지만 스테머를 위해 사용하기 용이해 보이는 문장을 넘겼다는 생각이 든다.

동작 원리

re.findall( ) 함수를 사용해 원하는 출력을 얻을 수 있는데, 첫 번째 그룹의 정규식 패턴을 면밀히 살펴봐야 할 수도 있다. 비탐욕non-greedy 와일드카드 매치(.*?)를 사용하고 있다. 그렇지 않으면, 정규식이 탐욕스럽게 전체 단어를 집어삼킬 것이고, 접미사가 남아나지 않을 것이다. 또한 입력의 시작과 끝은 입력 단어 전체를 일치시키고 분할하는 데 필수적이다.

5

품사 태깅과 문법

5장에서는 다음과 같은 레시피에 대해 다룬다.

- 내장 태거 탐구
- 자체 태거 작성
- 자체 태거 학습
- 자체 문법 작성 학습
- 확률적 문맥 무관 문법 – CFG 작성
- 재귀적 CFG 작성

소개

5장은 주로 파이썬 NLTK를 사용해 다음 주제를 배우는 데 중점을 둔다.

- 태거
- CFG

태깅tagging은 **품사**POS, parts of speech를 사용해 주어진 문장의 단어를 분류하는 프로세스다. 이를 달성하는 데 도움이 되는 소프트웨어를 **태거**tagger라고 한다. NLTK는 다양한 태거를 지원한다. 5장에서는 다음과 같은 태거에 대해 살펴볼 것이다.

- 내장 태거
- 기본 태거
- 정규표현식 태거
- 참조 태거

CFG[1]는 최신 텍스트 세트를 생성하기 위해 형식 언어 사양의 텍스트에 적용할 수 있는 일련의 규칙을 설명한다.

언어의 CFG는 다음과 같은 내용으로 구성된다.

- 시작 토큰
- 터미널인(종료 기호) 토큰 집합
- 터미널이 아닌(비종료 기호) 토큰 집합
- 비터미널의 터미널 또는 비터미널 변환에 도움이 될 재작성 규칙을 정의하는 규칙 혹은 산출물

내장 태거 탐구

다음 레시피에서는 파이썬 NLTK 라이브러리를 사용해 주어진 텍스트의 품사 태깅 기능에 대해 자세히 설명한다.

파이썬 NLTK 라이브러리의 다음 기술을 사용할 것이다.

- Punkt 영어 토크나이저English tokenizer
- 평균화된 퍼셉트론 태거Averaged perceptron tagger

---

1 문맥 무관 문법(context free grammar) – 옮긴이

이러한 태그의 데이터셋은 파이썬 프롬프트에서 nltk.download( )를 호출해 NLTK 배포판에서 다운로드할 수 있다.

최적으로 작동하기 위해서는 NLTK 라이브러리와 모든 컬렉션과 함께 시스템에 파이썬(파이썬 3.6 권장)이 설치돼 있어야 한다.

1. 아톰 에디터(혹은 즐겨 쓰는 프로그래밍 편집기)를 연다.
2. Exploring.py라는 새 파일을 만든다.
3. 다음 소스코드를 입력한다.

```
Exploring.py
import nltk
simpleSentence = "Bangalore is the capital of Karnataka."
wordsInSentence = nltk.word_tokenize(simpleSentence)
print(wordsInSentence)
partsOfSpeechTags = nltk.pos_tag(wordsInSentence)
print(partsOfSpeechTags)
```

4. 파일을 저장한다.
5. 파이썬 인터프리터를 사용해 프로그램을 실행한다.
6. 다음 결과가 표시된다.

```
ch5 — -bash — 98×21
nltk $ python Exploring.py
['Bangalore', 'is', 'the', 'capital', 'of', 'Karnataka', '.']
[('Bangalore', 'NNP'), ('is', 'VBZ'), ('the', 'DT'), ('capital', 'NN'), ('of', 'IN'), ('Karnataka'
, 'NNP'), ('.', '.')]
nltk $
```

이제 방금 작성한 프로그램을 실행해 자세한 내용을 파고들어보자.

```
import nltk
```

먼저 NLTK 모듈을 디스크에서 메모리로 불러와서 NLTK 라이브러리를 프로그램에서 사용할 수 있도록 만든다.

```
simpleSentence = "Seoul is the capital of Korea."
```

이 코드에서는 simpleSentence라는 변수를 만들고 여기에 하드코딩된 문자열을 할당한다.

```
wordsInSentence = nltk.word_tokenize(simpleSentence)
```

이 코드에서는 NLTK에 내장된 토크나이저 함수 word_tokenize( )로 주어진 문장을 단어로 분해하고 파이썬 list 데이터 타입을 반환한다. 결과가 함수에 의해 계산되면 =(대입) 연산자를 사용해 wordsInSentence라는 변수에 할당한다.

```
print(wordsInSentence)
```

이 코드에서는 주어진 데이터 구조를 화면에 표시하는 파이썬 내장 print( ) 함수를 호출하고 있다. 여기서는 토큰화된 모든 단어의 목록을 표시한다. 출력을 주의 깊게 보라. 쉼표(콤마)로 구분된 모든 문자열로 구성된 파이썬 list 자료 구조를 화면에 출력하고, 모든 리스트 요소는 대괄호로 묶는다.

```
partsOfSpeechTags = nltk.pos_tag(wordsInSentence)
```

이 코드에서는 NLTK 내장 태거인 pos_tag( )를 호출한다. wordsInSentence 변수에서 단어 목록을 가져와 품사를 식별한다. 식별이 완료되면 튜플 리스트를 볼 수 있고 각 튜플에는 토큰화된 단어와 품사 식별자가 들어 있다.

```
print(partsOfSpeechTags)
```

이 코드에서는 지정된 파라미터를 화면에 출력하는 파이썬의 print( ) 함수를 호출한다. 여기에서는 튜플 리스트를 볼 수 있다. 각 튜플은 원래 단어와 품사 식별자로 구성된다.

자체 태거 작성

다음의 레시피에서는 독자적인 태거를 작성함으로써 NLTK 라이브러리를 살펴보겠다. 다음 유형의 태거를 만들어볼 것이다.

- 기본 태거
- 정규표현식 태거
- 조회 태거

준비하기

최적의 경험을 위해 NLTK의 모든 컬렉션과 더불어 NLTK 라이브러리와 파이썬(파이썬 3.6 권장)을 설치해야 한다.

이 레시피를 수행하려면 python-crfsuite도 설치해야 한다.

수행 방법

1. 아톰 에디터(혹은 즐겨 쓰는 프로그래밍 편집기)를 연다.
2. OwnTagger.py라는 새 파일을 만든다.

3. 다음 소스코드를 입력한다.

```
                OwnTagger.py
import nltk
def learnDefaultTagger(simpleSentence):
    wordsInSentence = nltk.word_tokenize(simpleSentence)
    tagger = nltk.DefaultTagger("NN")
    posEnabledTags = tagger.tag(wordsInSentence)
    print(posEnabledTags)
def learnRETagger(simpleSentence):
    customPatterns = [
        (r'.*ing$', 'ADJECTIVE'),            # running
        (r'.*ly$', 'ADVERB'),                # willingly
        (r'.*ion$', 'NOUN'),                 # intimation
        (r'(.*ate|.*en|is)$', 'VERB'),       # terminate, darken, lighten
        (r'^an$', 'INDEFINITE-ARTICLE'),     # terminate
        (r'^(with|on|at)$', 'PREPOSITION'),  # on
        (r'^\-?[0-9]+(\.[0-9]+)$', 'NUMBER'), # -1.0, 12345.123
        (r'.*$', None),
    ]
    tagger = nltk.RegexpTagger(customPatterns)
    wordsInSentence = nltk.word_tokenize(simpleSentence)
    posEnabledTags = tagger.tag(wordsInSentence)
    print(posEnabledTags)
def learnLookupTagger(simpleSentence):
    mapping = {
        '.': '.', 'place': 'NN', 'on': 'IN',
        'earth': 'NN', 'Mysore' : 'NNP', 'is': 'VBZ',
        'an': 'DT', 'amazing': 'JJ'
    }
    tagger = nltk.UnigramTagger(model=mapping)
    wordsInSentence = nltk.word_tokenize(simpleSentence)
    posEnabledTags = tagger.tag(wordsInSentence)
    print(posEnabledTags)

if __name__ == '__main__':
    testSentence = "Mysore is an amazing place on earth. I have visited Mysore 10 times."
    learnDefaultTagger(testSentence)
    learnRETagger(testSentence)
    learnLookupTagger(testSentence)
```

4. 파일을 저장한다.

5. 파이썬 인터프리터를 사용해 프로그램을 실행한다.

6. 다음 결과가 표시된다.

```
nltk $ python OwnTagger.py
[('Mysore', 'NN'), ('is', 'NN'), ('an', 'NN'), ('amazing', 'NN'), ('place', 'NN'), ('on', 'NN'), (
'earth', 'NN'), ('.', 'NN'), ('I', 'NN'), ('have', 'NN'), ('visited', 'NN'), ('Mysore', 'NN'), ('1
0', 'NN'), ('times', 'NN'), ('.', 'NN')]
[('Mysore', None), ('is', 'VERB'), ('an', 'INDEFINITE-ARTICLE'), ('amazing', 'ADJECTIVE'), ('place
', None), ('on', 'PREPOSITION'), ('earth', None), ('.', None), ('I', None), ('have', None), ('visi
ted', None), ('Mysore', None), ('10', None), ('times', None), ('.', None)]
[('Mysore', 'NNP'), ('is', 'VBZ'), ('an', 'DT'), ('amazing', 'JJ'), ('place', 'NN'), ('on', 'IN'),
 ('earth', 'NN'), ('.', '.'), ('I', None), ('have', None), ('visited', None), ('Mysore', 'NNP'), (
'10', None), ('times', None), ('.', '.')]
nltk $
```

동작 원리

이제 더 깊이 이해하기 위해 방금 작성한 프로그램을 살펴보자.

```
import nltk
```

프로그램의 첫 번째 명령이다. 모듈을 디스크에서 메모리로 로드하고 NLTK 라이브러리를 프로그램에서 사용할 수 있게 한다.

```
def learnDefaultTagger(simpleSentence):
    wordsInSentence = nltk.word_tokenize(simpleSentence)
    tagger = nltk.DefaultTagger("NN")
    posEnabledTags = tagger.tag(wordsInSentence)
    print(posEnabledTags)
```

이 명령어들은 모두 문자열을 입력으로 받아서 그 안에 있는 단어들을 출력하는 새로운 파이썬 함수를 정의한다. 문장을 화면의 기본 태그와 함께 표시한다. 이 함수를 다시 한 번 이해하고 무엇을 하려는지 보자.

```
def learnDefaultTagger(simpleSentence):
```

이 코드에서는 learnDefaultTagger라는 새로운 파이썬 함수를 정의한다. 이는 simple Sentence라는 파라미터를 취한다.

```
wordsInSentence = nltk.word_tokenize(simpleSentence)
```

이 문장에서 NLTK 라이브러리에서 word_tokenize 함수를 호출한다. 이 함수에 첫 번째 파라미터로 simpleSentence를 전달한다. 이 함수로 데이터를 계산하면 반환값은 words InSentence 변수에 저장된다. 이는 단어의 리스트다.

```
tagger = nltk.DefaultTagger("NN")
```

이 코드에서는 인수로 NN을 사용해 파이썬 nltk 라이브러리에서 DefaultTagger() 클래스의 객체를 생성한다. 이렇게 하면 태그를 초기화하고 인스턴스를 태그 변수에 할당한다.

```
posEnabledTags = tagger.tag(wordsInSentence)
```

이 코드에서는 wordsInSentence 변수에서 토큰화된 단어를 가져와서 태그가 지정된 단어의 리스트를 반환하는 태그 객체의 tag() 함수를 호출한다. 이것은 posEnabledTags에 저장된다. 문장의 모든 단어는 태그 작성자가 해야 하는 단어로 NN으로 태깅된다. 이것은 품사에 대해서는 아무것도 모르는 아주 기본적인 수준의 태깅과 같다.

```
print(posEnabledTags)
```

여기에서는 파이썬 print() 함수를 호출해 posEnabledTags 변수의 내용을 검사한다. 문장의 모든 단어에 NN 태그가 붙는 것을 볼 수 있다.

```
def learnRETagger(simpleSentence):
    customPatterns = [
        (r'.*ing$', 'ADJECTIVE'),
        (r'.*ly$', 'ADVERB'),
        (r'.*ion$', 'NOUN'),
        (r'(.*ate|.*en|is)$', 'VERB'),
        (r'^an$', 'INDEFINITE-ARTICLE'),
        (r'^(with|on|at)$', 'PREPOSITION'),
```

```
            (r'^\-?[0-9]+(\.[0-9]+)$', 'NUMBER'),
            (r'.*$', None),
        ]
        tagger = nltk.RegexpTagger(customPatterns)
        wordsInSentence = nltk.word_tokenize(simpleSentence)
        posEnabledTags = tagger.tag(wordsInSentence)
        print(posEnabledTags)
```

learnRETagger( )라는 새로운 함수를 작성하는 명령으로, 문자열을 입력으로 사용하고 정규표현식 태거를 출력으로 사용해 올바르게 식별된 태그와 함께 문자열의 모든 토큰 목록을 출력한다.

한 번에 하나의 명령씩 알아보자.

```
def learnRETagger(simpleSentence):
```

learnRETagger라는 새로운 파이썬 함수를 정의하여 simpleSentence라는 파라미터를 사용한다.

다음 명령어를 이해하려면 파이썬의 리스트, 튜플 및 정규식에 대해 더 자세히 알아야 한다.

- 파이썬 리스트는 요소의 정렬된 집합인 데이터 구조다.
- 파이썬 튜플은 변경 불가능한(읽기 전용) 데이터 구조이자 순서가 지정된 요소다.
- 파이썬 정규표현식은 문자 r로 시작하고 표준 PCRE[2] 표기법을 따르는 문자열이다.

```
        customPatterns = [
            (r'.*ing$', 'ADJECTIVE'),
            (r'.*ly$', 'ADVERB'),
            (r'.*ion$', 'NOUN'),
            (r'(.*ate|.*en|is)$', 'VERB'),
            (r'^an$', 'INDEFINITE-ARTICLE'),
            (r'^(with|on|at)$', 'PREPOSITION'),
            (r'^\-?[0-9]+(\.[0-9]+)$', 'NUMBER'),
```

---

2 펄 호환 정규 표현식(Perl Compatible Regular Expressions) – 옮긴이

```
            (r'.*$', None),
        ]
```

복잡해 보이지만 많은 것들을 수행하는 단일 명령어다.

- customPatterns라는 변수 만들기
- [를 이용해 새로운 파이썬의 리스트 데이터 타입 정의
- 이 리스트에 8개의 요소 추가하기
- 이 리스트의 각 요소는 두 개의 아이템을 가진 튜플이다.
- 튜플의 첫 번째 아이템은 정규식이다.
- 튜플의 두 번째 아이템은 문자열이다.

명령어를 사람이 읽을 수 있는 형식으로 작성하기 위해 문장에 있는 단어에 ADJECTIVE, ADVERB, NOUN, VERB, INDEFINITE-ARTICLE, PREPOSITION, NUMBER 또는 None 타입 중 하나를 태그하기 위해 8개의 정규표현식을 추가했다.

주어진 품사로 식별 가능한 영어 단어의 특정 패턴을 식별해 이를 수행한다.

앞의 예에서 이들은 영어 단어의 품사에 태그를 다는 데 사용되는 단서다.

- 예를 들어 running처럼 ing으로 끝나는 단어는 ADJECTIVE(형용사)라고 할 수 있다.
- 예를 들어 willingly와 같이 ly로 끝나는 단어는 ADVERB(부사)라고 할 수 있다.
- intimation처럼 ion으로 끝나는 것은 NOUN(명사)이라고 할 수 있다.
- 예를 들어 terminate, darken, lighten처럼 ate나 en으로 끝나는 단어는 VERB (동사)라고 할 수 있다.
- an은 INDEFINITE-ARTICLE(부정관사[3])이라고 할 수 있다.
- with, on, at 등의 단어는 PREPOSITION(전치사)이다.
- -123.0, 984와 같은 단어는 NUMBER(숫자)라고 할 수 있다.

---

3 영어에서는 a와 an - 옮긴이

- 그 외 다른 모든 태그는 아무것도 표시하지 않는 파이썬 기본 데이터 타입인 None 으로 지정한다.

```
tagger = nltk.RegexpTagger(customPatterns)
```

이 코드에서는 인스턴스 NLTK 내장 정규식 태거 RegexpTagger의 customPatterns 변수의 튜플 목록을 클래스의 첫 번째 파라미터로 전달해 객체를 초기화한다. 이 객체는 나중에 tagger라는 변수로 참조될 수 있다.

```
wordsInSentence = nltk.word_tokenize(simpleSentence)
```

일반적인 프로세스에 따라 먼저 NLTK 내장 word_tokenize( ) 함수를 사용해 simpleSentence에서 문자열을 토큰화하고 wordsInSentence 변수에 토큰 목록을 저장한다.

```
posEnabledTags = tagger.tag(wordsInSentence)
```

이제 정규표현식 tagger의 tag( ) 함수를 호출해 wordsInSentence 변수에 있는 모든 단어에 태그를 지정한다. 이 태깅 프로세스의 결과는 posEnabledTags 변수에 저장된다.

```
print(posEnabledTags)
```

화면에 posEnabledTags 데이터 구조의 내용을 표시하기 위해 파이썬 내장 print( ) 함수를 호출한다.

```
def learnLookupTagger(simpleSentence):
    mapping = {
        '.': '.', 'place': 'NN', 'on': 'IN',
        'earth': 'NN', 'Mysore' : 'NNP', 'is': 'VBZ',
        'an': 'DT', 'amazing': 'JJ'
    }
    tagger = nltk.UnigramTagger(model=mapping)
    wordsInSentence = nltk.word_tokenize(simpleSentence)
    posEnabledTags = tagger.tag(wordsInSentence)
    print(posEnabledTags)
```

더 자세히 살펴보자.

```
def learnLookupTagger(simpleSentence):
```

simpleSentence 변수에 문자열을 파라미터로 사용하는 learnLookupTagger라는 새로운 함수를 정의한다.

```
tagger = nltk.UnigramTagger(model=mapping)
```

이 코드에서는 nltk 라이브러리에서 UnigramTagger를 호출한다. 이것은 우리가 생성하고 mapping 변수에 할당한 파이썬 딕셔너리를 가져오는 참조 태거lookup tagger다. 일단 객체가 생성되면 나중에 사용할 수 있도록 tagger 변수에서 사용할 수 있다.

```
wordsInSentence = nltk.word_tokenize(simpleSentence)
```

여기에서 NLTK 내장 word_tokenize( ) 함수를 사용해 문장을 토큰화하고 wordsInSentence 변수에 결과를 캡처한다.

```
posEnabledTags = tagger.tag(wordsInSentence)
```

문장이 토큰화된 경우 wordsInSentence 변수에 토큰 목록을 전달하여 tagger의 tag( ) 함수를 호출한다. 이 계산의 결과는 posEnabledTags 변수에 할당된다.

```
print(posEnabledTags)
```

이 코드에서는 추가 검사를 위해 posEnabledTags의 데이터 구조를 화면에 출력한다.

```
testSentence = "Reykjavik is an amazing place on earth. I have visited Reykjavik
10 times."
```

testSentence라는 변수를 만들고 간단한 영어 문장을 할당한다.

```
learnDefaultTagger(testSentence)
```

이 레시피에서 생성된 learnDefaultTagger 함수를 testSentence를 첫 번째 인수로 전달해 호출한다. 이 함수 실행이 완료되면 품사 태그가 붙은 문장이 표시된다.

learnRETagger(testSentence)

이 표현식에서는 testSentence 변수의 동일한 테스트 문장으로 learnRETagger() 함수를 호출한다. 이 함수의 출력은 스스로 정의한 정규식에 따라 태깅된 태그 리스트다.

learnLookupTagger(testSentence)

이 learnLookupTagger 함수의 출력은 우리가 작성한 참조 딕셔너리를 사용해 태깅된 test Sentence 문장의 모든 태그 목록이다.

자체 태거 학습

이 레시피에서는 나중에 더 많은 계산을 할 수 있도록 자체 태거를 학습시키고 학습된 모델을 디스크에 저장하는 방법을 배운다.

준비하기

최적의 경험을 위해 **NLTK** 라이브러리와 모든 컬렉션과 함께 파이썬(파이썬 3.6 권장)이 시스템에 설치돼 있어야 한다.

수행 방법

1. 아톰 에디터(혹은 즐겨 쓰는 프로그래밍 편집기)를 연다.
2. Train3.py라는 새 파일을 만든다.

3. 다음 소스코드를 입력한다.

```python
                Train3.py
import nltk
import pickle

def sampleData():
    return [
        "Bangalore is the capital of Karnataka.",
        "Steve Jobs was the CEO of Apple.",
        "iPhone was Invented by Apple.",
        "Books can be purchased in Market.",
    ]

def buildDictionary():
    dictionary = {}
    for sent in sampleData():
        partsOfSpeechTags = nltk.pos_tag(nltk.word_tokenize(sent))
        for tag in partsOfSpeechTags:
            value = tag[0]
            pos = tag[1]
            dictionary[value] = pos
    return dictionary

def saveMyTagger(tagger, fileName):
    fileHandle = open(fileName, "wb")
    pickle.dump(tagger, fileHandle)
    fileHandle.close()

def saveMyTraining(fileName):
    tagger = nltk.UnigramTagger(model=buildDictionary())
    saveMyTagger(tagger, fileName)

def loadMyTagger(fileName):
    return pickle.load(open(fileName, "rb"))

sentence = 'Iphone is purchased by Steve Jobs in Bangalore Market'
fileName = "myTagger.pickle"

saveMyTraining(fileName)

myTagger = loadMyTagger(fileName)

print(myTagger.tag(nltk.word_tokenize(sentence)))
```

4. 파일을 저장한다.

5. 파이썬 인터프리터를 사용해 프로그램을 실행한다.

6. 다음 결과가 표시된다.

```
nltk $ python Train3.py
[('Iphone', None), ('is', 'VBZ'), ('purchased', 'VBN'), ('by', 'IN'), ('Steve', 'NNP'), ('Jobs', 'NNP'), ('in', 'IN'), ('Bangalore', 'NNP'), ('Market', 'NNP')]
nltk $
```

동작 원리

프로그램 작동 방식을 이해하자.

```
import nltk
import pickle
```

이 두 명령어에서 nltk 및 pickle 모듈을 프로그램에 로드하고 있다. pickle 모듈은 매우 복잡한 파이썬 객체를 처리하기 위해 강력한 직렬화serialization 및 역직렬화de-serialization 알고리즘을 구현한다.[4]

```
def sampleData():
    return [
        "Bangalore is the capital of Karnataka.",
        "Steve Jobs was the CEO of Apple.",
        "iPhone was Invented by Apple.",
        "Books can be purchased in Market.",
    ]
```

이 코드에서는 sampleData( )라는 함수를 정의해 파이썬 리스트를 반환한다. 기본적으로 네 개의 샘플 문자열을 반환한다.

---

4 직렬화(直列化) 또는 시리얼라이제이션(serialization)은 컴퓨터 과학의 데이터 스토리지 문맥에서 데이터 구조나 오브젝트 상태를 동일하거나 다른 컴퓨터 환경에 저장(이를테면 파일이나 메모리 버퍼에서, 또는 네트워크 연결 링크 간 전송)하고 나중에 재구성할 수 있는 포맷으로 변환하는 과정이다. 반대로, 일련의 바이트로부터 데이터 구조를 추출하는 일은 역직렬화 또는 디시리얼라이제이션(deserialization)이라고 한다(출처: https://ko.wikipedia.org/wiki/직렬화). – 옮긴이

```
def buildDictionary():
    dictionary = {}
    for sent in sampleData():
        partsOfSpeechTags = nltk.pos_tag(nltk.word_tokenize(sent))
        for tag in partsOfSpeechTags:
            value = tag[0]
            pos = tag[1]
            dictionary[value] = pos
    return dictionary
```

이제 buildDictionary()라는 함수를 정의한다. sampleData() 함수에 의해 생성된 목록에서 한 번에 한 문자열씩 읽어온다. 각 문자열은 nltk.word_tokenize() 함수를 사용해 토큰화된다. 결과 토큰은 파이썬 딕셔너리에 추가된다. 여기서 딕셔너리 키는 문장의 단어이고 값은 품사다. 딕셔너리가 계산되면 호출자에게 반환된다.

```
def saveMyTagger(tagger, fileName):
    fileHandle = open(fileName, "wb")
    pickle.dump(tagger, fileHandle)
    fileHandle.close()
```

이 코드에서는 두 개의 파라미터를 사용하는 saveMyTagger()라는 함수를 정의한다.

- tagger: 품사 태거에 대한 객체
- fileName: tagger 객체를 저장할 파일의 이름이 담김

먼저 파일을 이진 쓰기^{wb, write binary} 모드로 연다. 그런 다음 pickle 모듈의 dump() 메소드를 사용해 전체 태거를 파일에 저장하고 fileHandle에 close() 함수를 호출한다.

```
def saveMyTraining(fileName):
    tagger = nltk.UnigramTagger(model=buildDictionary())
    saveMyTagger(tagger, fileName)
```

이 코드에서는 saveMyTraining이라는 새 함수를 정의한다. fileName이라는 단일 인수를 취한다. buildDictionary() 함수의 출력으로 모델을 가진 nltk.UnigramTagger() 객체

를 생성한다. 이 객체 자체는 앞서 정의한 샘플 문자열 집합에서 만들어졌다. 일단 tagger 객체가 생성되면 saveMyTagger( ) 함수를 호출해 디스크에 저장한다.

```
def loadMyTagger(fileName):
    return pickle.load(open(fileName, "rb"))
```

여기서 fileName을 인수로 취하는 loadMyTagger( )라는 새 함수를 정의한다. 이 함수는 디스크에서 파일을 읽어서 pickle.load( ) 함수에 전달한다. 이 함수는 디스크에서 태그를 역직렬화하고 참조 레퍼런스를 반환한다.

```
sentence = 'Iphone is purchased by Steve Jobs in Bangalore Market'
fileName = "myTagger.pickle"
```

이 두 명령어에서 두 개의 변수인 sentence와 fileName을 정의한다. 분석하려는 샘플 문자열과 품사 태거를 저장할 파일 경로가 각각 들어 있다.

```
saveMyTraining(fileName)
```

myTagger.pickle을 인수로 사용해 실제로 saveMyTraining( ) 함수를 호출하는 명령어다. 기본적으로 학습된 태거를 이 파일에 저장한다.

```
myTagger = loadMyTagger(fileName)
```

이 코드에서는 myTagger.pickle을 loadMyTagger( ) 함수의 인수로 사용해 디스크에서 태거를 로드하고 역직렬화한 다음 객체를 생성해 myTagger 변수에 할당한다.

```
print(myTagger.tag(nltk.word_tokenize(sentence)))
```

이 코드에서는 디스크에서 방금 로드한 태거의 tag( ) 함수를 호출한다. 우리가 만든 샘플 문자열을 토큰화하는 데 사용한다.

처리가 완료되면 화면에 출력 결과가 표시된다.

자체 문법 작성 학습

오토마타^{automata} 이론에서 CFG는 다음과 같은 것들로 구성된다.

- 시작 기호/토큰
- 터미널인 기호/토큰 집합
- 비터미널인 기호/토큰 집합
- 시작 기호/토큰 및 가능한 종료 기호/토큰 규칙(또는 산출물)

기호/토큰은 우리가 고려하는 언어에 특정한 어떤 것이든 될 수 있다. 아래 예시가 있다.

- 영어의 경우 a, b, c, d, e, f, g, h, i, j, k, l, m, n, o, p, q, r, s, t, u, v, w, x, y, z가 기호/토큰/알파벳이다.
- 10진법 체계인 경우 0, 1, 2, 3, 4, 5, 6, 7, 8, 9가 기호/토큰/알파벳이다.

일반적으로 규칙(또는 산출물)은 **배커스-나우르 표기법**^{BNF, Backus-Naur form}으로 작성된다.

준비하기

시스템에 NLTK 라이브러리와 함께 파이썬 3.6이 설치돼 있어야 한다.

수행 방법

1. 아톰 에디터(혹은 즐겨 쓰는 프로그래밍 편집기)를 연다.
2. Grammar.py라는 새 파일을 만든다.

3. 다음 소스코드를 입력한다.

```
Grammar.py
1  import nltk
2  import string
3  from nltk.parse.generate import generate
4  import sys
5
6  productions = [
7      "ROOT -> WORD",
8      "WORD -> ' '",
9      "WORD -> NUMBER LETTER",
10     "WORD -> LETTER NUMBER",
11 ]
12
13 digits = list(string.digits)
14 for digit in digits[:4]:
15     productions.append("NUMBER -> '{w}'".format(w=digit))
16
17 letters = "' | '".join(list(string.ascii_lowercase)[:4])
18 productions.append("LETTER -> '{w}'".format(w=letters))
19
20 grammarString = "\n".join(productions)
21
22 grammar = nltk.CFG.fromstring(grammarString)
23
24 print(grammar)
25
26 for sentence in generate(grammar, n=5, depth=5):
27     palindrome = "".join(sentence).replace(" ", "")
28     print("Generated Word: {}, Size : {}".format(palindrome, len(palindrome)))
29
```

4. 파일을 저장한다.

5. 파이썬 인터프리터를 사용해 프로그램을 실행한다.

6. 다음과 같은 결과를 출력한다.

```
nltk $ python Grammar.py
Grammar with 12 productions (start state = ROOT)
    ROOT -> WORD
    WORD -> ' '
    WORD -> NUMBER LETTER
    WORD -> LETTER NUMBER
    NUMBER -> '0'
    NUMBER -> '1'
    NUMBER -> '2'
    NUMBER -> '3'
    LETTER -> 'a'
    LETTER -> 'b'
    LETTER -> 'c'
    LETTER -> 'd'
Generated Word: , Size : 0
Generated Word: 0a, Size : 2
Generated Word: 0b, Size : 2
Generated Word: 0c, Size : 2
Generated Word: 0d, Size : 2
nltk $
```

동작 원리

이제 방금 작성한 프로그램을 통해 세부 정보를 살펴보자.

```
import nltk
```

nltk 라이브러리를 프로그램 내로 임포트하고 있다.

```
import string
```

이 코드는 string 모듈을 현재 프로그램에 추가한다.

```
from nltk.parse.generate import generate
```

이 코드는 `nltk.parse.generate` 모듈에서 `generate` 함수를 가져온다. 그러면 생성할 CFG에서 문자열을 생성하는 데 도움이 된다.

```
productions = [
    "ROOT -> WORD",
    "WORD -> ' '",
    "WORD -> NUMBER LETTER",
    "WORD -> LETTER NUMBER",
]
```

여기서 새 문법을 정의한다. 문법에는 다음과 같은 생성 규칙이 포함될 수 있다.

- 시작 기호는 ROOT이다.
- ROOT 기호는 WORD 기호를 생성할 수 있다.
- WORD 기호는 ' '(빈 공간)를 생성할 수 있다. 이것은 최종 생성 규칙이다.
- WORD 기호는 NUMBER 기호 다음에 LETTER 기호를 생성할 수 있다.
- WORD 기호는 LETTER 기호 다음에 NUMBER 기호를 생성할 수 있다.

  이 지침에 따라 생성 규칙이 더욱 확장된다.

  ```
  digits = list(string.digits)
  for digit in digits[:4]:
      productions.append("NUMBER -> '{w}'".format(w=digit))
  ```

- NUMBER는 터미널 문자 0, 1, 2, 3을 생성할 수 있다.

  이 지침에 따라 생성 규칙이 더욱 확장된다.

  ```
  letters = "' | '".join(list(string.ascii_lowercase)[:4])
  productions.append("LETTER -> '{w}'".format(w=letters))
  ```

- LETTER는 소문자 알파벳 a, b, c, d를 생성할 수 있다.

이 문법이 무엇인지 이해해보자. 이 문법은 0a, 1a, 2a, a1, a3 등과 같은 단어가 있는 언어를 나타낸다.

지금까지 productions라는 리스트 변수에 저장한 모든 생성 규칙은 문자열로 변환된다.

```
grammarString = "\n".join(productions)
```

nltk.CFG.fromstring() 메소드를 사용해 새 문법 개체를 만든다. 이 메소드는 grammar String 변수를 사용한다.

```
grammar = nltk.CFG.fromstring(grammarString)
```

문법으로 정의된 이 언어로 존재하는 처음 5개의 자동 생성 단어를 출력한다.

```
for sentence in generate(grammar, n=5, depth=5):
    palindrome = "".join(sentence).replace(" ", "")
    print("생성된 단어: {}, 크기: {}".format(palindrome, len(palindrome)))
```

확률적 문맥 무관 문법 - CFG 작성

확률 CFG는 CFG의 특수한 유형으로, 비터미널 토큰(좌변)에 대한 모든 확률은 1과 같아야 한다.

이해를 돕기 위해 간단한 예제를 작성해보자.

준비하기

시스템에 NLTK 라이브러리와 파이썬 3.6이 설치돼 있어야 한다.

1. 아톰 에디터(혹은 즐겨 쓰는 프로그래밍 편집기)를 연다.

2. PCFG.py라는 새 파일을 만든다.

3. 다음 소스코드를 입력한다.

```
PCFG.py
import nltk
from nltk.parse.generate import generate

productions = [
    "ROOT -> WORD [1.0]",
    "WORD -> P1 [0.25]",
    "WORD -> P1 P2 [0.25]",
    "WORD -> P1 P2 P3 [0.25]",
    "WORD -> P1 P2 P3 P4 [0.25]",
    "P1 -> 'A' [1.0]",
    "P2 -> 'B' [0.5]",
    "P2 -> 'C' [0.5]",
    "P3 -> 'D' [0.3]",
    "P3 -> 'E' [0.3]",
    "P3 -> 'F' [0.4]",
    "P4 -> 'G' [0.9]",
    "P4 -> 'H' [0.1]",
]

grammarString = "\n".join(productions)

grammar = nltk.PCFG.fromstring(grammarString)

print(grammar)

for sentence in generate(grammar, n=10, depth=5):
    palindrome = "".join(sentence).replace(" ", "")
    print("String : {}, Size : {}".format(palindrome, len(palindrome)))
```

4. 파일을 저장한다.

5. 파이썬 인터프리터를 사용해 프로그램을 실행한다.

6. 다음 결과를 볼 수 있다.

```
nltk $ python PCFG.py
Grammar with 13 productions (start state = ROOT)
    ROOT -> WORD [1.0]
    WORD -> P1 [0.25]
    WORD -> P1 P2 [0.25]
    WORD -> P1 P2 P3 [0.25]
    WORD -> P1 P2 P3 P4 [0.25]
    P1 -> 'A' [1.0]
    P2 -> 'B' [0.5]
    P2 -> 'C' [0.5]
    P3 -> 'D' [0.3]
    P3 -> 'E' [0.3]
    P3 -> 'F' [0.4]
    P4 -> 'G' [0.9]
    P4 -> 'H' [0.1]
String : A, Size : 1
String : AB, Size : 2
String : AC, Size : 2
String : ABD, Size : 3
String : ABE, Size : 3
String : ABF, Size : 3
String : ACD, Size : 3
String : ACE, Size : 3
String : ACF, Size : 3
String : ABDG, Size : 4
nltk $
```

동작 원리

이제 작성한 프로그램을 실행하면서 자세한 내용을 파고들어보자.

```
import nltk
```

이 코드는 nltk 모듈을 프로그램에 임포트한다.

```
from nltk.parse.generate import generate
```

이 코드는 nltk.parse.genearate 모듈에서 generate 함수를 임포트한다.

```
productions = [
    "ROOT -> WORD [1.0]",
    "WORD -> P1 [0.25]",
    "WORD -> P1 P2 [0.25]",
    "WORD -> P1 P2 P3 [0.25]",
    "WORD -> P1 P2 P3 P4 [0.25]",
    "P1 -> 'A' [1.0]",
    "P2 -> 'B' [0.5]",
    "P2 -> 'C' [0.5]",
    "P3 -> 'D' [0.3]",
    "P3 -> 'E' [0.3]",
    "P3 -> 'F' [0.4]",
    "P4 -> 'G' [0.9]",
    "P4 -> 'H' [0.1]",
]
```

여기서는 우리 언어의 문법을 다음과 같이 정의한다.

설명	내용
시작 심볼	ROOT
비터미널	WORD, P1, P2, P3, P4
터미널	'A','B','C','D','E','F','G','H'

문법에서 토큰을 식별한 후에는 생성 규칙이 어떻게 보이는지 살펴보겠다.

- 이 문법의 시작 심볼인 ROOT 심볼이 있다.
- 확률이 1.0인 WORD 심볼이 있다.
- 0.25 확률의 P1을 생성할 수 있는 WORD 심볼이 있다.
- 0.25 확률로 P1 P2를 생성할 수 있는 WORD 기호가 있다.
- 0.25 확률로 P1 P2 P3을 생성할 수 있는 WORD 기호가 있다.
- 0.25 확률로 P1 P2 P3 P4를 생성할 수 있는 WORD 기호가 있다.
- P1 기호는 1.0의 확률로 기호 'A'를 생성할 수 있다.

- P2 기호는 0.5의 확률로 기호 'B'를 생성할 수 있다.
- P2 기호는 0.5의 확률로 기호 'C'를 생성할 수 있다.
- P3 기호는 0.3의 확률로 기호 'D'를 생성할 수 있다.
- P3 기호는 0.3의 확률로 기호 'E'를 생성할 수 있다.
- P3 기호는 0.4의 확률로 기호 'F'를 생성할 수 있다.
- P4 기호는 0.9의 확률로 기호 'G'를 생성할 수 있다.
- P4 기호는 0.1의 확률로 기호 'H'를 생성할 수 있다.

주의 깊게 관찰하면 비터미널 기호의 모든 확률의 합이 1.0과 같다. 이것은 PCFG의 필수 요구 사항이다.

모든 생성 규칙 목록을 grammarString 변수라는 문자열로 결합한다.

```
grammarString = "\n".join(productions)
```

이 코드는 nltk.PCFG.fromstring 메소드를 사용하고 grammarString을 입력으로 사용해 문법 객체를 만든다.

```
grammar = nltk.PCFG.fromstring(grammarString)
```

이 코드는 grammar 객체의 내용을 화면에 표시하기 위해 파이썬 내장 print() 함수를 사용한다. 이는 토큰의 총 개수와 생성한 문법에 포함된 생성 규칙을 요약할 것이다.

이 문법에서 NLTK 내장 generate 함수를 사용해 10개의 문자열을 출력하고 화면에 표시한다.

```
for sentence in generate(grammar, n=10, depth=5):
    palindrome = "".join(sentence).replace(" ", "")
    print("문자열 : {}, 크기 : {}".format(palindrome, len(palindrome)))
```

재귀 CFG 작성

재귀 CFG는 토큰의 좌변에 있고 생성 규칙의 우변에 위치하는 특수한 유형의 CFG이다.

회문^{Palindrome}은 재귀 CFG의 가장 좋은 예다. 주어진 언어로 회문에 대한 재귀 CFG를 항상 작성할 수 있다.

이해를 돕기 위해 활자 0과 1을 사용하는 언어 시스템을 생각해보면 회문은 다음과 같이 나타낼 수 있다.

- 11
- 1001
- 010010

어떤 방향으로(왼쪽에서 오른쪽 또는 오른쪽에서 왼쪽) 이 활자를 읽든, 항상 같은 값을 얻는다. 이는 회문의 특수한 특징이다.

이 레시피에서는 NLTK 내장 문자열 생성 라이브러리를 사용해 이 문장을 나타내는 문법을 작성하고 몇 가지 문장을 생성한다.

더 많은 것을 이해하는 간단한 예제를 작성해보겠다.

준비하기

시스템에 NLTK 라이브러리와 파이썬 3.6이 설치돼 있어야 한다.

수행 방법

1. 아톰 에디터(혹은 즐겨 쓰는 프로그래밍 편집기)를 연다.
2. RecursiveCFG.py라는 새 파일을 만든다.

3. 다음 소스코드를 입력한다.

```
                RecursiveCFG.py
import nltk
import string
from nltk.parse.generate import generate

productions = [
    "ROOT -> WORD",
    "WORD -> ' '"
]

alphabets = list(string.digits)

for alphabet in alphabets:
    productions.append("WORD -> '{w}' WORD '{w}'".format(w=alphabet))

grammarString = "\n".join(productions)

grammar = nltk.CFG.fromstring(grammarString)

print(grammar)

for sentence in generate(grammar, n=5, depth=5):
    palindrome = "".join(sentence).replace(" ", "")
    print("Palindrome : {}, Size : {}".format(palindrome, len(palindrome)))
```

4. 파일을 저장한다.

5. 파이썬 인터프리터를 사용해 프로그램을 실행한다.

6. 다음 결과를 볼 수 있다.

```
nltk $ python RecursiveCFG.py
Grammar with 12 productions (start state = ROOT)
    ROOT -> WORD
    WORD -> ' '
    WORD -> '0' WORD '0'
    WORD -> '1' WORD '1'
    WORD -> '2' WORD '2'
    WORD -> '3' WORD '3'
    WORD -> '4' WORD '4'
    WORD -> '5' WORD '5'
    WORD -> '6' WORD '6'
    WORD -> '7' WORD '7'
    WORD -> '8' WORD '8'
    WORD -> '9' WORD '9'
Palindrome : , Size : 0
Palindrome : 00, Size : 2
Palindrome : 0000, Size : 4
Palindrome : 0110, Size : 4
Palindrome : 0220, Size : 4
nltk $
```

동작 원리

이제 방금 작성한 프로그램을 살펴보고 자세한 내용을 알아보자. nltk 라이브러리를 프로그램에 임포트하고 있다.

```
import nltk
```

또한 프로그램에 string 라이브러리를 임포트해 이후 사용할 수 있다.

```
import string
```

nltk.parse.generate 모듈에서 generate 함수를 임포트한다.

```
from nltk.parse.generate import generate
```

두 개의 요소가 있는 productions라는 새로운 리스트 자료 구조를 만들었다. 두 요소 모두 CFG의 두 파생어를 나타내는 문자열이다.

```
productions = [
    "ROOT -> WORD",
    "WORD -> ' '"
]
```

alphabets 변수의 목록으로 10진수 리스트를 검색한다.

```
alphabets = list(string.digits)
```

0에서 9까지의 숫자를 사용해 더 많은 생성 결과를 리스트에 추가한다.

```
for alphabet in alphabets:
    productions.append("WORD -> '{w}' WORD '{w}'".format(w=alphabet))
```

모든 규칙이 생성되면 변수 grammarString에 문자열로 병합한다.

```
grammarString = "\n".join(productions)
```

이 코드에서는 새로 생성된 grammarString을 NLTK 내장 nltk.CFG.fromstring 함수에 전달해 새 grammar 객체를 생성한다.

```
grammar = nltk.CFG.fromstring(grammarString)
```

이 코드에서는 print( ) 함수를 호출해 방금 작성한 grammar 객체을 출력한다.

```
print(grammar)
```

NLTK 라이브러리의 generate 함수를 이용해 5개의 회문을 생성하고 화면에 동일하게 출력한다.

```
for sentence in generate(grammar, n=5, depth=5):
    palindrome = "".join(sentence).replace(" ", "")
    print("Palindrome : {}, Size : {}".format(palindrome, len(palindrome)))
```

6

청킹, 문장 구문 분석, 의존성

6장에서는 다음과 같은 레시피를 다룬다.

- 내장 청커 사용
- 간단한 청커 작성
- 청커 학습
- 재귀 하향 구문 분석
- 시프트 변환 구문 분석
- 의존 문법과 투사 의존성 구문 분석
- 차트 구문 분석

소개

지금까지 파이썬 NLTK를 사용해 주어진 텍스트에서 품사^{POS}를 인식할 수 있다는 것을 배웠다. 그러나 때로는 우리가 다루고 있는 텍스트에 대한 자세한 정보를 찾는 데 관심이 있을 수도 있다. 예를 들어 주어진 텍스트에서 유명한 인물이나 장소 등의 이름을 찾는 것이 흥미로울 수 있다. 우리는 이러한 모든 이름들이 담긴 매우 큰 사전을 유지 관리할 수 있다.

그러나 가장 간단한 형태로 품사 분석을 사용해 이러한 패턴을 쉽게 식별할 수 있다. 청킹Chunking은 텍스트에서 짧은 구phrase를 추출하는 과정이다. 품사 태거 알고리즘을 활용해 청킹을 수행할 것이다. 청킹에 의해 생성된 토큰(단어)은 중복되지 않는 점에 유의한다.

내장 청커 사용

이 레시피에서는 내장 청커chunker를 사용하는 방법을 배우게 될 것이다. 다음은 이 프로세스의 일부로 NLTK에서 사용될 기능이다.

- Punkt 토크나이저(기본값)
- 평균 퍼셉트론 태거(기본값)
- Maxent NE(개체명) 청커(기본값)

준비하기

nltk 라이브러리와 파이썬을 설치해야 한다. 5장, '품사 태깅과 문법'에서 설명한 대로 품사 태깅을 사전에 이해하는 것이 좋다.

수행 방법

1. 아톰 에디터(혹은 즐겨 쓰는 프로그래밍 편집기)를 연다.
2. Chunker.py라는 새 파일을 만든다.
3. 다음 소스코드를 입력한다.

```
        Chunker.py
1   import nltk
2
3   text = "Namsan Botanical Garden is a well known botanical gardenin Seoul, Korea."
4   sentences = nltk.sent_tokenize(text)
5   for sentence in sentences:
6       words = nltk.word_tokenize(sentence)
7       tags = nltk.pos_tag(words)
8       chunks = nltk.ne_chunk(tags)
9       print(chunks)
10
```

4. 파일을 저장한다.

5. 파이썬 인터프리터를 사용해 프로그램을 실행한다.

6. 다음 결과가 표시된다.

```
nltk $ python Chunker.py
(S
  (PERSON Lalbagh/NNP)
  (PERSON Botanical/NNP Gardens/NNP)
  is/VBZ
  a/DT
  well/RB
  known/VBN
  botanical/JJ
  garden/NN
  in/IN
  (GPE Bengaluru/NNP)
  ,/,
  (GPE India/NNP)
  ./.)
nltk $
```

동작 원리

프로그램 작동 방식을 이해하자. 이 코드는 nltk 모듈을 프로그램에 임포트한다.

import nltk

이것은 분석하려는 데이터다. 이 문자열을 text라는 변수에 추가한다.

```
text = "Namsan Botanical Garden is a well known botanical gardenin Seoul, Korea."
```

이 코드는 주어진 텍스트를 여러 문장으로 나눈다. 결과는 sentences 변수에 저장된 문장 목록이다.

```
sentences = nltk.sent_tokenize(text)
```

이 코드에서는 추출한 모든 문장을 반복한다. 각 문장은 sentence 변수에 저장된다.

```
for sentence in sentences:
```

이 코드는 문장을 겹치지 않는 단어로 나눈다. 결과는 words라는 변수에 저장된다.

```
    words = nltk.word_tokenize(sentence)
```

이 코드에서는 NLTK와 함께 사용할 수 있는 기본 태거를 사용해 품사 분석을 수행한다. 식별이 완료되면 결과는 tags라는 변수에 저장된다.

```
    tags = nltk.pos_tag(words)
```

이 코드에서는 청킹 부분을 담당하는 nltk.ne_chunk( ) 함수를 호출한다. 결과는 chunks라는 변수에 저장된다. 결과는 실제로 트리의 경로를 포함하는 트리 구조의 데이터다.

```
    chunks = nltk.ne_chunk(tags)
```

주어진 입력 문자열에서 식별된 청크를 출력한다. 청크는 괄호 '('와 ')'로 그룹화돼 입력 텍스트에 있는 다른 단어와 쉽게 구별할 수 있다.

```
    print(chunks)
```

간단한 청커 작성

이 레시피에서는 직접 정규식 청커를 만들어볼 것이다. 이 청커를 작성하기 위해 정규표현식을 사용할 것이므로 청킹을 위한 정규표현식을 작성하는 방법의 몇 가지 차이점을 이해해야 한다.

4장, '정규표현식'에서 정규표현식과 정규표현식 작성법을 이해했다. 예를 들어 *[a-z, A-Z]+* 형식의 정규표현식은 영어로 작성된 문장의 모든 단어와 일치한다.

NLTK를 사용함으로써 짧은 형태(V, NN, NNP 등과 같은 태그)로 품사를 식별할 수 있음을 이미 알고 있다. 이 품사를 사용해 정규식을 작성할 수 있을까?

대답은 '예'다. 여러분은 그것을 정확하게 추측했다. 품사 기반 정규표현식 작성 기능을 활용할 수 있다. 이 정규식을 작성하는 데 품사 태그를 사용하기 때문에 태그 패턴이라고 한다.

주어진 자연어의 기본 알파벳(a–z)를 다양한 패턴과 일치시키는 방식과 마찬가지로 NLTK 매칭 품사에 따라 품사를 사용해 단어(딕셔너리의 모든 조합)를 일치시킬 수 있다.

이 태그 패턴은 NLTK의 가장 강력한 기능 중 하나다. 품사 기반 정규표현식으로 문장의 단어를 일치시킬 수 있는 유연성을 제공하기 때문이다. 자세히 알아보기 위해 더 깊이 파보자.

"Ravi is the CEO of a Company. He is very powerful public speaker also."

품사를 식별한 결과는 다음과 같다.

```
[('Ravi', 'NNP'), ('is', 'VBZ'), ('the', 'DT'), ('CEO', 'NNP'), ('of',
'IN'), ('a', 'DT'), ('Company', 'NNP'), ('.', '.')]
[('He', 'PRP'), ('is', 'VBZ'), ('very', 'RB'), ('powerful', 'JJ'),
('public', 'JJ'), ('speaker', 'NN'), ('also', 'RB'), ('.', '.')]
```

나중에 이 정보를 사용해 명사구를 추출할 수 있다.

앞의 품사 출력 결과에 대해 주의 깊게 살펴보자. 다음과 같이 관찰된다.

- 청크는 하나 이상의 연속적인 NNP다.
- 청크는 NNP 다음에 DT가 있다.
- 청크는 NP 다음으로 JJ가 하나 더 있다.

이 세 가지 간단한 관찰을 이용해 BNF 형식의 태그 구^{phrase}라고 부르는 품사를 사용해 정규표현식을 작성해보겠다.

```
NP -> <PRP>
NP -> <DT>*<NNP>
NP -> <JJ>*<NN>
NP -> <NNP>+
```

입력 텍스트에서 다음과 같은 청크를 추출하는 데 관심이 있다.

- Ravi
- the CEO
- a company
- powerful public speaker

작업을 끝낼 간단한 파이썬 프로그램을 작성해보겠다.

준비하기

nltk 라이브러리와 함께 파이썬을 설치해야 한다. 정규표현식을 잘 이해하고 있으면 좋다.

1. 아톰 에디터(혹은 즐겨 쓰는 프로그래밍 편집기)를 연다.

2. SimpleChunker.py라는 새 파일을 만든다.

3. 다음 소스코드를 입력한다.

```
SimpleChunker.py
import nltk

text = "Ravi is the CEO of a Company. He is very powerful public speaker also."

grammar = '\n'.join([
    'NP: {<DT>*<NNP>}',
    'NP: {<JJ>*<NN>}',
    'NP: {<NNP>+}',
])

sentences = nltk.sent_tokenize(text)

for sentence in sentences:
    words = nltk.word_tokenize(sentence)
    tags = nltk.pos_tag(words)
    chunkparser = nltk.RegexpParser(grammar)
    result = chunkparser.parse(tags)
    print(result)
```

4. 파일을 저장한다.

5. 파이썬 인터프리터를 사용해 프로그램을 실행한다.

6. 다음 결과가 표시된다.

```
ch6 — -bash — 98×26
nltk $ python SimpleChunker.py
(S
  (NP Ravi/NNP)
  is/VBZ
  (NP the/DT CEO/NNP)
  of/IN
  (NP a/DT Company/NNP)
  ./.)
(S
  He/PRP
  is/VBZ
  very/RB
  (NP powerful/JJ public/JJ speaker/NN)
  also/RB
  ./.)
nltk $
```

동작 원리

이제 어떻게 프로그램이 작동하는지 이해하자.

nltk 라이브러리를 현재 프로그램에 임포트한다.

```
import nltk
```

처리할 문장을 text 변수로 선언한다.

```
text = "Ravi is the CEO of a Company. He is very powerful public speaker also."
```

이 코드에서는 품사를 사용해 작성된 정규식을 작성한다. 그래서 특별히 태그 패턴이라고 부른다. 이러한 태그 패턴은 임의로 생성된 패턴이 아니다. 앞의 예제에서 신중하게 만들어진 것이다.

```
grammar = '\n'.join([
    'NP: {<DT>*<NNP>}',
    'NP: {<JJ>*<NN>}',
```

```
    'NP: {<NNP>+}',
])
```

이 태그 패턴을 이해해보자.

- NP에 이어 하나 이상의 <DT>와 <NNP>가 뒤따른다.
- NP에 이어 하나 이상의 <JJ>를 거쳐 <NN>이 나타난다.
- NP는 또다른 <NNP>다.

처리하는 텍스트가 많을수록 더 많은 규칙을 발견할 수 있다. 이는 처리하는 언어에 따라 다르다. 따라서 정보 추출 능력을 강화하기 위해서는 다음과 같은 작업을 수행해야 한다.

```
sentences = nltk.sent_tokenize(text)
```

먼저 nltk.sent_tokenize( ) 함수를 사용해 입력 텍스트를 문장으로 나눈다.

```
for sentence in sentences:
```

이 코드는 모든 문장 리스트를 반복하며 sentence 변수에 하나의 문장을 할당한다.

```
    words = nltk.word_tokenize(sentence)
```

이 코드는 nltk.word_tokenize( ) 함수를 사용해 문장을 토큰으로 분할해 결과를 words 변수에 넣는다.

```
    tags = nltk.pos_tag(words)
```

이 코드는 (단어 리스트를 지닌) words 변수에서 품사를 식별하고 그 결과를 tags 변수에 넣는다. 각 단어에는 해당 품사 태그가 올바르게 태그돼 있다.

```
    chunkparser = nltk.RegexpParser(grammar)
```

이 코드는 이전에 작성한 grammar로 nltk.RegexpParser를 호출한다. 해당 객체는 chunk parser라는 변수로 사용할 수 있다.

```
result = chunkparser.parse(tags)
```

객체를 사용해 태그를 파싱하고 결과가 result 변수에 저장된다.

```
print(result)
```

이제 print( ) 함수를 사용해 식별된 청크를 화면에 표시한다. 출력은 단어와 관련 품사가 있는 트리 구조다.

청커 학습

이 레시피에서는 학습^{training} 과정을 배우고, 자체 청커를 학습하고, 평가할 것이다. 학습에 들어가기 전에 다뤄볼 데이터의 유형을 이해할 필요가 있다. 데이터에 대한 공정한 이해가 이루어지면 추출해야 하는 정보에 따라 데이터를 학습해야 한다. 데이터를 학습하는한 가지 특별한 방법은 주어진 텍스트에서 추출한 청크에 IOB 태깅을 사용하는 것이다.

자연스럽게, 우리는 한 문장에서 다양한 단어를 발견한다. 이 단어들에서 품사를 찾을 수 있다. 나중에 텍스트를 청킹할 때 텍스트에 있는 단어의 위치에 따라 단어에 태그를 더 붙일 필요가 있다.

다음 예제를 보자.

"Bill Gates announces Satya Nadella as new CEO of Microsoft"

데이터의 품사 태깅 및 청킹을 완료하면 다음과 비슷한 출력이 표시된다.

Bill NNP B-PERSON
Gates NNP I-PERSON
announces NNS O
Satya NNP B-PERSON
Nadella NNP I-PERSON
as IN O
new JJ O
CEO NNP B-ROLE

162

```
of IN O
Microsoft NNP B-COMPANY
```

IOB 형식이라고 하며 각 행은 다음과 같이 공백space으로 구분된 3개의 토큰으로 구성된다.

열	설명
IOB의 첫 번째 열	입력된 실제 단어
IOB의 두 번째 열	단어의 품사(POS)
IOB의 단어 세 번째 열	I(청크 내부), O(청크 외부), B(청크 시작 단어) 및 단어의 카테고리를 나타내는 적절한 접미사가 있는 청크 식별자

다이어그램을 통해 확인해보자.

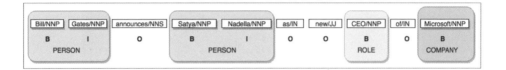

IOB 형식의 학습 데이터를 얻은 후에는 이를 사용해 다른 데이터셋에 적용해 청커의 범위를 확장할 수 있다. 처음부터 범위를 확장하고 싶거나 텍스트에서 새로운 유형의 키워드를 식별하고 싶다면 학습시키기는 매우 어렵다.

regexparser를 사용해 간단한 청커를 작성하고 그 결과가 어떤 유형인지 살펴보겠다.

준비하기

nltk 라이브러리와 함께 파이썬을 설치해야 한다.

1. 아톰 에디터(혹은 즐겨 쓰는 프로그래밍 편집기)를 연다.

2. TrainingChunker.py라는 새 파일을 만든다.

3. 다음 소스코드를 입력한다.

```python
import nltk
from nltk.corpus import conll2000
from nltk.corpus import treebank_chunk

def mySimpleChunker():
    grammar = 'NP: {<NNP>+}'
    return nltk.RegexpParser(grammar)

def test_nothing(data):
    cp = nltk.RegexpParser("")
    print(cp.evaluate(data))

def test_mysimplechunker(data):
    schunker = mySimpleChunker()
    print(schunker.evaluate(data))


datasets = [
    conll2000.chunked_sents('test.txt', chunk_types=['NP']),
    treebank_chunk.chunked_sents()
]

for dataset in datasets:
    test_nothing(dataset[:50])
    test_mysimplechunker(dataset[:50])
```

4. 파일을 저장한다.

5. 파이썬 인터프리터를 사용해 프로그램을 실행한다.

6. 다음 결과가 표시된다.

```
● ● ●                                    ■ ch6 — -bash — 116×32
nltk $ python TrainingChunker.py 2>/dev/null
ChunkParse score:
    IOB Accuracy:   38.6%%
    Precision:       0.0%%
    Recall:          0.0%%
    F-Measure:       0.0%%
ChunkParse score:
    IOB Accuracy:   48.2%%
    Precision:      71.1%%
    Recall:         17.2%%
    F-Measure:      27.7%%
ChunkParse score:
    IOB Accuracy:   45.0%%
    Precision:       0.0%%
    Recall:          0.0%%
    F-Measure:       0.0%%
ChunkParse score:
    IOB Accuracy:   50.7%%
    Precision:      51.9%%
    Recall:          8.8%%
    F-Measure:      15.1%%
nltk $
```

동작 원리

이 코드는 nltk 모듈을 현재 프로그램으로 임포트한다.

import nltk

conll2000 말뭉치를 현재 프로그램으로 임포트한다.

from nltk.corpus import conll2000

treebank 말뭉치를 현재 프로그램으로 임포트한다.

from nltk.corpus import treebank_chunk

새로운 함수 mySimpleChunker()를 정의하고 있다. 우리는 또한 **NNP** 품사(고유명사)가 있는 모든 단어를 추출하는 간단한 태그 패턴을 정의하고 있다. 이 문법은 청커가 개체명을 추출하는 데 사용된다.

```python
def mySimpleChunker():
    grammar = 'NP: {<NNP>+}'
    return nltk.RegexpParser(grammar)
```

이것은 간단한 청커로, 주어진 텍스트에서 아무것도 추출하지 않는다. 알고리즘이 올바르게 작동하는지 확인하는 데 유용하다.

```python
def test_nothing(data):
    cp = nltk.RegexpParser("")
    print(cp.evaluate(data))
```

이 함수는 테스트 데이터에 mySimpleChunker()를 사용하고 이미 태그가 지정된 입력 데이터와 관련해 데이터의 정확도를 평가한다.

```python
def test_mysimplechunker(data):
    schunker = mySimpleChunker()
    print(schunker.evaluate(data))
```

conll2000과 treebank에서 각각 가져온 두 데이터셋의 리스트를 만든다.

```python
datasets = [
    conll2000.chunked_sents('test.txt', chunk_types=['NP']),
    treebank_chunk.chunked_sents()
]
```

IOB 태그가 된 처음 50개 문장에 대해 두 데이터셋을 반복하고 test_nothing() 및 test_mysimplechunker()를 호출해 청커의 정확도를 확인한다.

```
for dataset in datasets:
    test_nothing(dataset[:50])
    test_mysimplechunker(dataset[:50])
```

재귀 하향 구문 분석

재귀 하향 파서는 왼쪽에서 오른쪽으로 입력을 읽고 파생 트리를 하향식으로 작성하고 전위순회pre-order 방식으로 노드를 통과시키는 파서 계열에 속한다. 문법 그 자체는 CFG 방법론을 사용해 표현되기 때문에 파싱(구문 분석)은 본질적으로 재귀적이다. 이러한 종류의 파싱 기술은 프로그래밍 언어의 구문 분석을 위한 컴파일러를 작성하는 데 사용된다. 이 레시피에서는 NLTK 라이브러리와 함께 제공되는 RD^{RecursiveDescent} 파서를 사용하는 방법을 살펴보겠다.

준비하기

nltk 라이브러리와 함께 파이썬을 설치해야 한다.

수행 방법

1. 아톰 에디터(혹은 즐겨 쓰는 프로그래밍 편집기)를 연다.
2. ParsingRD.py라는 새 파일을 만든다.

3. 다음 소스코드를 입력한다.

```
ParsingRD.py
import nltk

def RDParserExample(grammar, textlist):
    parser = nltk.parse.RecursiveDescentParser(grammar)
    for text in textlist:
        sentence = nltk.word_tokenize(text)
        for tree in parser.parse(sentence):
            print(tree)
            tree.draw()

grammar = nltk.CFG.fromstring("""
S -> NP VP
NP -> NNP VBZ
VP -> IN NNP | DT NN IN NNP
NNP -> 'Tajmahal' | 'Agra' | 'Bangalore' | 'Karnataka'
VBZ -> 'is'
IN -> 'in' | 'of'
DT -> 'the'
NN -> 'capital'
""")

text = [
    "Tajmahal is in Agra",
    "Bangalore is the capital of Karnataka",
]

RDParserExample(grammar, text)
```

4. 파일을 저장한다.

5. 파이썬 인터프리터를 사용해 프로그램을 실행한다.

6. 다음 결과가 표시된다.

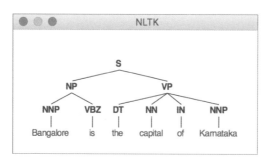

이 그래프는 RD 파서가 구문 분석한 입력의 두 번째 문장의 출력이다.

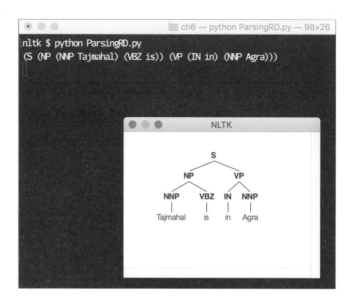

동작 원리

프로그램 작동 방식을 살펴보자. 이 코드는 nltk 라이브러리를 임포트한다.

```
import nltk
```

이 코드는 새 함수 SRParserExample을 정의한다. grammar 객체와 textlist를 파라미터로 사용한다.

```
def RDParserExample(grammar, textlist):
```

nltk.parse 라이브러리에서 RecursiveDescentParser를 호출해 새 parser 객체를 만든다. 초기화를 위해 이 클래스에 grammar를 전달한다.

```
    parser = nltk.parse.RecursiveDescentParser(grammar)
```

이 코드에서는 textlist 변수의 문장 목록을 반복한다. 각 텍스트 항목은 nltk.word_tokenize( ) 함수를 사용해 토큰화된 다음 결과 단어가 parser.parse( ) 함수에 전달된다. 파싱이 완료되면 결과를 화면에 표시하고 구문 분석 트리도 표시한다.

```
for text in textlist:
    sentence = nltk.word_tokenize(text)
    for tree in parser.parse(sentence):
        print(tree)
        tree.draw( )
```

grammar를 사용해 새 CFG 객체를 만든다.

```
grammar = nltk.CFG.fromstring("""
S -> NP VP
NP -> NNP VBZ
VP -> IN NNP | DT NN IN NNP
NNP -> 'Tajmahal' | 'Agra' | 'Bangalore' | 'Karnataka'
VBZ -> 'is'
IN -> 'in' | 'of'
DT -> 'the'
NN -> 'capital'
""")
```

다음은 파서를 이해하는 데 사용할 두 개의 샘플 문장이다.

```
text = [
    "Tajmahal is in Agra",
    "Bangalore is the capital of Karnataka",
]
```

grammar 객체와 예문 리스트를 사용해 RDParserExample을 호출한다.[1]

---

1 윈도우에서 만약 ModuleNotFoundError: No module named 'tkinter' 에러가 발생한다면 다음과 같이 조치한다.

   1. 시작 메뉴 > 프로그램 및 기능
   2. 설치했던 파이썬 프로그램 선택(예: Python 3.6.5(64-bit))
   3. 마우스 오른쪽 버튼 클릭 > 변경
   4. Modify 클릭
   td/tk and IDLE (which installs tkinter) 선택 및 next > install - 옮긴이

```
RDParserExample(grammar, text)
```

시프트 변환 구문 분석

이 레시피에서는 시프트 변환shift-reduce 구문 분석을 이해하고 사용하는 방법을 배운다.

시프트 변환 파서는 한 줄짜리 문장에서 왼쪽에서 오른쪽으로, 여러 줄 문장에서 위에서 아래로 입력 텍스트를 구문 분석하는 특수한 유형의 파서다.

입력 텍스트의 모든 자모/토큰에 대해 다음과 같이 구문 분석이 발생한다.

- 입력 텍스트에서 첫 번째 토큰을 읽고 스택에 넣음push(이동 연산)
- 스택의 전체 구문 분석 트리parse tree를 읽고 생성 규칙을 오른쪽에서 왼쪽으로 읽음으로써 적용 가능한 생성 규칙을 확인(감축 연산)
- 이 과정은 생성 규칙이 바닥날 때까지 반복되고, 구문 분석이 실패했다는 점을 인정
- 이 과정은 모든 입력이 소모될 때까지 반복되며, 구문 분석이 성공했다고 말함

다음 예제에서는 하나의 입력 텍스트만 성공적으로 구문 분석할 수 있고 다른 하나는 구문 분석할 수 없다는 것을 알 수 있다.

준비하기

nltk 라이브러리와 함께 파이썬을 설치해야 한다. 문법 작성에 대한 이해가 필요하다.

수행 방법

1. 아톰 에디터(혹은 즐겨 쓰는 프로그래밍 편집기)를 연다.
2. ParsingSR.py라는 새 파일을 만든다.

3. 다음 소스코드를 입력한다.

```
ParsingSR.py
1   import nltk
2
3   def SRParserExample(grammar, textlist):
4       parser = nltk.parse.ShiftReduceParser(grammar)
5       for text in textlist:
6           sentence = nltk.word_tokenize(text)
7           for tree in parser.parse(sentence):
8               print(tree)
9               tree.draw()
10
11  text = [
12      "Tajmahal is in Agra",
13      "Bangalore is the capital of Karnataka",
14  ]
15
16  grammar = nltk.CFG.fromstring("""
17  S -> NP VP
18  NP -> NNP VBZ
19  VP -> IN NNP | DT NN IN NNP
20  NNP -> 'Tajmahal' | 'Agra' | 'Bangalore' | 'Karnataka'
21  VBZ -> 'is'
22  IN -> 'in' | 'of'
23  DT -> 'the'
24  NN -> 'capital'
25  """)
26
27  SRParserExample(grammar, text)
28
```

4. 파일을 저장한다.

5. 파이썬 인터프리터를 사용해 프로그램을 실행한다.

6. 다음 결과가 표시된다.

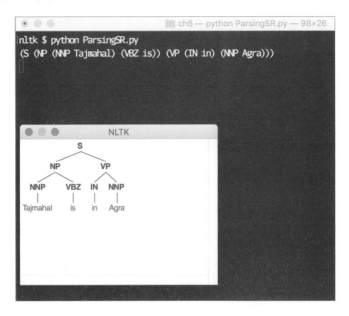

동작 원리

프로그램 작동 방식을 보겠다. nltk 라이브러리를 임포트한다.

import nltk

새로운 함수 SRParserExample을 정의한다. grammar 객체와 textlist를 파라미터로 취한다.

def SRParserExample(grammar, textlist):

nltk.parse 라이브러리에서 ShiftReduceParser를 호출해 새로운 파서 객체를 생성한다. 이 클래스에 초기화를 위해 grammar를 전달한다.

    parser = nltk.parse.ShiftReduceParser(grammar)

이 코드에서는 textlist 변수의 문장 목록을 반복한다. 각 텍스트 항목은 nltk.word_tokenize( ) 함수를 사용해 토큰화된 다음 결과 단어가 parser.parse( ) 함수에 전달된다. 구문 분석이 완료되면 결과를 화면에 표시하고 구문 분석 트리도 표시한다.

```
for text in textlist:
    sentence = nltk.word_tokenize(text)
    for tree in parser.parse(sentence):
        print(tree)
        tree.draw()
```

다음은 이동-감축 파서를 이해하기 위해 사용하는 두 개의 샘플 문장이다.

```
text = [
    "Tajmahal is in Agra",
    "Bangalore is the capital of Karnataka",
]
```

grammar를 사용해 새 CFG 객체를 만든다.

```
grammar = nltk.CFG.fromstring("""
S -> NP VP
NP -> NNP VBZ
VP -> IN NNP | DT NN IN NNP
NNP -> 'Tajmahal' | 'Agra' | 'Bangalore' | 'Karnataka'
VBZ -> 'is'
IN -> 'in' | 'of'
DT -> 'the'
NN -> 'capital'
""")
```

grammar 객체와 샘플 문장 리스트를 사용해 SRParserExample을 호출한다.

```
SRParserExample(grammar, text)
```

의존 문법과 투사 의존성 구문 분석

이 레시피에서는 의존 문법을 구문 분석하고 이를 투사 의존 구문 분석기Projective Dependency Parser와 함께 사용하는 방법을 학습한다.

의존 문법은 문장을 구성하는 단어 사이에 직접적인 관계가 있다는 개념에 기반한다. 이 레시피의 예제에서 이를 명확하게 보여준다.

준비하기

nltk 라이브러리와 함께 파이썬을 설치해야 한다.

수행 방법

1. 아톰 에디터(혹은 즐겨 쓰는 프로그래밍 편집기)를 연다.
2. ParsingDG.py라는 새 파일을 만든다.
3. 다음 소스코드를 입력한다.

```
ParsingDG.py
import nltk

grammar = nltk.grammar.DependencyGrammar.fromstring("""
'savings' -> 'small'
'yield' -> 'savings'
'gains' -> 'large'
'yield' -> 'gains'
""")

sentence = 'small savings yield large gains'
dp = nltk.parse.ProjectiveDependencyParser(grammar)
for t in sorted(dp.parse(sentence.split())):
    print(t)
    t.draw()
```

4. 파일을 저장한다.

5. 파이썬 인터프리터를 사용해 프로그램을 실행한다.

6. 다음 결과가 표시된다.

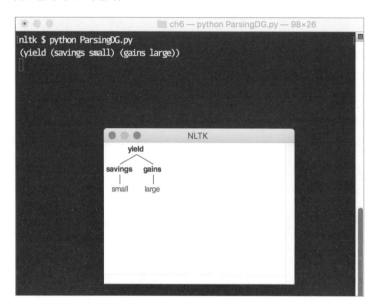

동작 원리

프로그램 작동 방식을 보자. nltk 라이브러리를 프로그램에 임포트한다.

```
import nltk
```

이 코드는 nltk.grammar.DependencyGrammar 클래스를 사용해 grammar 객체를 만든다. 문법에 다음과 같은 내용을 추가한다.

```
grammar = nltk.grammar.DependencyGrammar.fromstring("""
'savings' -> 'small'
'yield' -> 'savings'
'gains' -> 'large'
'yield' -> 'gains'
""")
```

이 산출물 생성에 대해 더 자세히 이해해보자.

- savings(저축)와 관련된 small
- yield(수익)와 관련된 savings
- gains(이익)와 관련된 large
- yield와 관련된 gains

파서를 실행할 샘플 문장이다. sentence 변수에 저장된다.

```
sentence = 'small savings yield large gains'
```

이 코드는 방금 정의한 grammar를 사용해 새 nltk.parse.ProjectiveDependencyParser 객체를 만든다.

```
dp = nltk.parse.ProjectiveDependencyParser(grammar)
```

이 for 반복문에서 많은 것들을 하고 있다.

```
for t in sorted(dp.parse(sentence.split())):
    print(t)
    t.draw()
```

위 for 반복문은 다음 작업들을 수행한다.

- 문장에서 단어를 분리하고 있다.
- 모든 단어 목록은 입력으로 dp 객체에 주어진다.
- 구문 분석된 출력의 결과는 sorted() 함수를 사용해 정렬된다.
- 모든 트리 경로를 반복하고 표시한다. 화면을 아름다운 트리 형태로 그려준다.

차트 구문 분석

차트 구문 분석기^{chart parser}는 모호한 문법이 있기 때문에 자연어에 적합한 특수한 유형의 파서다. 동적 계획법^{Dynamic Programming}을 사용해 원하는 결과를 생성한다.

동적 프로그래밍에 대한 좋은 점은 주어진 문제를 하위 문제로 분해하고 그 결과를 공유 위치에 저장하는 것이다. 비슷한 하위 문제가 다른 곳에서 발생하는 경우 알고리즘에 의해 더 많이 사용될 수 있다. 이는 동일한 것을 반복해서 재계산 필요성을 크게 줄여준다.

이 레시피에서는 NLTK 라이브러리가 제공하는 차트 구문 분석 기능을 학습한다.

준비하기

nltk 라이브러리와 함께 파이썬을 설치해야 한다. 문법을 이해하는 것이 좋다.

수행 방법

1. 아톰 에디터(혹은 즐겨 쓰는 프로그래밍 편집기)를 연다.
2. ParsingChart.py라는 새 파일을 만든다.

3. 다음 소스코드를 입력한다.

```
ParsingChart.py
1   from nltk.grammar import CFG
2   from nltk.parse.chart import ChartParser, BU_LC_STRATEGY
3
4   grammar = CFG.fromstring("""
5   S -> T1 T4
6   T1 -> NNP VBZ
7   T2 -> DT NN
8   T3 -> IN NNP
9   T4 -> T3 | T2 T3
10  NNP -> 'Tajmahal' | 'Agra' | 'Seoul' | 'Korea'
11  VBZ -> 'is'
12  IN -> 'in' | 'of'
13  DT -> 'the'
14  NN -> 'capital'
15  """)
16
17  cp = ChartParser(grammar, BU_LC_STRATEGY, trace=True)
18
19  sentence = "Seoul is the capital of Korea"
20  tokens = sentence.split()
21  chart = cp.chart_parse(tokens)
22  parses = list(chart.parses(grammar.start()))
23  print("Total Edges :", len(chart.edges()))
24  for tree in parses: print(tree)
25  tree.draw()
26
```

4. 파일을 저장한다.

5. 파이썬 인터프리터를 사용해 프로그램을 실행한다.

6. 다음 결과가 표시된다.

```
nltk $ python ParsingChart.py
|.Bangal. is . the .capita. of .Karnat.|
|[-------]   .     .     .     .     .| [0:1] 'Bangalore'
|.   [-------]     .     .     .     .| [1:2] 'is'
|.     .   [-------]     .     .     .| [2:3] 'the'
|.     .     .   [-------]     .     .| [3:4] 'capital'
|.     .     .     .   [-------]     .| [4:5] 'of'
|.     .     .     .     .   [-------]| [5:6] 'Karnataka'
|[-------]   .     .     .     .     .| [0:1] NNP -> 'Bangalore' *
|[------->   .     .     .     .     .| [0:1] T1 -> NNP * VBZ
|.   [-------]     .     .     .     .| [1:2] VBZ -> 'is' *
|[---------------]     .     .     .  .| [0:2] T1 -> NNP VBZ *
|[--------------->     .     .     .  .| [0:2] S -> T1 * T4
|.     .   [-------]     .     .     .| [2:3] DT -> 'the' *
|.     .   [------->     .     .     .| [2:3] T2 -> DT * NN
|.     .     .   [-------]     .     .| [3:4] NN -> 'capital' *
|.     .   [-------------]     .     .| [2:4] T2 -> DT NN *
|.     .   [------------->     .     .| [2:4] T4 -> T2 * T3
|.     .     .     .   [-------]     .| [4:5] IN -> 'of' *
|.     .     .     .   [------->     .| [4:5] T3 -> IN * NNP
|.     .     .     .     .   [-------]| [5:6] NNP -> 'Karnataka' *
|.     .     .     .     .   [------->| [5:6] T1 -> NNP * VBZ
|.     .     .     .   [-----------]| [4:6] T3 -> IN NNP *
|.     .     .     .   [-----------]| [4:6] T4 -> T3 *
|.     .   [-----------------------]| [2:6] T4 -> T2 T3 *
|[=================================]| [0:6] S -> T1 T4 *
Total Edges : 24
(S
  (T1 (NNP Bangalore) (VBZ is))
  (T4 (T2 (DT the) (NN capital)) (T3 (IN of) (NNP Karnataka))))
```

동작 원리

프로그램 작동 방식을 알아보자. 이 코드는 CFG 모듈을 프로그램으로 가져온다.

```
from nltk.grammar import CFG
```

이 코드는 ChartParser 및 BU_LC_STRATEGY 피처를 프로그램으로 가져온다.

```
from nltk.parse.chart import ChartParser, BU_LC_STRATEGY
```

사용하려는 예제에 대한 샘플 문법을 생성 중이다. 모든 생성자는 BNF 형식으로 표현된다.

```
grammar = CFG.fromstring("""
S -> T1 T4
T1 -> NNP VBZ
T2 -> DT NN
T3 -> IN NNP
T4 -> T3 | T2 T3
NNP -> 'Tajmahal' | 'Agra' | 'Seoul' | 'Korea'
VBZ -> 'is'
IN -> 'in' | 'of'
DT -> 'the'
NN -> 'capital'
""")
```

문법은 다음으로 구성된다.

- T1 T4를 생성하는 시작 토큰 S
- 비단말 토큰 T1, T2, T3, T4를 생성하는 NNP VBZ, DT NN, IN NNP, T2 또는 T2 T3
- 각각 영어 사전의 단어인 터미널 토큰

새로운 차트 파서 개체는 문법 개체 BU_LC_STRATEGY를 사용해 만들어지며 trace를 True로 설정해 구문 분석이 어떻게 발생하는지 화면에서 볼 수 있다.

```
cp = ChartParser(grammar, BU_LC_STRATEGY, trace=True)
```

이 프로그램에서 이 샘플 문자열을 처리하려고 한다. Sentence 변수에 저장된다.

```
sentence = "Seoul is the capital of Korea"
```

이 코드는 예제 문장에서 단어 목록을 작성한다.

```
tokens = sentence.split()
```

이 코드는 단어 목록을 입력으로 취한 다음 구문 분석을 시작한다. 구문 분석의 결과는 chart 객체에서 사용할 수 있다.

```
chart = cp.chart_parse(tokens)
```

차트에서 사용 가능한 모든 구문 분석 트리를 parses 변수로 가져온다.

```
parses = list(chart.parses(grammar.start()))
```

이 코드는 현재 chart 개체의 총 간선^{edge} 수를 출력한다.

```
print("Total Edges :", len(chart.edges()))
```

이 코드는 모든 구문 분석 트리를 화면에 출력한다.

```
for tree in parses: print(tree)
```

이 코드는 GUI 위젯에서 차트의 멋진 트리 뷰를 표시한다.

```
tree.draw()
```

정보 추출과 텍스트 분류

7장에서는 다음과 같은 레시피를 다룬다.

- 내장 개체명 인식 기능 사용
- 딕셔너리 생성, 반전, 사용
- 사용자 고유의 NE(개체명) 생성
- 피처셋 선택
- 분류기를 사용한 문장 분할
- 문서 분류
- 문맥 기반 품사 태거 작성

소개

정보 검색은 방대한 영역이며 많은 난관이 있다. 6장에서 정규식, 문법, **품사**[POS] 태깅 및 청킹을 이해했다. 이 과정 이후의 자연스러운 단계는 주어진 텍스트에서 관심 분야를 식별하는 것이다. 많은 양의 데이터를 처리할 때 명성, 장소, 제품 등이 언급됐는지 여부를 파악하는 것이 중요하다. 이러한 것들을 NLP에서는 **개체명**[named entity]이라고 한다. 다음 레시피에서 예제를 통해 이들에 대해 더 많이 알아볼 것이다. 또한 입력 텍스트에 있는 단서를 활용해 많은 양의 텍스트를 분류하는 방법을 살펴보고 더 다양한 예제를 설명한다. 채널 고정, 기대하시길!

개체명 이해하기

지금까지는 텍스트를 구문 분석하고, 품사를 식별하고, 텍스트에서 청크를 추출하는 방법을 살펴 봤다. 다음으로 알아볼 것은 개체명이라고 하는 **고유 명사**proper nouns를 찾는 것이다.

개체명은 주어진 텍스트에서 무엇이 참조되는지 더 잘 이해할 수 있게 해 데이터를 더 분류할 수 있다. 개체명은 둘 이상의 단어로 이뤄지기 때문에 텍스트에서 개체명을 찾기란 쉽지 않다.

문장	개체명
Hampi is on the South Bank of Tungabhadra river	Hampi, Tungabhadra River
Paris is famous for Fashion	Paris
Burj Khalifa is one of the Skyscrapers in Dubai	Burj Khalifa , Dubai
Jeff Weiner is the CEO of LinkedIn	Jeff Weiner, LinkedIn

다음을 자세히 살펴보고 이해해보자.

1. South Bank는 방향을 말하지만, 개체를 고유하게 식별할 수 없으므로 개체명으로 적합하지 않다.
2. Fashion은 명사지만, 그것을 개체명으로 완전히 한정할 수는 없다.
3. Skyscraper는 명사지만 마천루에는 여러 가지 함의가 있다.
4. CEO는 여기서 역할role을 담당한다. 이 타이틀을 붙일 수 있는 많은 사람들이 있다. 따라서 이것 역시 개체명이 될 수 없다.

더 자세히 알기 위해 카테고리 관점에서 이러한 NE를 살펴보겠다.

카테고리	개체명의 예
TIMEZONE	Asia/Kolkata, KST, UTC
LOCATION	Seoul, Gyeonggi, Korea
RIVERS	Ganga, Han, Nile
COSMETICS	Maybelline Deep Coral Lipstick, LOreal Excellence Creme Hair Color
CURRENCY	100 bitcoins, 1.25 USD
DATE	17-Dec-2018, 19-Feb-2019
TIME	10:10 AM
PERSON	Satya Nadella, Jeff Weiner, Bill Gates

내장 개체명 인식 기능 사용

파이썬 NLTK는 개체명 인식 NER^Named Entity Recognition 기능을 갖고 있다. 이 기능을 사용하려면 먼저 지금까지 수행한 작업을 기억해야 한다.

1. 큰 문서를 문장으로 나눈다.
2. 문장을 단어(또는 토큰)로 나눈다.
3. 문장에서 품사를 확인한다.
4. 문장에서 연속적인 단어의 덩어리(중첩되지 않음)를 추출한다.
5. 청킹 패턴에 따라 이 단어에 IOB 태그를 지정한다.

다음 논리적 단계는 알고리즘을 확장해 개체명을 6단계로 찾아내는 것이다. 따라서 이 예제의 일부로 5단계까지 전처리된 데이터를 기본적으로 사용하게 될 것이다.

NER 프로세스를 이해하기 위해 **treebank** 데이터를 사용할 것이다. 데이터에는 이미 IOB 형식으로 사전 태그가 지정돼 있음을 기억하라. 학습 과정이 없으면 여기에서 볼 수 있는 알고리즘 중 아무것도 작동하지 않는다(이건 마법이 아니다!).

학습 과정의 중요성을 이해하기 위해 예를 들어보자. 인도의 유명한 장소 중 어떤 곳이 소셜 네트워킹 사이트에서 칸나다^Kannada어[1]로 트윗되고 있고 언급되는지 고고학 부서가 알아야 할 필요가 있다.

데이터가 이미 어딘가에 있고 테라바이트^TB 또는 페타바이트^PB 단위라고 가정하면 이 이름을 어떻게 찾을 수 있을까? 이 시점에서 원래 입력에서 샘플 데이터셋을 가져와 학습된 데이터셋을 사용해 Kannada의 개체명을 추출하는 데 필요한 학습 과정을 수행해야 한다.

준비하기

nltk 라이브러리와 함께 파이썬을 설치해야 한다.

수행 방법

1. 아톰 에디터(혹은 즐겨 쓰는 프로그래밍 편집기)를 연다.
2. NER.py라는 새 파일을 만든다.
3. 다음 코드를 입력한다.

```python
NER.py
import nltk

def sampleNE():
    sent = nltk.corpus.treebank.tagged_sents()[0]
    print(nltk.ne_chunk(sent))

def sampleNE2():
    sent = nltk.corpus.treebank.tagged_sents()[0]
    print(nltk.ne_chunk(sent, binary=True))

if __name__ == '__main__':
    sampleNE()
    sampleNE2()
```

---

1 칸나다어(ಕನ್ನಡ)는 인도의 카르나타카주에서 사용되는 드라비다어족의 언어로, 카르나타카주의 공용어이며 인도 정부의 지정 계획어(scheduled languages) 22개 중 하나다. (출처-https://ko.wikipedia.org/wiki/칸나다어) - 옮긴이

4. 파일을 저장한다.

5. 파이썬 인터프리터를 사용해 프로그램을 실행한다.

6. 다음 결과가 표시된다.

```
nltk $ python_NER.py
(S
  (PERSON Pierre/NNP)
  (ORGANIZATION Vinken/NNP)
  ./,
  61/CD
  years/NNS
  old/JJ
  ./,
  will/MD
  join/VB
  the/DT
  board/NN
  as/IN
  a/DT
  nonexecutive/JJ
  director/NN
  Nov./NNP
  29/CD
  ./.)
(S
  (NE Pierre/NNP Vinken/NNP)
  ./,
  61/CD
  years/NNS
  old/JJ
  ./,
  will/MD
  join/VB
  the/DT
  board/NN
  as/IN
  a/DT
  nonexecutive/JJ
  director/NN
  Nov./NNP
  29/CD
  ./.)
nltk $
```

동작 원리

코드는 매우 단순해 보인다. 그렇지 않은가? 그러나 모든 알고리즘은 nltk 라이브러리에서 구현된다. 그럼 이 간단한 프로그램이 우리가 찾고 있는 것을 어떻게 제공하는지 파헤치자. nltk 라이브러리를 프로그램에 임포트한다.

```
import nltk
```

이 세 줄의 명령어는 sampleNE( )라는 새 함수를 정의한다. treebank 말뭉치에서 첫 번째 태그가 지정된 문장을 가져온 다음 nltk.ne_chunk( ) 함수로 전달해 개체명을 추출한다. 이 프로그램의 출력에는 적절한 카테고리가 있는 모든 개체명이 포함된다.

```
def sampleNE():
    sent = nltk.corpus.treebank.tagged_sents()[0]
    print(nltk.ne_chunk(sent))
```

아래 세 줄의 코드는 sampleNE2( )라는 새 함수를 정의한다. treebank 말뭉치에서 첫 번째 태그가 지정된 문장을 가져온 다음 nltk.ne_chunk( ) 함수로 전달해 개체명을 추출한다. 이 프로그램의 출력에는 적절한 카테고리가 없는 모든 개체명이 포함된다. 이것은 학습 데이터셋이 사람, 조직, 위치 등과 같은 적절한 카테고리로 개체명에 태그를 지정할만큼 정확하지 않은 경우 유용하다.

```
def sampleNE2():
    sent = nltk.corpus.treebank.tagged_sents()[0]
    print(nltk.ne_chunk(sent, binary=True))
```

이 세 줄의 명령어는 이전에 정의한 두 가지 샘플 함수를 호출하고 결과를 화면에 출력할 것이다.

```
if __name__ == '__main__':
    sampleNE()
    sampleNE2()
```

딕셔너리 생성, 반전, 사용

파이썬은 범용general-purpose 프로그래밍 언어로 다양한 데이터 구조를 기본 지원한다. 그중 가장 강력한 데이터 구조 가운데 하나는 딕셔너리dictionary다. 딕셔너리에 어떤 점이 있는지 알아보기 전에 이러한 데이터 구조가 어떤 용도로 사용되는지 이해하려고 하자. 간단히 말해서 데이터 구조는 프로그래머가 이러한 구조에 저장된 데이터를 저장, 검색retrieve 그리고 순회traverse하는 데 도움이 된다. 각 데이터 구조에는 프로그래머가 주어진 작업을 위해 선택하기 전에 이해해야 하는 고유한 동작 및 성능 이점이 있다.

딕셔너리로 돌아가자. 딕셔너리의 기본적인 사용 사례는 간단한 예시를 통해 설명할 수 있다.

```
All the flights got delayed due to bad weather
```

우리는 앞의 문장에서 품사 식별을 쓸 수 있다. 그러나 만약 누군가가 이 문장에서 flights의 품사가 무엇인지 물어본다면, 이 단어를 찾는 효율적인 방법을 고안해야 한다. 여기서 딕셔너리가 작동하기 시작한다. 관심 데이터 간의 **일대일** 매핑으로 생각할 수 있다. 다시 말하지만 이 일대일 관계는 지금 이야기하고 있는 데이터 단위의 가장 높은 수준의 추상화다. 숙련된 파이썬 프로그래머라면 다*대다* 매핑을 하는 법도 알 것이다. 이 간단한 예제에서는 다음과 같은 작업이 필요하다.

```
flights -> Noun
Weather -> Noun
```

이제 다른 질문에 답하겠다. 어떤 문장에서 명사인 모든 단어 목록을 출력할 수 있을까? 그렇다. 이 역시 파이썬 딕셔너리 사용법을 배울 것이다.

준비하기

예제를 실행하려면 nltk 라이브러리와 함께 파이썬을 설치해야 한다.

1. 아톰 에디터(혹은 즐겨 쓰는 프로그래밍 편집기)를 연다.

2. Dictionary.py라는 새 파일을 만든다.

3. 다음 소스코드를 입력한다.

```python
Dictionary.py
import nltk

class LearningDictionary():
    def __init__(self, sentence):
        self.words = nltk.word_tokenize(sentence)
        self.tagged = nltk.pos_tag(self.words)
        self.buildDictionary()
        self.buildReverseDictionary()

    def buildDictionary(self):
        self.dictionary = {}
        for (word, pos) in self.tagged:
            self.dictionary[word] = pos

    def buildReverseDictionary(self):
        self.rdictionary = {}
        for key in self.dictionary.keys():
            value = self.dictionary[key]
            if value not in self.rdictionary:
                self.rdictionary[value] = [key]
            else:
                self.rdictionary[value].append(key)

    def isWordPresent(self, word):
        return 'Yes' if word in self.dictionary else 'No'


    def getPOSForWord(self, word):
        return self.dictionary[word] if word in self.dictionary else None

    def getWordsForPOS(self, pos):
        return self.rdictionary[pos] if pos in self.rdictionary else None


sentence = "All the flights got delayed due to bad weather"
learning = LearningDictionary(sentence)
words = ["chair", "flights", "delayed", "pencil", "weather"]
pos = ["NN", "VBS", "NNS"]
for word in words:
    status = learning.isWordPresent(word)
    print("Is '{}' present in dictionary ? : '{}'".format(word, status))
    if status is True:
        print("\tPOS For '{}' is '{}'".format(word,
        learning.getPOSForWord(word)))
for pword in pos:
    print("POS '{}' has '{}' words".format(pword,
    learning.getWordsForPOS(pword)))
```

4. 파일을 저장한다.

5. 파이썬 인터프리터를 사용해 프로그램을 실행한다.

6. 다음 결과가 표시된다.

```
● ● ●                  ch7 — -bash — 80×17
nltk $ python Dictionary.py
Is 'chair' present in dictionary ? : 'No'
Is 'flights' present in dictionary ? : 'Yes'
Is 'delayed' present in dictionary ? : 'Yes'
Is 'pencil' present in dictionary ? : 'No'
Is 'weather' present in dictionary ? : 'Yes'
POS 'NN' has '['weather']' words
POS 'VBS' has 'None' words
POS 'NNS' has '['flights']' words
nltk $
```

동작 원리

이제 지금까지 작성한 코드를 통해 딕셔너리에 대해 더 자세히 이해하자. nltk 라이브러리를 프로그램에 임포트한다.

import nltk

LearningDictionary라는 새로운 클래스를 정의한다.

class LearningDictionary():

sentence 텍스트를 인수로 취하는 LearningDictionary의 생성자를 만든다.

def __init__(self, sentence):

이 코드는 문장을 단어로 나눈다. nltk.word_tokenize( ) 함수를 사용해 결과를 클래스 멤버 words에 저장한다.

```
self.words = nltk.word_tokenize(sentence)
```

이 코드는 words에 대한 품사를 식별하고 태그된 클래스 멤버에 결과를 저장한다.

```
self.tagged = nltk.pos_tag(self.words)
```

이 코드는 다음과 같은 buildDictionary( ) 함수를 호출한다.

```
self.buildDictionary()
```

이 코드는 클래스에 정의된 buildReverseDictionary( ) 함수를 호출한다.

```
self.buildReverseDictionary()
```

이 코드는 buildDictionary( )라는 새 클래스 멤버 함수를 정의한다.

```
def buildDictionary(self):
```

이 코드는 클래스에서 빈 dictionary 변수를 초기화한다. 이 두 명령어는 태그된 모든 pos 목록 요소를 반복한 다음 dictionary에 각 word를 키^{key}로, 품사를 값^{value}으로 할당한다.

```
self.dictionary = {}
for (word, pos) in self.tagged:
    self.dictionary[word] = pos
```

이 코드는 buildReverseDictionary( )라는 다른 클래스 멤버 함수를 정의한다.

```
def buildReverseDictionary(self):
```

이 코드는 빈 dictionary를 클래스 멤버인 rdictionary로 초기화한다.

```
self.rdictionary = {}
```

이 딕셔너리는 모든 dictionary 키를 반복하고 dictionary의 키를 key라는 로컬 변수에 저장한다.

```
for key in self.dictionary.keys():
```

이 코드는 주어진 키의 value(품사)를 추출한다. key(단어)를 추출해 value라는 로컬 변수에 저장한다.

```
value = self.dictionary[key]
```

이 네 줄의 코드는 주어진 key(단어)가 이미 역딕셔너리 변수(rdictionary)에 있는지 확인한다. 그럴 경우 현재 발견된 단어를 목록에 추가한다. 단어가 발견되지 않으면 현재 단어를 멤버로 크기가 1인 새 리스트를 작성한다.

```
if value not in self.rdictionary:
    self.rdictionary[value] = [key]
else:
    self.rdictionary[value].append(key)
```

이 함수는 dictionary에 단어가 있는지 여부에 따라 Yes 또는 No를 반환한다.

```
def isWordPresent(self, word):
    return 'Yes' if word in self.dictionary else 'No'
```

이 함수는 dictionary 내부를 보고 주어진 단어의 품사를 반환한다. 값이 없으면 None이라는 특수값이 반환된다.

```
def getPOSForWord(self, word):
    return self.dictionary[word] if word in self.dictionary else None
```

이 두 명령어는 rdictionary(역딕셔너리)를 조사해 주어진 품사가 있는 문장의 모든 단어를 반환하는 함수를 정의한다. 품사가 발견되지 않으면 None이 반환된다.

```
def getWordsForPOS(self, pos):
    return self.rdictionary[pos] if pos in self.rdictionary else None
```

sentence라는 변수를 정의해 구문 분석을 해보려는 문자열을 저장한다.

```
sentence = "All the flights got delayed due to bad weather"
```

sentence를 파라미터로 사용해 LearningDictionary( ) 클래스를 초기화한다. 클래스 객체가 생성되면 learning 변수에 할당된다.

```
learning = LearningDictionary(sentence)
```

품사를 알고 싶은 words 리스트를 만든다. 자세히 보면 문장에는 없는 몇몇 단어가 포함돼 있다.

```
words = ["chair", "flights", "delayed", "pencil", "weather"]
```

이러한 품사 분류에 속하는 단어를 확인하려는 pos 리스트를 만든다.

```
pos = ["NN", "VBS", "NNS"]
```

이 코드는 모든 words에 대해 반복하고, 한 번에 한 word를 가져와 객체의 isWordPresent( ) 함수를 호출해 해당 word가 딕셔너리에 있는지 확인한 다음 상태를 출력한다. word가 딕셔너리에 있으면 단어에 대한 품사를 출력한다.

```
for word in words:
    status = learning.isWordPresent(word)
    print("Is '{}' present in dictionary ? : '{}'".format(word, status))
    if status is True:
        print("\tPOS For '{}' is '{}'".format(word, learning.getPOSForWord(word)))
```

이 코드에서는 모든 pos에 대해 반복한다. 한 번에 한 단어씩 가져와서 getWordsForPOS( ) 함수를 사용해 이 POS에 있는 단어를 출력한다.

```
for pword in pos:
    print("POS '{}' has '{}' words".format(pword, learning.getWordsForPOS(pword)))
```

피처^{Feature}는 nltk 라이브러리의 가장 강력한 구성 요소 가운데 하나로, 우리가 다루고 있는 데이터의 쉬운 태깅을 위한 언어 내 단서를 나타낸다. 파이썬 용어에서 기능^{feature}은 딕셔너리로 표현된다. 여기서 키는 레이블이고 값은 입력 데이터에서 추출한 단서다.

운송 부서의 일부 데이터를 다루고 있고 주어진 차량 번호가 카르나타카^{Karnataka} 정부에 속해 있는지를 알아내는 데 관심이 있다고 가정해보자. 지금 우리는 다루고 있는 데이터에 대한 단서가 없다. 그럼 어떻게 주어진 숫자에 정확하게 태그를 붙일 수 있을까?

차량 번호가 의미하는 바에 대한 단서를 제공하는 방법을 배워보자.

차량 번호	패턴에 대한 단서
KA- [0–9] {2} [0–9] {2}	정상적인 벡터 번호
KA- [0–9] {2} -F	KSRTC, BMTC 차량
KA- [0–9] {2} -G	정부 차량

이러한 단서(기능)를 이용해 주어진 입력 번호의 분류를 알려주는 간단한 프로그램 제안을 시도해보자.

준비하기

nltk 라이브러리와 함께 파이썬을 설치해야 한다.

수행 방법

1. 아톰 에디터(혹은 즐겨 쓰는 프로그래밍 편집기)를 연다.
2. Features.py라는 새 파일을 만든다.

3. 다음 소스코드를 입력한다.

```
Features.py
import nltk
import random

sampledata = [
    ('KA-01-F 1034 A', 'rtc'),
    ('KA-02-F 1030 B', 'rtc'),
    ('KA-03-FA 1200 C', 'rtc'),
    ('KA-01-G 0001 A', 'gov'),
    ('KA-02-G 1004 A', 'gov'),
    ('KA-03-G 0204 A', 'gov'),
    ('KA-04-G 9230 A', 'gov'),
    ('KA-27 1290', 'oth')
]
random.shuffle(sampledata)
testdata = [
    'KA-01-G 0109',
    'KA-02-F 9020 AC',
    'KA-02-FA 0801',
    'KA-01 9129'
]
def learnSimpleFeatures():
    def vehicleNumberFeature(vnumber):
        return {'vehicle_class': vnumber[6]}
    featuresets = [(vehicleNumberFeature(vn), cls) for (vn, cls) in sampledata]
    classifier = nltk.NaiveBayesClassifier.train(featuresets)
    for num in testdata:
        feature = vehicleNumberFeature(num)
        print("(simple) %s is of type %s" %(num, classifier.classify(feature)))


def learnFeatures():
    def vehicleNumberFeature(vnumber):
        return {
            'vehicle_class': vnumber[6],
            'vehicle_prev': vnumber[5]
        }
    featuresets = [(vehicleNumberFeature(vn), cls) for (vn, cls) in sampledata]
    classifier = nltk.NaiveBayesClassifier.train(featuresets)
    for num in testdata:
        feature = vehicleNumberFeature(num)
        print("(dual) %s is of type %s" %(num, classifier.classify(feature)))

learnSimpleFeatures()
learnFeatures()
```

4. 파일을 저장한다.

5. 파이썬 인터프리터를 사용해 프로그램을 실행한다.

6. 다음 결과가 표시된다.

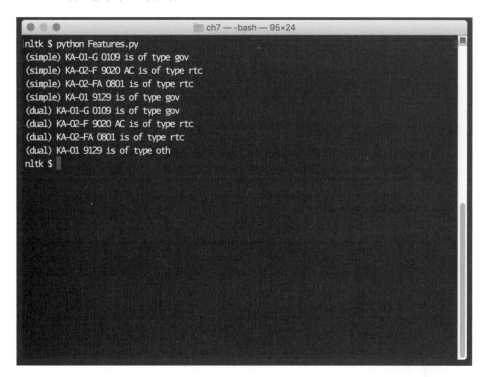

동작 원리

이제 프로그램 동작을 살펴보자. 다음은 nltk 및 random 라이브러리를 현재 프로그램으로 임포트한다.

```
import nltk
import random
```

튜플의 첫 번째 요소가 차량 번호이고 두 번째 요소가 해당 프로그램에 적용되는 미리 정의된 레이블인 파이썬 튜플 목록을 정의한다.

이 코드는 모든 숫자가 3개의 레이블 rtc, gov, oth로 분류된다는 것을 정의한다.

```
sampledata = [
    ('KA-01-F 1034 A', 'rtc'),
    ('KA-02-F 1030 B', 'rtc'),
    ('KA-03-FA 1200 C', 'rtc'),
    ('KA-01-G 0001 A', 'gov'),
    ('KA-02-G 1004 A', 'gov'),
    ('KA-03-G 0204 A', 'gov'),
    ('KA-04-G 9230 A', 'gov'),
    ('KA-27 1290', 'oth')
]
```

이 코드는 sampledata 리스트의 모든 데이터를 섞어 알고리즘이 입력 시퀀스 내 요소의 순서에 따라 편향되지 않도록 한다.

```
random.shuffle(sampledata)
```

카테고리를 찾고자 하는 테스트 차량 번호다.

```
testdata = [
    'KA-01-G 0109',
    'KA-02-F 9020 AC',
    'KA-02-FA 0801',
    'KA-01 9129'
]
```

이 코드는 learnSimpleFeatures라는 새 함수를 정의한다.

```
def learnSimpleFeatures():
```

이 코드는 newNumFeature() 함수를 정의한다. 차량 번호를 입력하고 해당 번호의 일곱 번째 문자를 반환한다. 반환 타입은 딕셔너리다.

```
    def vehicleNumberFeature(vnumber):
        return {'vehicle_class': vnumber[6]}
```

이 코드는 튜플의 첫 번째 멤버가 기능 딕셔너리이고 튜플의 두 번째 멤버가 데이터의 레이블인 기능 튜플의 목록을 만든다. 이 코드 뒤에 샘플 데이터의 차량 번호 입력값이 더 이상 표시되지 않는다. 이는 기억해야 할 핵심 요소 가운데 하나다.

```
featuresets = [(vehicleNumberFeature(vn), cls) for (vn, cls) in sampledata]
```

이 코드는 featuresets 딕셔너리에 적용된 레이블과 피처 딕셔너리를 사용해 NaiveBayesClassifier를 학습한다. 결과는 classifier 객체에서 사용할 수 있으며 후에 사용할 것이다.

```
classifier = nltk.NaiveBayesClassifier.train(featuresets)
```

이 코드는 테스트 데이터를 반복한 다음 vehicleNumberFeature를 사용해 수행한 분류에서 데이터 레이블을 출력한다. 신중하게 결과를 관찰하라. 우리가 작성한 피처 추출 기능이 숫자에 올바르게 레이블을 지정하는 데 잘 작동하지 않는 것을 볼 수 있다.

```
for num in testdata:
    feature = vehicleNumberFeature(num)
    print("(simple) %s is of type %s" %(num, classifier.classify(feature)))
```

이 코드는 learnFeatures라는 새로운 함수를 정의한다.

```
def learnFeatures():
```

이 코드는 feature 딕셔너리를 반환하는 vehicleNumberFeature라는 새 함수를 정의한다. 두 개의 키가 있다. vehicle_class는 문자열에서 6의 위치에 있는 문자를 반환하고 vehicle_prev는 5의 위치에 있는 문자를 반환한다. 이러한 종류의 단서는 데이터의 잘못된 레이블링을 제거하는 데 매우 중요하다.

```
def vehicleNumberFeature(vnumber):
    return {
        'vehicle_class': vnumber[6],
        'vehicle_prev': vnumber[5]
    }
```

이 코드는 모든 입력 학습된 데이터를 반복해 featuresets의 리스트와 입력 레이블을 만든다. 앞에서와 마찬가지로 원래의 입력값인 차량 번호는 더 이상 존재하지 않는다.

```
featuresets = [(vehicleNumberFeature(vn), cls) for (vn, cls) in sampledata]
```

이 코드는 featuresets으로 NaiveBayesClassifier.train( ) 함수를 생성하고 나중에 사용할 수 있도록 객체를 반환한다.

```
classifier = nltk.NaiveBayesClassifier.train(featuresets)
```

이 코드는 testdata를 반복해 분류를 출력한다. 학습된 데이터셋에 기초해 입력 차량 번호를 결정한다. 유심히 관찰해보면 거짓 긍정[FP, False Positive]은 없다.

```
for num in testdata:
    feature = vehicleNumberFeature(num)
    print("(dual) %s is of type %s" %(num, classifier.classify(feature)))
```

두 함수를 모두 호출하고 결과를 화면에 출력한다.

```
learnSimpleFeatures( )
learnFeatures( )
```

자세히 살펴보면, 첫 번째 함수의 결과가 gov 차량을 식별할 수 없는 거짓 긍정인 것을 알게 된다. 두 번째 함수는 정확성을 향상시키는 더 많은 기능을 가지고 있기 때문에 잘 수행된다.

분류기를 사용한 문장 분할

물음표(?), 마침표(.), 느낌표(!)를 지원하는 자연어는 문장이 끝났는지 혹은 문장부호 뒤에도 계속되는지 확인하는 데 어려움이 있다.

문장 분할은 해결해야 할 고전적인 문제 가운데 하나다.

이 문제를 해결하기 위해, 분류기를 생각해내기 위해 이용할 수 있는 특징(또는 단서)을 찾아내고 나서 분류기를 사용해 큰 텍스트로 문장을 추출해보자.

'.'와 같은 구두점과 마주치면 다음 단어의 첫 글자는 대문자로 시작하고 문장을 끝낸다. 문장을 표시하기 위해 이 두 가지 기능을 사용해 간단한 분류기(classifier)를 작성해보자.

준비하기

nltk 라이브러리와 함께 파이썬을 설치해야 한다.

수행 방법

1. 아톰 에디터(혹은 즐겨 쓰는 프로그래밍 편집기)를 연다.
2. Segmentation.py라는 새 파일을 만든다.

3. 다음 소스코드를 입력한다.

```
                    Segmentation.py
import nltk
def featureExtractor(words, i):
    return ({'current-word': words[i], 'next-is-upper':
    words[i+1][0].isupper()}, words[i+1][0].isupper())
def getFeaturesets(sentence):
    words = nltk.word_tokenize(sentence)
    featuresets = [featureExtractor(words, i) for i in range(1, len(words) - 1)
    if words[i] == '.']
    return featuresets
def segmentTextAndPrintSentences(data):
    words = nltk.word_tokenize(data)
    for i in range(0, len(words) - 1):
        if words[i] == '.':
            if classifier.classify(featureExtractor(words, i)[0]) == True:
                print(".")
            else:
                print(words[i], end='')
        else:
            print("{} ".format(words[i]), end='')
    print(words[-1])
# copied the text from https://en.wikipedia.org/wiki/India
traindata = "India, officially the Republic of India (Bhārat Gaṇarājya),[e] is
a country in South Asia. it is the seventh-largest country by area, the
second-most populous country (with over 1.2 billion people), and the most
populous democracy in the world. It is bounded by the Indian Ocean on the
south, the Arabian Sea on the southwest, and the Bay of Bengal on the
southeast. It shares land borders with Pakistan to the west;[f] China, Nepal,
and Bhutan to the northeast; and Myanmar (Burma) and Bangladesh to the east. In
the Indian Ocean, India is in the vicinity of Sri Lanka and the Maldives.
India's Andaman and Nicobar Islands share a maritime border with Thailand and
Indonesia."
testdata = "The Indian subcontinent was home to the urban Indus Valley
Civilisation of the 3rd millennium BCE. In the following millennium, the oldest
scriptures associated with Hinduism began to be composed. Social
stratification, based on caste, emerged in the first millennium BCE, and
Buddhism and Jainism arose. Early political consolidations took place under the
Maurya and Gupta empires; the later peninsular Middle Kingdoms influenced
cultures as far as southeast Asia. In the medieval era, Judaism,
Zoroastrianism, Christianity, and Islam arrived, and Sikhism emerged, all
adding to the region's diverse culture. Much of the north fell to the Delhi
sultanate; the south was united under the Vijayanagara Empire. The economy
expanded in the 17th century in the Mughal Empire. In the mid-18th century, the
subcontinent came under British East India Company rule, and in the mid-19th
under British crown rule. A nationalist movement emerged in the late 19th
century, which later, under Mahatma Gandhi, was noted for nonviolent resistance
and led to India's independence in 1947."

traindataset = getFeaturesets(traindata)
classifier = nltk.NaiveBayesClassifier.train(traindataset)
segmentTextAndPrintSentences(testdata)
```

4. 파일을 저장한다.

5. 파이썬 인터프리터를 사용해 프로그램을 실행한다.

6. 다음 결과가 표시된다.

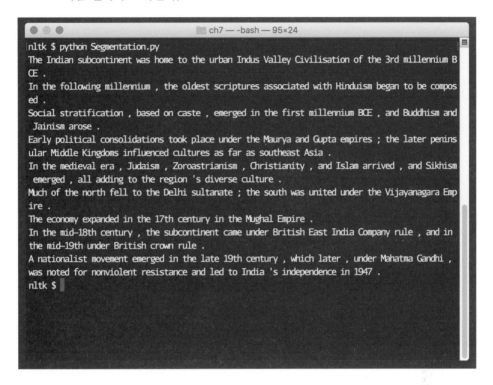

```
nltk $ python Segmentation.py
The Indian subcontinent was home to the urban Indus Valley Civilisation of the 3rd millennium B
CE .
In the following millennium , the oldest scriptures associated with Hinduism began to be compos
ed .
Social stratification , based on caste , emerged in the first millennium BCE , and Buddhism and
 Jainism arose .
Early political consolidations took place under the Maurya and Gupta empires ; the later penins
ular Middle Kingdoms influenced cultures as far as southeast Asia .
In the medieval era , Judaism , Zoroastrianism , Christianity , and Islam arrived , and Sikhism
 emerged , all adding to the region 's diverse culture .
Much of the north fell to the Delhi sultanate ; the south was united under the Vijayanagara Emp
ire .
The economy expanded in the 17th century in the Mughal Empire .
In the mid-18th century , the subcontinent came under British East India Company rule , and in
the mid-19th under British crown rule .
A nationalist movement emerged in the late 19th century , which later , under Mahatma Gandhi ,
was noted for nonviolent resistance and led to India 's independence in 1947 .
nltk $
```

동작 원리

nltk 라이브러리를 프로그램으로 임포트한다.

```
import nltk
```

이 함수는 피처 딕셔너리가 들어 있는 튜플과 문장 경계인지 아닌지를 나타내는 True 또는 False를 반환하는 수정된 피처 추출기를 정의한다.

```
def featureExtractor(words, i):
    return ({'current-word': words[i], 'next-is-upper':
    words[i+1][0].isupper()}, words[i+1][0].isupper())
```

이 함수는 sentence를 입력으로 사용하고 피처 딕셔너리와 True 또는 False를 갖는 튜플 리스트인 featuresets를 반환한다.

```
def getFeaturesets(sentence):
    words = nltk.word_tokenize(sentence)
    featuresets = [featureExtractor(words, i) for i in range(1, len(words) -
    1) if words[i] == '.']
    return featuresets
```

이 함수는 입력 텍스트를 단어로 분리한 다음 리스트의 각 단어를 탐색한다. 마침표를 만나면 classifier를 호출해 문장이 끝났는지 여부를 결정한다. classifier가 True를 반환하면 문장을 찾아 입력의 다음 단어로 이동한다. 입력한 모든 단어에 대해 이 과정이 반복된다.

```
def segmentTextAndPrintSentences(data):
    words = nltk.word_tokenize(data)
    for i in range(0, len(words) - 1):
        if words[i] == '.':
            if classifier.classify(featureExtractor(words, i)[0]) == True:
                print(".")
            else:
                print(words[i], end='')
        else:
            print("{} ".format(words[i]), end='')
    print(words[-1])
```

이러한 명령에 따라 분류기 학습 및 평가를 위한 몇 가지 변수가 정의된다.

```
# https://en.wikipedia.org/wiki/India에서 텍스트 복사
traindata = "India, officially the Republic of India (Bhārat Gaṇarājya),[e]
is a country in South Asia. it is the seventh-largest country by area, the
second-most populous country (with over 1.2 billion people), and the most
populous democracy in the world. It is bounded by the Indian Ocean on the
```

south, the Arabian Sea on the southwest, and the Bay of Bengal on the
southeast. It shares land borders with Pakistan to the west;[f] China,
Nepal, and Bhutan to the northeast; and Myanmar (Burma) and Bangladesh to
the east. In the Indian Ocean, India is in the vicinity of Sri Lanka and
the Maldives. India's Andaman and Nicobar Islands share a maritime border
with Thailand and Indonesia."
testdata = "The Indian subcontinent was home to the urban Indus Valley
Civilisation of the 3rd millennium BCE. In the following millennium, the
oldest scriptures associated with Hinduism began to be composed. Social
stratification, based on caste, emerged in the first millennium BCE, and
Buddhism and Jainism arose. Early political consolidations took place under
the Maurya and Gupta empires; the later peninsular Middle Kingdoms
influenced cultures as far as southeast Asia. In the medieval era, Judaism,
Zoroastrianism, Christianity, and Islam arrived, and Sikhism emerged, all
adding to the region's diverse culture. Much of the north fell to the Delhi
sultanate; the south was united under the Vijayanagara Empire. The economy
expanded in the 17th century in the Mughal Empire. In the mid-18th century,
the subcontinent came under British East India Company rule, and in the
mid-19th under British crown rule. A nationalist movement emerged in the
late 19th century, which later, under Mahatma Gandhi, was noted for
nonviolent resistance and led to India's independence in 1947."

traindata 변수로부터 모든 피처를 추출해 traindataset에 저장한다.

traindataset = getFeaturesets(traindata)

traindataset의 classifier를 객체로 가져와서 NaiveBayesClassifier를 학습한다.

classifier = nltk.NaiveBayesClassifier.train(traindataset)

testdata에 함수를 호출하고 검색된 모든 문장을 출력 화면으로 출력한다.

segmentTextAndPrintSentences(testdata)

문서 분류

이 레시피에서는 문서를 분류하는 데 사용할 수 있는 분류기(classifier)를 작성하는 방법을 학습한다. 우리는 RSS 피드를 분류할 것이다. 카테고리 목록은 사전에 알고 있으며, 이 점은 분류 작업에서 중요하다.

정보화 시대에는 방대한 양의 텍스트가 있다. 더 많은 소비를 위해 모든 정보를 적절히 분류하는 것은 인간적으로 불가능하다. 여기서 분류 알고리즘은 샘플 데이터의 학습을 기반으로 생성되는 더 새로운 문서셋을 적절하게 분류하는 데 도움이 된다.

준비하기

nltk 및 feedparser 라이브러리와 함께 파이썬을 설치해야 한다.

수행 방법

1. 아톰 에디터(혹은 즐겨 쓰는 프로그래밍 편집기)를 연다.
2. DocumentClassify.py라는 새 파일을 만든다.

3. 다음 소스코드를 입력한다.

```python
DocumentClassify.py
import nltk
import random
import feedparser

urls = {
    'mlb': 'https://sports.yahoo.com/mlb/rss.xml',
    'nfl': 'https://sports.yahoo.com/nfl/rss.xml',
}

feedmap = {}
stopwords = nltk.corpus.stopwords.words('english')

def featureExtractor(words):
    features = {}
    for word in words:
        if word not in stopwords:
            features["word({})".format(word)] = True
    return features

sentences = []

for category in urls.keys():
    feedmap[category] = feedparser.parse(urls[category])
    print("downloading {}".format(urls[category]))
    for entry in feedmap[category]['entries']:
        data = entry['summary']
        words = data.split()
        sentences.append((category, words))

featuresets = [(featureExtractor(words), category) for category, words in
sentences]
random.shuffle(featuresets)

total = len(featuresets)
off = int(total/2)
trainset = featuresets[off:]
testset = featuresets[:off]

classifier = nltk.NaiveBayesClassifier.train(trainset)

print(nltk.classify.accuracy(classifier, testset))

classifier.show_most_informative_features(5)
for (i, entry) in enumerate(feedmap['nfl']['entries']):
    if i < 4:
        features = featureExtractor(entry['title'].split())
        category = classifier.classify(features)
        print('{} -> {}'.format(category, entry['summary']))
```

4. 파일을 저장한다.

5. 파이썬 인터프리터를 사용해 프로그램을 실행한다.

6. 다음 결과가 표시된다.

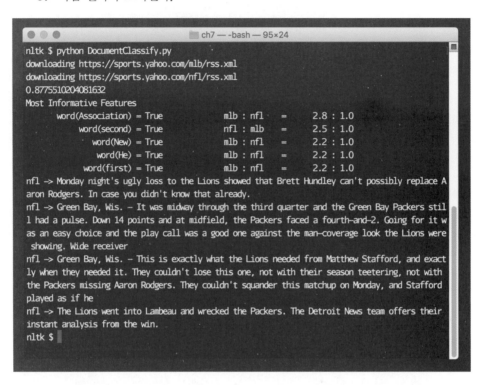

동작 원리

문서 분류가 어떻게 작동하는지 보겠다. 프로그램에 3개의 라이브러리를 임포트한다.

```
import nltk
import random
import feedparser
```

이 코드는 야후!^{Yahoo!} 스포츠를 가리키는 2개의 RSS 피드가 있는 새 딕셔너리를 정의한다. 피드는 사전 분류돼 있다. 이 RSS 피드를 선택한 이유는 다음과 같이 데이터를 쉽게 사용할 수 있고 분류할 수 있기 때문이다.

```
urls = {
    'mlb': 'https://sports.yahoo.com/mlb/rss.xml',
    'nfl': 'https://sports.yahoo.com/nfl/rss.xml',
}
```

빈 딕셔너리 변수 feedmap을 초기화해 프로그램이 종료될 때까지 RSS 피드 목록을 메모리에 유지한다.

```
feedmap = {}
```

영어로 된 stopwords 리스트를 가져와서 stopwords 변수에 저장한다.

```
stopwords = nltk.corpus.stopwords.words('english')
```

이 featureExtractor() 함수는 단어 목록을 가져와서 딕셔너리에 추가한다. 각 키는 단어이고 값은 True다. 주어진 입력값 words에 대응하는 피처 딕셔너리가 반환된다.

```
def featureExtractor(words):
    features = {}
    for word in words:
        if word not in stopwords:
            features["word({})".format(word)] = True
    return features
```

올바르게 레이블이 지정된 모든 문장을 저장할 빈 리스트 sentences를 선언한다.

```
sentences = []
```

urls라는 딕셔너리의 모든 keys()를 반복하고 category라는 변수에 키를 저장한다.

```
for category in urls.keys():
```

feedparser 모듈의 parse( ) 함수를 사용해 피드 하나를 다운로드하고 feedmap[category] 변수에 결과를 저장한다.

```
feedmap[category] = feedparser.parse(urls[category])
```

파이썬의 print 함수를 사용해 다운로드되는 url을 화면에 표시한다.

```
print("downloading {}".format(urls[category]))
```

모든 RSS 항목을 반복하고 현재 항목을 entry라는 변수에 저장한다.

```
for entry in feedmap[category]['entries']:
```

RSS 피드 항목의 summary(뉴스 텍스트)를 data 변수로 가져온다.

```
data = entry['summary']
```

기능 추출을 위해 nltk에 이들을 전달할 수 있도록 공백으로 summary를 나눠 words에 넣는다.

```
words = data.split()
```

현재 RSS 피드 항목의 모든 words를 해당 항목이 속한 category와 함께 튜플에 저장한다.

```
sentences.append((category, words))
```

sentences의 모든 피처를 추출해 변수 featuresets에 저장한다. 나중에 이 배열에서 shuffle( )을 수행하여 리스트의 모든 요소가 알고리즘에 대해 무작위로 추출된다.

```
featuresets = [(featureExtractor(words), category) for category, words in
 sentences]
random.shuffle(featuresets)
```

분석을 위해 두 개의 데이터셋 trainset과 testset을 생성한다.

```
total = len(featuresets)
off = int(total/2)
trainset = featuresets[off:]
testset = featuresets[:off]
```

NaiveBayesClassifier 모듈의 train( ) 함수를 이용, trainset 데이터를 사용해 classifier 를 생성한다.

```
classifier = nltk.NaiveBayesClassifier.train(trainset)
```

testset을 사용해 classifier의 정확도를 출력한다.

```
print(nltk.classify.accuracy(classifier, testset))
```

classifier의 내장 함수를 사용해 이 데이터에 대한 정보성 피처를 출력한다.

```
classifier.show_most_informative_features(5)
```

nfl RSS 항목에서 샘플 항목 4개를 가져온다. title을 기준으로 문서에 태깅을 시도한다 (summary를 기반으로 분류된다는 점을 기억하라).

```
for (i, entry) in enumerate(feedmap['nfl']['entries']):
    if i < 4:
        features = featureExtractor(entry['title'].split())
        category = classifier.classify(features)
        print('{} -> {}'.format(category, entry['title']))
```

문맥 기반 품사 태거 작성

이전 레시피에서는 해당 단어가 주어진 품사인지 여부를 확인하기 위해 'ed', 'ing' 등과 같은 접미사를 사용하는 정규식 기반 품사 태거를 만들었다. 영어에서는 동일한 단어가 사용되는 문맥에 따라 이중 역할을 수행할 수 있다.

예를 들어 단어 address는 문맥context에 따라 명사와 동사 둘 다 될 수 있다.

"What is your address when you're in Seoul?"
"the president's address on the state of the economy."

문장에서 단어의 품사를 찾기 위해 피처 추출 개념을 활용하는 프로그램을 작성해보자.

준비하기

nltk와 함께 파이썬을 설치해야 한다.

수행 방법

1. 아톰 에디터(혹은 즐겨 쓰는 프로그래밍 편집기)를 연다.
2. ContextTagger.py라는 새 파일을 만든다.

3. 다음 소스코드를 입력한다.

```
ContextTagger.py
1   import nltk
2   sentences = [
3       "What is your address when you're in Seoul?",
4       "the president's address on the state of the economy.",
5       "He addressed his remarks to the lawyers in the audience.",
6       "In order to address an assembly, we should be ready",
7       "He laughed inwardly at the scene.",
8       "After all the advance publicity, the prizefight turned out to be a laugh.
9       "We can learn to laugh a little at even our most serious foibles."
10  ]
11  def getSentenceWords():
12      sentwords = []
13      for sentence in sentences:
14          words = nltk.pos_tag(nltk.word_tokenize(sentence))
15          sentwords.append(words)
16      return sentwords
17  def noContextTagger():
18      tagger = nltk.UnigramTagger(getSentenceWords())
19      print(tagger.tag('the little remarks towards assembly are
        laughable'.split()))
20  def withContextTagger():
21      def wordFeatures(words, wordPosInSentence):
22          # 오른쪽 형태 등을 추출
23          endFeatures = {
24              'last(1)': words[wordPosInSentence][-1],
25              'last(2)': words[wordPosInSentence][-2:],
26              'last(3)': words[wordPosInSentence][-3:],
27          }
28          # 이전 단어를 사용해 현재 단어가 동사인지 정치인지 확인
29          if wordPosInSentence > 1:
30              endFeatures['prev'] = words[wordPosInSentence - 1]
31          else:
32              endFeatures['prev'] = '|NONE|'
33          return endFeatures
34      allsentences = getSentenceWords()
35      featureddata = []
36      for sentence in allsentences:
37          untaggedSentence = nltk.tag.untag(sentence)
38          featuredsentence = [(wordFeatures(untaggedSentence, index), tag) for
            index, (word, tag) in enumerate(sentence)]
39          featureddata.extend(featuredsentence)
40      breakup = int(len(featureddata) * 0.5)
41      traindata = featureddata[breakup:]
42      testdata = featureddata[:breakup]
43      classifier = nltk.NaiveBayesClassifier.train(traindata)
44      print("분류기 정확도 : {}".format(nltk.classify.accuracy(classifier,
        testdata)))
45
46  noContextTagger()
47  withContextTagger()
48
```

4. 파일을 저장한다.

5. 파이썬 인터프리터를 사용해 프로그램을 실행한다.

6. 다음 결과가 표시된다.

```
nltk $ python ContextTagger.py
[('the', 'DT'), ('little', 'JJ'), ('remarks', 'NNS'), ('towards', None), ('assembly', 'NN'), ('
are', None), ('laughable', None)]
Accuracy of the classifier : 0.46153846153846156
nltk $
```

동작 원리

현재 프로그램이 어떻게 작동하는지 보자. nltk 라이브러리를 프로그램에 임포트한다.

import nltk

단어 address, laugh의 이중 동작을 나타내는 샘플 문자열이다.

```
sentences = [
    "What is your address when you're in Seoul?",
    "the president's address on the state of the economy.",
    "He addressed his remarks to the lawyers in the audience.",
    "In order to address an assembly, we should be ready",
    "He laughed inwardly at the scene.",
    "After all the advance publicity, the prizefight turned out to be a laugh.",
    "We can learn to laugh a little at even our most serious foibles."
```

214

]

이 함수는 sentence 문자열을 가져와서 리스트들의 리스트를 반환하며, 내부 리스트에는 품사 태그와 함께 단어가 포함된다.

```
def getSentenceWords():
    sentwords = []
    for sentence in sentences:
        words = nltk.pos_tag(nltk.word_tokenize(sentence))
        sentwords.append(words)
    return sentwords
```

기준선을 설정하고 태깅이 얼마나 안 좋은지 확인하기 위해 UnigramTagger를 사용해 현재 단어를 보고 단어의 품사를 출력하는지 설명한다. 우리는 학습용 샘플 텍스트를 제공하고 있다. 이 태거는 nltk가 기본으로 제공하는 태거에 비해 성능이 매우 좋지 않다. 이는 단지 이해를 돕기 위한 것이다.

```
def noContextTagger():
    tagger = nltk.UnigramTagger(getSentenceWords())
    print(tagger.tag('the little remarks towards assembly are laughable'.
split()))
```

withContextTagger()라는 새로운 함수를 정의한다.

```
def withContextTagger():
```

이 함수는 주어진 단어 집합에 대한 피처 추출을 수행하고 현재 단어와 이전 단어 정보의 마지막 세 문자의 딕셔너리를 반환한다.

```
def withContextTagger():
    def wordFeatures(words, wordPosInSentence):
        # 모든 ing 형태 등을 추출
        endFeatures = {
            'last(1)': words[wordPosInSentence][-1],
            'last(2)': words[wordPosInSentence][-2:],
            'last(3)': words[wordPosInSentence][-3:],
```

```
    }
    # 이전 단어를 사용해 현재 단어가 동사인지 명사인지 확인
    if wordPosInSentence > 1:
        endFeatures['prev'] = words[wordPosInSentence - 1]
    else:
        endFeatures['prev'] = '|NONE|'
    return endFeatures
```

featureddata 리스트를 만들고 있다. 여기에는 NaiveBayesClassifier를 사용해 분류할
때 사용하는 featurelist 및 tag 멤버의 튜플이 포함된다.

```
allsentences = getSentenceWords()
featureddata = []
for sentence in allsentences:
    untaggedSentence = nltk.tag.untag(sentence)
    featuredsentence = [(wordFeatures(untaggedSentence, index), tag) for
index, (word, tag) in enumerate(sentence)]
    featureddata.extend(featuredsentence)
```

분류기 테스트를 위해 학습에 50%, 피처 추출에 데이터의 50%를 사용한다.

```
breakup = int(len(featureddata) * 0.5)
traindata = featureddata[breakup:]
testdata = featureddata[:breakup]
```

이 코드는 학습 데이터를 사용해 classifier를 생성한다.

```
classifier = nltk.NaiveBayesClassifier.train(traindata)
```

이 코드는 testdata를 사용해 분류기의 정확도를 출력한다.

```
print("분류기 정확도 : {}".format(nltk.classify.accuracy(classifier, testdata)))
```

이 두 함수는 앞의 두 함수의 계산 결과를 출력한다.

```
noContextTagger()
withContextTagger()
```

8

고급 NLP 레시피

8장에서는 다음과 같은 레시피를 다룬다.

- NLP 파이프라인 생성
- 텍스트 유사도 문제 해결
- 주제 식별
- 텍스트 요약
- 대용어 해결
- 단어의 의미 명확화
- 감정 분석 수행
- 고급 감정 분석 탐색
- 대화형 비서 또는 챗봇 만들기

소개

지금까지 입력 텍스트를 처리하고, 품사를 식별하고, 중요한 정보(개체명)를 추출하는 방법을 알아봤다. 문법, 구문 분석기(파서) 등과 같은 몇 가지 컴퓨터 과학의 개념도 배웠다.

8장에서는 **자연어 처리**[NLP]의 심층적인 주제에 대해 자세히 설명한다. 자연어 처리에 관해 올바르게 이해하고 해결할 수 있는 몇 가지 기술이 필요하다.

NLP 파이프라인 생성

컴퓨터의 파이프라인은 한 구성 요소[component]의 출력이 다른 구성 요소의 입력으로 전달되는 다중 위상[multi-phase] 데이터 흐름 시스템으로 볼 수 있다.

파이프라인에서 발생하는 일은 다음과 같다.

- 데이터는 한 구성 요소에서 다른 구성 요소로 끊임없이 흐른다.
- 구성 요소는 입력 데이터와 출력 데이터에 대해 신경써야 하는 블랙박스다.

잘 정의된 파이프라인은 다음 작업을 처리한다.

- 각 구성 요소를 통과하는 데이터의 입력 형식
- 각 구성 요소에서 나오는 데이터의 출력 형식
- 데이터 유입 및 유출 속도를 조절해 구성 요소 간에 데이터 흐름이 제어되는지 확인

예를 들어 유닉스/리눅스 시스템에 익숙하고 셸[shell]에서 작업해본 경험이 있다면 | 연산자를 본 적이 있을 것이다. 이 연산자가 바로 셸에서 데이터 파이프를 추상화한 것으로, 유닉스 셸에서 파이프라인을 만드는 데 | 연산자를 활용할 수 있다.

빠른 이해를 위해 유닉스의 예를 들어보자. 주어진 디렉터리에서 파일의 개수를 어떻게 찾을까?

이 문제를 해결하려면 다음 내용이 필요하다.

- 디렉터리를 읽고 그 안에 있는 모든 파일을 나열하는 구성 요소(또는 유닉스 환경에서의 명령어)가 필요하다.

- 라인을 읽고 라인 수를 출력하는 다른 구성 요소(또는 유닉스 환경에서의 명령어)가 필요하다.

이 두 가지 요구 사항에 대한 해결책은 다음과 같다.

- ls 명령어
- wc 명령어

ls의 출력을 받아서 wc로 넘기는 파이프라인을 만들면 끝난다.

유닉스 명령어에서, ls -l | wc -l은 디렉터리에 있는 파일 수를 세는 간단한 파이프라인이다.

이러한 지식을 바탕으로 NLP 파이프라인 요구 사항으로 돌아가보자.

- 입력 데이터 수집
- 입력 데이터를 단어로 분리
- 입력 데이터에서 단어의 품사 식별
- 단어에서 개체명 추출
- 개체명 간의 관계 식별

이번 레시피에서는 가능한 한 가장 간단한 파이프라인을 구축해보자. 원격 RSS 피드에서 데이터를 수집한 다음 각 문서에서 식별된 개체명을 출력하는 것이다.

준비하기

파이썬과 nltk, queue, feedparser, uuid 라이브러리를 설치해야 한다.

수행 방법

1. 아톰 에디터(혹은 즐겨 쓰는 프로그래밍 편집기)를 연다.
2. PipelineQ.py라는 새 파일을 만든다.

3. 다음 소스코드를 입력한다.

```python
# PipelineQ.py

import nltk
import threading
import queue
import feedparser
import uuid

threads = []
queues = [queue.Queue(), queue.Queue()]

def extractWords():
    url = 'https://timesofindia.indiatimes.com/rssfeeds/1081479906.cms'
    feed = feedparser.parse(url)
    for entry in feed['entries'][:5]:
        text = entry['title']
        if 'ex' in text:
            continue
        words = nltk.word_tokenize(text)
        data = {'uuid': uuid.uuid4(), 'input': words}
        queues[0].put(data, True)
        print(">> {} : {}".format(data['uuid'], text))

def extractPOS():
    while True:
        if queues[0].empty():
            break
        else:
            data = queues[0].get()
            words = data['input']
            postags = nltk.pos_tag(words)
            queues[0].task_done()
            queues[1].put({'uuid': data['uuid'], 'input': postags}, True)

def extractNE():
    while True:
        if queues[1].empty():
            break
        else:
            data = queues[1].get()
            postags = data['input']
            queues[1].task_done()
            chunks = nltk.ne_chunk(postags, binary=False)
            print("  << {} : ".format(data['uuid']), end = '')
            for path in chunks:
                try:
                    label = path.label()
                    print(path, end=', ')
                except:
                    pass
            print()

def runProgram():
    e = threading.Thread(target=extractWords())
    e.start()
    threads.append(e)

    p = threading.Thread(target=extractPOS())
    p.start()
    threads.append(p)

    n = threading.Thread(target=extractNE())
    n.start()
    threads.append(n)

    queues[0].join()
    queues[1].join()

    for t in threads:
        t.join()

if __name__ == '__main__':
    runProgram()
```

4. 파일을 저장한다.

5. 파이썬 인터프리터를 사용해 프로그램을 실행한다.

6. 다음 결과가 표시된다.

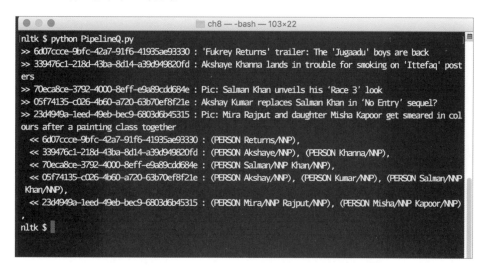

동작 원리

파이프라인을 구축하는 방법을 살펴보자.

```
import nltk
import threading
import queue
import feedparser
import uuid
```

이 5가지 명령어는 5개의 파이썬 라이브러리를 현재 프로그램으로 가져온다.

- nltk: 자연어 툴킷
- threading: 단일 프로그램에서 경량^{lightweight} 태스크를 생성하는 데 사용되는 스레딩 라이브러리
- queue: 멀티스레딩 프로그램에서 사용할 수 있는 대기열 라이브러리

- feedparser: RSS 피드 구문 분석(파싱) 라이브러리
- uuid: RFC-4122 기반 uuid 버전 1, 3, 4, 5 생성 라이브러리

```
threads = []
```

프로그램의 모든 스레드를 추적하는 새로운 빈 리스트를 생성한다.

```
queues = [queue.Queue(), queue.Queue()]
```

이 코드는 변수 queue에 두 개의 대기열 목록을 만든다.

왜 두 대기열이 필요할까?

- 첫 번째 대기열은 토큰화된 문장을 저장하는 데 사용된다.
- 두 번째 대기열은 분석된 모든 품사 단어를 저장하는 데 사용된다.

다음 코드는 인터넷에서 샘플 RSS 피드를 읽고 단어와 이 텍스트의 고유 식별자도 함께 저장하는 새로운 함수 extractWords()를 정의한다.

```
def extractWords():
```

인디아 타임즈India Times 웹사이트에서 샘플 URL(엔터테인먼트 뉴스)을 정의하고 있다.

```
url = 'https://timesofindia.indiatimes.com/rssfeeds/1081479906.cms'
```

이 코드는 feedparser 라이브러리의 parse() 함수를 호출한다. 이 parse() 함수는 URL의 내용을 다운로드하고 이를 뉴스 항목 리스트로 변환한다. 각 뉴스 항목은 제목과 요약 키가 있는 딕셔너리다.

```
feed = feedparser.parse(url)
```

RSS 피드의 처음 5개 항목을 가져와 현재 항목을 entry라는 변수에 담는다.

```
for entry in feed['entries'][:5]:
```

현재 RSS 피드 항목의 제목이 text라는 변수에 저장된다.

```
text = entry['title']
```

이 코드는 민감한 단어가 포함된 제목을 건너뛴다. 인터넷에서 데이터를 읽어오기 때문에 데이터가 적절하게 정리됐는지 확인해야 한다.

```
if 'ex' in text:
    continue
```

word_tokenize( ) 함수를 사용해 입력 텍스트를 단어로 분리하고 그 결과를 words라는 변수에 저장한다.

```
words = nltk.word_tokenize(text)
```

두 개의 키-값 쌍이 있는 data라는 딕셔너리를 만든다. 여기서는 UUID 및 입력 단어를 각각 UUID와 input 키에 저장한다.

```
data = {'uuid': uuid.uuid4( ), 'input': words}
```

이 코드는 딕셔너리를 첫 번째 대기열 queues[0]에 저장한다. 두 번째 인수는 true로 설정된다. 이 인수는 대기열이 가득 찬 경우 스레드를 일시 중지한다.

```
queues[0].put(data, True)
```

잘 설계된 파이프라인이란 구성 요소의 컴퓨팅 성능에 따라 데이터의 유입과 유출을 제어해야 한다는 것을 내포하고 있다. 그렇지 않으면 파이프라인 전체가 무너진다. 이 코드는 처리 중인 현재 RSS 항목을 고유 ID와 함께 출력한다.

```
print(">> {} : {}".format(data['uuid'], text))
```

이 코드는 extractPOS( )라는 새 함수를 정의한다. 이 함수는 첫 번째 대기열에서 데이터를 읽어와서 처리한 다음 두 번째 대기열에 단어의 품사를 저장한다.

```
def extractPOS( ):
```

다음은 무한 루프다.

```
while True:
```

이 코드는 첫 번째 대기열이 비어 있는지 확인한다. 대기열이 비어 있으면 처리를 중지한다.

```
if queues[0].empty():
    break
```

이 프로그램을 안정적으로 만들려면 첫 번째 대기열에서 피드백을 전달한다. 이것은 여러분에게 연습 문제로 남겨둔다. 첫 번째 대기열에 데이터가 있음을 나타내는 else 부분이다.

```
else:
```

대기열에서 첫 번째 항목을 가져온다(FIFO 순).

```
    data = queues[0].get()
```

단어의 품사를 식별한다.

```
    words = data['input']
    postags = nltk.pos_tag(words)
```

첫 번째 대기열을 업데이트한다. 이 스레드가 방금 추출한 항목을 처리하는 것으로 완료됐음을 알린다.

```
    queues[0].task_done()
```

품사 태깅된 단어 목록을 두 번째 대기열에 저장하면 파이프라인의 다음 단계에서 실행될 것이다. 여기에도 두 번째 파라미터에 true를 사용해 대기열에 여유 공간이 없는 경우 스레드가 대기하도록 한다.

```
    queues[1].put({'uuid': data['uuid'], 'input': postags}, True)
```

이 코드는 두 번째 대기열에서 읽고 품사 태그가 지정된 단어를 처리하며 화면에 개체명을 출력하는 새로운 함수 extractNE( )를 정의한다.

```
def extractNE( ):
```

무한 루프 명령이다.

```
    while True:
```

두 번째 대기열이 비어 있으면 무한 루프를 종료한다.

```
        if queues[1].empty( ):
            break
```

이 코드는 두 번째 대기열에서 항목을 가져와서 data 변수에 저장한다.

```
        else:
            data = queues[1].get( )
```

이 코드는 두 번째 대기열에서 방금 선택한 항목에 대한 데이터 처리 완료를 표시한다.

```
            postags = data['input']
            queues[1].task_done( )
```

이 코드는 postags 변수에서 개체명을 추출해 chunks라는 변수에 저장한다.

```
            chunks = nltk.ne_chunk(postags, binary=False)
            print(" << {} : ".format(data['uuid']), end = '')
            for path in chunks:
                try:
                    label = path.label( )
                    print(path, end=', ')
                except:
                    pass
            print( )
```

이 코드는 다음을 수행한다.

- data 딕셔너리에서 UUID를 출력한다.
- 확인된 모든 청크를 반복한다.
- 트리의 모든 요소에 label( ) 함수가 있는 것은 아니므로(NE를 찾을 수 없는 경우 해당 요소는 튜플이다) try/except 구문을 사용하고 있다.
- 마지막으로 print( ) 함수를 호출해 화면에 줄바꿈을 표시한다.

이 코드는 스레드를 사용해 파이프라인을 구성하는 runProgram이라는 새 함수를 정의한다.

```
def runProgram( ):
```

다음 세 줄은 extractWords( )를 함수로 갖는 새 스레드를 생성하고, 스레드를 시작한 다음 threads라는 리스트에 스레드 객체 (e)를 추가한다.

```
e = threading.Thread(target=extractWords( ))
e.start( )
threads.append(e)
```

이 코드는 extractPOS( )를 함수로 사용해 새 스레드를 만들고 스레드를 시작한 다음 스레드 객체 (p)를 리스트 변수 threads에 추가한다.

```
p = threading.Thread(target=extractPOS( ))
p.start( )
threads.append(p)
```

이 코드는 extractNE( )를 써서 새 스레드를 만들고, 스레드를 시작하고, 스레드 객체 (n)을 리스트 변수 threads에 추가한다.

```
n = threading.Thread(target=extractNE( ))
n.start( )
threads.append(n)
```

두 개의 명령어는 모든 처리가 완료되면 대기열에 할당된 자원을 해제한다.

```
queues[0].join()
queues[1].join()
```

이 두 명령어는 스레드 목록을 반복하고 변수 t에 현재 스레드 객체를 저장하며, join( ) 함수를 호출해 스레드를 완료하고, 스레드에 할당된 자원을 해제한다.

```
for t in threads:
    t.join()
```

이것은 프로그램이 메인 스레드와 함께 실행될 때 호출되는 코드 부분이다. runProgram( ) 을 호출해 전체 파이프라인을 시뮬레이션한다.

```
if __name__ == '__main__':
    runProgram()
```

텍스트 유사도 문제 해결

텍스트 유사도 문제는 주어진 텍스트 문서가 얼마나 가까운지를 찾는 문제를 다룬다. 가 깝다고 얘기할 때, 텍스트가 가까이 혹은 멀리 있다고 말할 수 있는 많은 차원이 있다.

- 정서/감정 차원
- 의미 차원
- 특정 단어의 존재

이를 위한 여러 알고리즘이 있다. 알고리즘은 복잡도, 필요 자원, 다루는 데이터의 양이 모두 다르다.

이 레시피에서는 TF–IDF 알고리즘을 사용해 유사성 문제를 해결한다. 우선 용어의 의미 를 이해하자.

- **용어 빈도**[TF]: 이 기법은 주어진 문서에서 단어의 상대적 중요도(또는 빈도)를 찾으 려고 한다.

상대적인 중요성에 대해 이야기하고 있으므로, 일반적으로 문서에 있는 전체 단어에 대한 빈도를 표준화해 단어의 TF값을 계산한다.

- **역 문서 빈도**IDF, Inverse Document Frequency: 이 기법은 자주 사용하는 단어(a, the 등)는 드물게 사용되는 단어와 비교해 낮은 가중치를 부여한다.

TF와 IDF값은 모두 숫자로 분해되므로(분수) 모든 문서마다 각 용어에 대해 이 두 값의 곱셈을 수행하고 N 차원의 M 벡터를 만든다(N은 전체 문서 개수, M은 모든 문서에서 고유한 단어의 수).

일단 이러한 벡터가 얻어지면, 이 벡터에 다음 공식을 이용해 코사인 유사도를 찾아야 한다.

$$\text{유사도} = \cos(\theta) = \frac{A \cdot B}{\|A\|_2 \|B\|_2} = \frac{\sum_{i=1}^{n} A_i B_i}{\sqrt{\sum_{i=1}^{n} A_i^2} \sqrt{\sum_{i=1}^{n} B_i^2}}, \text{where } A_i \text{ and } B_i \text{ are components of vector } A \text{ and } B \text{ respectively}$$

준비하기

nltk 및 scikit 라이브러리[1]와 함께 파이썬을 설치해야 한다. 수학에 대한 약간의 지식이 있으면 도움이 된다.

수행 방법

1. 아톰 에디터(혹은 즐겨 쓰는 프로그래밍 편집기)를 연다.
2. Similarity.py라는 새 파일을 만든다.

---

1 pip install sklearn 명령어로 설치하고, 필요하다면 scipy도 추가로 설치한다(pip install scipy). - 옮긴이

3. 다음 소스코드를 입력한다.

```
Similarity.py

import nltk
import math
from sklearn.feature_extraction.text import TfidfVectorizer
from sklearn.metrics.pairwise import cosine_similarity

class TextSimilarityExample:
    def __init__(self):
        self.statements = [
            'ruled india',
            'Chalukyas ruled Badami',
            'So many kingdoms ruled India',
            'Lalbagh is a botanical garden in India'
        ]
    def TF(self, sentence):
        words = nltk.word_tokenize(sentence.lower())
        freq = nltk.FreqDist(words)
        dictionary = {}
        for key in freq.keys():
            norm = freq[key]/float(len(words))
            dictionary[key] = norm
        return dictionary

    def IDF(self):
        def idf(TotalNumberOfDocuments, NumberOfDocumentsWithThisWord):
            return 1.0 + \
                math.log(TotalNumberOfDocuments/NumberOfDocumentsWithThisWord)
        numDocuments = len(self.statements)
        uniqueWords = {}
        idfValues = {}
        for sentence in self.statements:
            for word in nltk.word_tokenize(sentence.lower()):
                if word not in uniqueWords:
                    uniqueWords[word] = 1
                else:
                    uniqueWords[word] += 1
        for word in uniqueWords:
            idfValues[word] = idf(numDocuments, uniqueWords[word])
        return idfValues

    def TF_IDF(self, query):
        words = nltk.word_tokenize(query.lower())
        idf = self.IDF()
        vectors = {}
        for sentence in self.statements:
            tf = self.TF(sentence)
            for word in words:
                tfv = tf[word] if word in tf else 0.0
                idfv = idf[word] if word in idf else 0.0
                mul = tfv * idfv
                if word not in vectors:
                    vectors[word] = []
                vectors[word].append(mul)
        return vectors

    def displayVectors(self, vectors):
        print(self.statements)
        for word in vectors:
            print("{} -> {}".format(word, vectors[word]))

    def cosineSimilarity(self):
        vec = TfidfVectorizer()
        matrix = vec.fit_transform(self.statements)
        for j in range(1, 5):
            i = j - 1
            print("\tsimilarity of document {} with others".format(i))
            similarity = cosine_similarity(matrix[i:j], matrix)
            print(similarity)

    def demo(self):
        inputQuery = self.statements[0]
        vectors = self.TF_IDF(inputQuery)
        self.displayVectors(vectors)
        self.cosineSimilarity()

similarity = TextSimilarityExample()
similarity.demo()
```

4. 파일을 저장한다.

5. 파이썬 인터프리터를 사용해 프로그램을 실행한다.

6. 다음 결과가 표시된다.

```
● ● ●                    ch8 — -bash — 93×18
nltk $ python Similarity.py
['ruled india', 'Chalukyas ruled Badami', 'So many kingdoms ruled India', 'Lalbagh is a botan
ical garden in India']
ruled -> [0.6438410362258904, 0.42922735748392693, 0.2575364144903562, 0.0]
india -> [0.6438410362258904, 0.0, 0.2575364144903562, 0.18395458177882582]
        similarity of document 0 with others
[[ 1.          0.29088811  0.46216171  0.19409143]]
        similarity of document 1 with others
[[ 0.29088811  1.          0.13443735  0.        ]]
        similarity of document 2 with others
[[ 0.46216171  0.13443735  1.          0.08970163]]
        similarity of document 3 with others
[[ 0.19409143  0.          0.08970163  1.        ]]
nltk $
```

동작 원리

텍스트 유사도 문제를 해결하는 방법을 살펴보자. 다음 코드는 프로그램에 필요한 라이브러리를 가져온다.

```
import nltk
import math
from sklearn.feature_extraction.text import TfidfVectorizer
from sklearn.metrics.pairwise import cosine_similarity
```

새로운 클래스 TextSimilarityExample을 정의한다.

```
class TextSimilarityExample:
```

이 코드는 클래스의 새 생성자constructor를 정의한다.

```
    def __init__(self):
```

230

이 코드는 유사도를 찾고자 하는 샘플 문장을 정의한다.

```
self.statements = [
    'ruled india',
    'Chalukyas ruled Badami',
    'So many kingdoms ruled India',
    'Lalbagh is a botanical garden in India'
]
```

주어진 문장에서 모든 단어의 TF를 정의한다.

```
def TF(self, sentence):
    words = nltk.word_tokenize(sentence.lower())
    freq = nltk.FreqDist(words)
    dictionary = {}
    for key in freq.keys():
        norm = freq[key]/float(len(words))
        dictionary[key] = norm
    return dictionary
```

이 함수는 다음을 수행한다.

- 문장을 소문자로 변환하고 모든 단어를 추출한다.
- nltk의 FreqDist 함수를 사용해 추출한 단어의 빈도 분포를 찾는다.
- 모든 딕셔너리 키를 반복하고, 표준화된 부동 소수점[floating] 값을 만들어서 딕셔너리에 저장한다.
- 문장의 각 단어에 대해 표준화된 점수를 포함하는 딕셔너리를 반환한다.

문서 내 모든 단어에 대한 IDF값을 찾는 IDF를 정의하고 있다.

```
def IDF(self):
    def idf(TotalNumberOfDocuments, NumberOfDocumentsWithThisWord):
        return 1.0 +
math.log(TotalNumberOfDocuments/NumberOfDocumentsWithThisWord)
    numDocuments = len(self.statements)
    uniqueWords = {}
    idfValues = {}
```

```
    for sentence in self.statements:
        for word in nltk.word_tokenize(sentence.lower()):
            if word not in uniqueWords:
                uniqueWords[word] = 1
            else:
                uniqueWords[word] += 1
    for word in uniqueWords:
        idfValues[word] = idf(numDocuments, uniqueWords[word])
    return idfValues
```

위 함수는 다음을 수행한다.

- 주어진 단어의 IDF를 찾는 공식인 idf( )라는 지역local 함수를 정의한다.
- 모든 문장을 반복해 소문자로 변환한다.
- 모든 문서에 있는 각 단어의 개수를 확인한다.
- 모든 단어에 대한 IDF값을 작성하고 이러한 IDF값이 포함된 딕셔너리를 반환한다.

이제 주어진 검색 문자열에 대해 모든 문서에 대한 **TF_IDF**(TF에 IDF를 곱한 값)를 정의한다.

```
    def TF_IDF(self, query):
        words = nltk.word_tokenize(query.lower())
        idf = self.IDF()
        vectors = {}
        for sentence in self.statements:
            tf = self.TF(sentence)
            for word in words:
                tfv = tf[word] if word in tf else 0.0
                idfv = idf[word] if word in idf else 0.0
                mul = tfv * idfv
                if word not in vectors:
                    vectors[word] = []
                vectors[word].append(mul)
        return vectors
```

여기에서 무엇을 하는지 알아보자.

- 검색 문자열을 토큰으로 구분
- self.statements 변수의 모든 문장에 대한 IDF( ) 구축
- 모든 문장을 반복하고 각 문장의 모든 단어에 대해 TF를 찾기
- 검색 문자열 입력에 있는 단어만 필터링하고 사용해 각 문서에 대한 *tf*idf* 값으로 구성된 벡터 구축
- 검색 쿼리의 각 단어에 대한 벡터 리스트를 반환

다음 함수는 벡터의 내용을 화면에 표시한다.

```python
def displayVectors(self, vectors):
    print(self.statements)
    for word in vectors:
        print("{} -> {}".format(word, vectors[word]))
```

이제 처음에 논의한 것처럼 유사도를 찾기 위해서는 모든 입력 벡터에 대해 코사인 유사도를 찾아야 한다. 우리는 모든 수학 계산을 직접 할 수 있다. 그러나 이번에는 scikit을 사용해 모든 계산을 해보자.

```python
def cosineSimilarity(self):
    vec = TfidfVectorizer()
    matrix = vec.fit_transform(self.statements)
    for j in range(1, 5):
        i = j - 1
        print("\tsimilarity of document {} with others".format(i))
        similarity = cosine_similarity(matrix[i:j], matrix)
        print(similarity)
```

이전 함수에서 TF 및 IDF값을 만들어내고 최종적으로 모든 문서에 대한 TF×IDF값을 얻는 방법을 배웠다.

- 새로운 함수 cosineSimilarity( ) 정의
- 새 vectorizer 객체 생성
- fit_transform( ) 함수를 사용해 관심 있는 모든 문서에 대한 TF–IDF값의 행렬 작성
- 나중에 각 문서를 다른 모든 문서와 비교하고 서로 얼마나 가까이 있는지 확인

다음은 demo( ) 함수이며 이전에 정의한 다른 모든 함수를 실행한다.

```
def demo(self):
    inputQuery = self.statements[0]
    vectors = self.TF_IDF(inputQuery)
    self.displayVectors(vectors)
    self.cosineSimilarity()
```

여기서 무슨 작업을 수행하는지 알아보자.

- 첫 번째 구문을 입력 질의^{query}로 사용한다.
- 직접 작성한 TF_IDF( ) 함수를 사용해 벡터를 만든다.
- 모든 문장의 TF×IDF 벡터를 화면에 표시한다.
- cosineSimilarity( ) 함수를 호출하고 scikit 라이브러리를 사용해 모든 문장에 대해 계산한 코사인 유사도를 출력한다.

TextSimilarityExample( ) 클래스로 새 객체를 만든 다음 demo( ) 함수를 호출한다.

```
similarity = TextSimilarityExample()
similarity.demo()
```

주제 식별

7장에서는 문서를 분류하는 방법을 배웠다. 초심자는 문서 분류document classification와 주제 식별topic identification이 같다고 생각할 수도 있지만 약간의 차이가 있다.

주제 식별은 입력 문서 세트에 있는 주제를 찾는 프로세스다. 여기서 주제란 주어진 텍스트에서 특유의 형태로 나타나는 여러 단어일 수 있다.

예를 들어보자. 사친 텐둘카르Sachin Tendulkar[2], 득점, 승리 등이 포함된 어떤 텍스트를 읽을 때 문장이 '크리켓'을 묘사하고 있음을 이해할 수 있다. 잘못된 것일 수도 있다.

주어진 입력 텍스트에서 이러한 유형의 주제를 모두 찾으려면 잠재 디리클레 할당Latent Dirichlet allocation, LDA 알고리즘을 사용한다(TF-IDF도 사용할 수 있지만 이전 레시피에서 이미 살펴 봤으니 주제를 식별하는 데 LDA가 어떻게 작동하는지 보자).

준비하기

파이썬과 `nltk`, `gensim`, `feedparser` 라이브러리를 설치해야 한다.

수행 방법

1. 아톰 에디터(혹은 즐겨 쓰는 프로그래밍 편집기)를 연다.
2. `IdentifyingTopic.py`라는 새 파일을 만든다.

---

2 인도의 유명 크리켓 선수. 크리켓은 인도의 국민 스포츠라고 한다. - 옮긴이

3. 다음 소스코드를 입력한다.

```
IdentifyingTopic.py

1   from nltk.tokenize import RegexpTokenizer
2   from nltk.corpus import stopwords
3   from gensim import corpora, models
4   import nltk
5   import feedparser
6
7   class IdentifyingTopicExample:
8       def getDocuments(self):
9           url = 'https://sports.yahoo.com/mlb/rss.xml'
10          feed = feedparser.parse(url)
11          self.documents = []
12          for entry in feed['entries'][:5]:
13              text = entry['summary']
14              if 'ex' in text:
15                  continue
16              self.documents.append(text)
17              print("-- {}".format(text))
18          print("INFO: Fetching documents from {} completed".format(url))
19
20      def cleanDocuments(self):
21          tokenizer = RegexpTokenizer(r'[a-zA-Z]+')
22          en_stop = set(stopwords.words('english'))
23          self.cleaned = []
24          for doc in self.documents:
25              lowercase_doc = doc.lower()
26              words = tokenizer.tokenize(lowercase_doc)
27              non_stopped_words = [i for i in words if not i in en_stop]
28              self.cleaned.append(non_stopped_words)
29          print("INFO: Clearning {} documents
            completed".format(len(self.documents)))
30
31      def doLDA(self):
32          dictionary = corpora.Dictionary(self.cleaned)
33          corpus = [dictionary.doc2bow(cleandoc) for cleandoc in self.cleaned]
34          ldamodel = models.ldamodel.LdaModel(corpus, num_topics=2, id2word =
            dictionary)
35          print(ldamodel.print_topics(num_topics=2, num_words=4))
36
37      def run(self):
38          self.getDocuments()
39          self.cleanDocuments()
40          self.doLDA()
41
42  if __name__ == '__main__':
43      topicExample = IdentifyingTopicExample()
44      topicExample.run()
45
```

4. 파일을 저장한다.

5. 파이썬 인터프리터를 사용해 프로그램을 실행한다.

6. 다음 결과가 표시된다.

```
● ● ●                        ▣ ch8 — -bash — 103×22

nltk $ atom IdentifyingTopic.py
nltk $ python IdentifyingTopic.py
 — The Yankees' Aaron Judge and the Dodgers' Cody Bellinger face challenges for the AL and NL awards, w
hich will be presented Monday.
 — While the rest of the baseball world waits to hear who will win the MLB awards Monday night, Red Sox
 All-Star Mookie Betts has been mastering another sport — bowling. Betts bowled a perfect 300 game Sund
ay night in the World Series of Bowling in Reno, Nev. It was the Boston outfielder's 37th game
 — Dave Shovein recaps the winners of the 2017 Platinum Gloves and checks in on the Giancarlo Stanton s
weepstakes in Monday's Offseason Lowdown.
INFO: Fetching documents from https://sports.yahoo.com/mlb/rss.xml completed
INFO: Clearning 3 documents completed
[(0, '0.042*"monday" + 0.029*"awards" + 0.025*"al" + 0.025*"challenges"'), (1, '0.035*"night" + 0.034*"
betts" + 0.032*"world" + 0.031*"bowling"')]
nltk $ █
```

동작 원리

주제 식별 프로그램이 어떻게 작동하는지 보자. 이 다섯 줄은 필요한 라이브러리를 현재 프로그램으로 임포트한다.

```
from nltk.tokenize import RegexpTokenizer
from nltk.corpus import stopwords
from gensim import corpora, models
import nltk
import feedparser
```

이 코드는 새로운 클래스 IdentifyingTopicExample을 정의한다.

```
class IdentifyingTopicExample:
```

이 코드는 feedparser를 사용해 인터넷에서 몇몇 문서를 다운로드하는 역할을 담당하는 getDocuments() 함수를 정의한다.

```
    def getDocuments(self):
```

URL에 언급된 모든 문서를 다운로드하고 딕셔너리 리스트를 feed라는 변수에 저장한다.

```
        url = 'https://sports.yahoo.com/mlb/rss.xml'
        feed = feedparser.parse(url)
```

더 자세히 분석할 모든 문서를 추적하기 위해 빈 리스트를 만든다.

```
        self.documents = []
```

feed 변수에서 상위 5개 문서를 가져와 현재 뉴스 항목을 entry 변수에 저장한다.

```
        for entry in feed['entries'][:5]:
```

뉴스 요약을 text라는 변수에 저장한다.

```
            text = entry['summary']
```

뉴스 기사에 민감한 단어가 포함돼 있으면 해당 단어를 건너뛴다.

```
            if 'ex' in text:
                continue
```

문서를 documents 변수에 저장한다.

```
            self.documents.append(text)
```

현재 문서를 화면에 표시한다.

```
            print("-- {}".format(text))
```

주어진 URL에서 *N*개의 문서를 수집했다는 정보성 메시지를 사용자에게 표시한다.

```
        print("INFO: Fetching documents from {} completed".format(url))
```

아래 코드는 입력 텍스트를 지우는 역할을 하는 새로운 함수 cleanDocuments( )를 정의한다(인터넷에서 다운로드하기 때문에 모든 유형의 데이터를 포함할 수 있음).

```python
def cleanDocuments(self):
```

영어 알파벳으로 된 단어를 추출하는 데 관심이 있다. 따라서 이 토큰화 프로그램은 텍스트를 토큰으로 분리하도록 정의돼 있으며, 각 토큰은 a에서 z, A-Z 사이의 문자로 구성된다. 이렇게 함으로써 문장부호나 기타 잘못된 데이터가 들어가지 않도록 할 수 있다.

```python
tokenizer = RegexpTokenizer(r'[a-zA-Z]+')
```

en_stop 변수에 영어의 불용어를 저장한다.

```python
en_stop = set(stopwords.words('english'))
```

정제되고 토큰화된 모든 문서를 저장하는 데 사용할 cleaned라는 빈 리스트를 정의한다.

```python
self.cleaned = []
```

getDocuments( ) 함수를 이용해 수집한 모든 문서를 반복한다.

```python
for doc in self.documents:
```

대소문자를 구분하므로 같은 단어를 다르게 취급하지 않으려면 문서를 소문자로 변환한다.

```python
lowercase_doc = doc.lower()
```

문장을 단어로 나눈다. 출력은 단어 리스트로 words라는 변수에 저장된다.

```python
words = tokenizer.tokenize(lowercase_doc)
```

문장의 모든 단어가 영어 불용어 카테고리에 속해 있으면 무시하고, 나머지는 모두 non_stopped_words 변수에 저장한다.

```python
non_stopped_words = [i for i in words if not i in en_stop]
```

토큰화되고 정제한 문장을 self.cleaned라는 변수(클래스 멤버)에 저장한다.

```
self.cleaned.append(non_stopped_words)
```

사용자에게 문서 정리가 완료됐다는 진단 메시지를 표시한다.

```
print("INFO: Cleaning {} documents completed".format(len(self.documents)))
```

이 코드는 정리된 문서에 대해 LDA 분석을 수행하는 새로운 함수 doLDA를 정의한다.

```
def doLDA(self):
```

정리된 문서를 직접 처리하기 전에 해당 문서들로 딕셔너리를 생성한다.

```
dictionary = corpora.Dictionary(self.cleaned)
```

입력 말뭉치는 정리된 각 문장에 대한 단어들의 모음으로 정의된다.

```
corpus = [dictionary.doc2bow(cleandoc) for cleandoc in self.cleaned]
```

토픽 수를 2로 정한 말뭉치 모델을 생성하고 id2word 파라미터를 사용해 어휘 크기를 설정하고 매핑한다.

```
ldamodel = models.ldamodel.LdaModel(corpus, num_topics=2, id2word = dictionary)
```

각 토픽마다 네 단어를 포함하는 두 개의 토픽을 화면에 출력한다.

```
print(ldamodel.print_topics(num_topics=2, num_words=4))
```

다음은 모든 단계를 순서대로 수행하는 함수다.

```
def run(self):
    self.getDocuments()
    self.cleanDocuments()
    self.doLDA()
```

현재 프로그램이 main 프로그램으로 호출되면 IdentifyingTopicExample( ) 클래스에서 topicExample이라는 새 객체를 생성하고 해당 객체에서 run( ) 함수를 호출한다.

```
if __name__ == '__main__':
    topicExample = IdentifyingTopicExample()
    topicExample.run()
```

텍스트 요약

요즘 같은 정보 과부하 시대에는 인쇄/텍스트 형태로 이용할 수 있는 정보가 너무 많다. 이 모든 데이터를 소비하는 것은 인간적으로 불가능하다. 이 데이터를 좀 더 쉽게 소비하기 위해 다량의 텍스트를 쉽게 소화할 수 있도록 요약(또는 요점)으로 단순화할 수 있는 알고리즘을 개발하고자 노력해왔다.

요약 알고리즘을 개발하면 시간이 절약되고 네트워크 작업을 용이하게 할 수 있다.

이 레시피에서는 gensim 라이브러리를 사용한다. gensim 라이브러리에는 요약을 지원하는 TextRank 알고리즘(https://web.eecs.umich.edu/~mihalcea/papers/mihalcea.emnlp04.pdf)이 내장돼 있다.

준비하기

bs4, gensim 라이브러리와 함께 파이썬을 설치해야 한다.

수행 방법

1. 아톰 에디터(혹은 즐겨 쓰는 프로그래밍 편집기)를 연다.
2. Summarize.py라는 새 파일을 만든다.

3. 다음 소스코드를 입력한다.

```
Summarize.py
1  from gensim.summarization import summarize
2  from bs4 import BeautifulSoup
3  import requests
4
5  #
6  # This recipe uses automatic computer science Paper generation tool from mit.edu
7  # You can generate your own paper by visiting
   https://pdos.csail.mit.edu/archive/scigen/
8  # and click generate.
9  #
10 # This example needs large amount of text that needs to be available for
   summary.
11 # So, we are using this paper generation tool and extracting the 'Introduction'
   section
12 # to do the summary analysis.
13 #
14
15 urls = {
16     'Daff: Unproven Unification of Suffix Trees and Redundancy':
       'http://scigen.csail.mit.edu/scicache/610/scimakelatex.21945.none.html',
       'CausticIslet: Exploration of Rasterization':
       'http://scigen.csail.mit.edu/scicache/790/scimakelatex.1499.none.html'
18 }
19
20 for key in urls.keys():
       url = urls[key]
       r = requests.get(url)
       soup = BeautifulSoup(r.text, 'html.parser')
       data = soup.get_text()
       pos1 = data.find("1  Introduction") + len("1  Introduction")
       pos2 = data.find("2  Related Work")
       text = data[pos1:pos2].strip()
       print("PAPER URL: {}".format(url))
       print("TITLE: {}".format(key))
       print("GENERATED SUMMARY: {}".format(summarize(text)))
       print()
```

4. 파일을 저장한다.

5. 파이썬 인터프리터를 사용해 프로그램을 실행한다.

6. 다음 결과가 표시된다.

```
nltk $ python Summarize.py
PAPER URL: http://scigen.csail.mit.edu/scicache/610/scimakelatex.21945.none.html
TITLE: Daff: Unproven Unification of Suffix Trees and Redundancy
GENERATED SUMMARY: In this work we better understand how write-ahead logging  can be
applied to the understanding of consistent hashing.
frameworks emulate low-energy communication.
deployed in existing work.
To our knowledge, our work in this paper marks the first algorithm
Nevertheless, this solution is entirely useful.
Furthermore, we better understand how the memory bus  can be
applied to the study of von Neumann machines.
present a framework for Byzantine fault tolerance  (CausticIslet),
disconfirming that telephony  and von Neumann machines  are largely

PAPER URL: http://scigen.csail.mit.edu/scicache/790/scimakelatex.1499.none.html
TITLE: CausticIslet: Exploration of Rasterization
GENERATED SUMMARY: World Wide Web, which embodies the theoretical principles of theory.
To what extent can randomized algorithms  be evaluated to address
Thus, our algorithm simulates the evaluation of write-back caches
The rest of the paper proceeds as follows.
the World Wide Web  can be applied to the deployment of XML.

nltk $
```

동작 원리

요약^{summarization} 프로그램의 구조를 살펴보자.

```
from gensim.summarization import summarize
from bs4 import BeautifulSoup
import requests
```

위 코드는 필요한 라이브러리를 현재 프로그램으로 가져온다.

- gensim.summarization.summarize: 텍스트 순위 기반^{Text-rank-based} 요약 알고리즘
- bs4: HTML 문서를 파싱하기 위한 BeautifulSoup 라이브러리
- requests: HTTP 리소스를 다운로드하는 라이브러리

urls는 딕셔너리를 정의한다. 키는 논문의 제목으로 자동 생성되고 값은 논문의 URL이다.

```
urls = {
'Daff: Unproven Unification of Suffix Trees and Redundancy':
'http://scigen.csail.mit.edu/scicache/610/scimakelatex.21945.none.html',
'CausticIslet: Exploration of Rasterization':
'http://scigen.csail.mit.edu/scicache/790/scimakelatex.1499.none.html'
}
```

딕셔너리의 모든 키를 반복한다.

```
for key in urls.keys():
```

현재 논문의 URL을 url이라는 변수에 저장한다.

```
    url = urls[key]
```

requests 라이브러리의 get() 메소드를 사용해 url의 내용을 다운로드하고 응답 객체를
변수 r에 저장한다.

```
    r = requests.get(url)
```

BeautifulSoup()의 HTML 파서를 사용해 r 객체의 텍스트를 파싱하고 반환 객체를 soup
라는 변수에 저장한다.

```
    soup = BeautifulSoup(r.text, 'html.parser')
```

모든 HTML 태그를 제거하고 문서의 텍스트만 추출해 data 변수에 넣는다.

```
    data = soup.get_text()
```

Introduction 텍스트의 위치를 찾고 문자열의 끝부분으로 건너뛴다. 부분 문자열을 추출
하려는 시작 오프셋을 표시한다.

```
    pos1 = data.find("1 Introduction") + len("1 Introduction")
```

정확히 Related Work 섹션의 시작 부분에서 문서의 두 번째 위치를 찾는다.

```
pos2 = data.find("2 Related Work")
```

이제 이 두 오프셋 사이에 있는 논문 소개를 추출한다.

```
text = data[pos1:pos2].strip()
```

URL과 논문의 제목을 화면에 표시한다.

```
print("PAPER URL: {}".format(url))
print("TITLE: {}".format(key))
```

추출한 텍스트를 넣어 summarize() 함수를 호출하면 텍스트 순위 알고리즘에 따라 축약된 텍스트가 반환된다.

```
print("GENERATED SUMMARY: {}".format(summarize(text)))
```

출력 화면의 가독성을 높이기 위해 추가로 줄바꿈 문자를 출력한다.

```
print()
```

대용어 해결

많은 자연어에서 문장을 만들 때 특정 명사를 반복적으로 사용하지 않고 대명사를 사용해 문장 구성을 간소화한다.

예를 들어보자.

라비는 소년이다. 그는 가난한 사람들에게 돈을 기부하기도 한다.

이 예문에는 두 가지 서술이 있다.

- 라비는 소년이다.
- 그는 가난한 사람들에게 돈을 기부하기도 한다.

두 번째 서술의 분석을 시작할 때 첫 번째 서술에 대해 알지 못해 누가 돈을 기부하는 사람인지 판단할 수 없다. 따라서 완전한 문장의 의미를 이해하기 위해 그와 라비를 연관시켜야 한다. 이 모든 참조 해결reference resolution은 마음속에서 자연스럽게 일어난다.

앞의 예제를 주의 깊게 살펴보면, 먼저 대상이 존재하고 그 다음 대명사가 나타난다. 따라서 흐름의 방향은 왼쪽에서 오른쪽이다. 이 흐름을 기반으로 이러한 유형의 문장을 대용anaphora[3]이라고 부를 수 있다.

또다른 예를 생각해보자.

그는 이미 공항으로 가고 있었다. 라비는 알아차렸다.

이것은 표현의 방향이 역순(먼저 대명사가 나온 다음에 명사)인 또 다른 예시다. 여기에서도 그는 라비와 관련이 있다. 이러한 유형의 문장을 후방 조응어cataphora라고 한다.

이 표현식의 해결 방법에 대한 가장 초기의 알고리즘은 1970년으로 거슬러 올라간다. 홉스Hobbs는 이에 대한 논문을 발표했다. 이 논문의 온라인 버전은 https://www.isi.edu/~hobbs/pronoun-papers.html에서 확인할 수 있다.

이 레시피에서는 방금 배운 것을 사용해 매우 간단한 대용어 처리 알고리즘을 만들어볼 것이다.

준비하기

nltk 라이브러리 및 gender 데이터셋과 함께 파이썬을 설치해야 한다.

nltk.download( )를 사용해 말뭉치를 다운로드할 수 있다.

---

3 수어반복(반복을 피하기 위한 대명사, 대동사 등의) 대용어. 대용(代用: 문장 속에서 앞에 나온 단어를 가리키거나 그것을 대신하기 위해 다른 단어를 쓰는 것. 예를 들어 I disagree and so does John.에서 does를 쓰는 것과 같은 방법) – 옮긴이

1. 아톰 에디터(혹은 즐겨 쓰는 프로그래밍 편집기)를 연다.

2. Anaphora.py라는 새 파일을 만든다.

3. 다음 소스코드를 입력한다.

```python
Anaphora.py
import nltk
from nltk.chunk import tree2conlltags
from nltk.corpus import names
import random

class AnaphoraExample:
    def __init__(self):
        males = [(name, 'male') for name in names.words('male.txt')]
        females = [(name, 'female') for name in names.words('female.txt')]
        combined = males + females
        random.shuffle(combined)
        training = [(self.feature(name), gender) for (name, gender) in combined]
        self._classifier = nltk.NaiveBayesClassifier.train(training)

    def feature(self, word):
        return {'last(1)' : word[-1]}

    def gender(self, word):
        return self._classifier.classify(self.feature(word))

    def learnAnaphora(self):
        sentences = [
            "John is a man. He walks",
            "John and Mary are married. They have two kids",
            "In order for Ravi to be successful, he should follow John",
            "John met Mary in Barista. She asked him to order a Pizza"
        ]

        for sent in sentences:
            chunks = nltk.ne_chunk(nltk.pos_tag(nltk.word_tokenize(sent)),
            binary=False)
            stack = []
            print(sent)
            items = tree2conlltags(chunks)
            for item in items:
                if item[1] == 'NNP' and (item[2] == 'B-PERSON' or item[2] ==
                'O'):
                    stack.append((item[0], self.gender(item[0])))
                elif item[1] == 'CC':
                    stack.append(item[0])
                elif item[1] == 'PRP':
                    stack.append(item[0])
            print("\t {}".format(stack))

anaphora = AnaphoraExample()
anaphora.learnAnaphora()
```

4. 파일을 저장한다.

5. 파이썬 인터프리터를 사용해 프로그램을 실행한다.

6. 다음 결과가 표시된다.

```
nltk $ python Anaphora.py
John is a man. He walks
        [('John', 'male'), 'He']
John and Mary are married. They have two kids
        [('John', 'male'), 'and', ('Mary', 'female'), 'They']
In order for Ravi to be successful, he should follow John
        [('Ravi', 'female'), 'he', ('John', 'male')]
John met Mary in Barista. She asked him to order a Pizza
        [('John', 'male'), ('Mary', 'female'), 'She', 'him']
nltk $
```

동작 원리

간단한 대용어 처리 알고리즘이 어떻게 작동하는지 알아보자.

```
import nltk
from nltk.chunk import tree2conlltags
from nltk.corpus import names
import random
```

위 코드는 프로그램에서 사용되는 필수 모듈과 함수를 임포트한다. AnaphoraExample이라는 새 클래스를 정의한다.

```
class AnaphoraExample:
```

이 클래스의 새 생성자를 정의하고 있다. 이 생성자에는 파라미터가 없다.

```
    def __init__(self):
```

다음 두 명령어는 nltk.names 말뭉치의 모든 남성과 여성 이름을 로드하고 males와 females라는 두 개의 리스트에 저장하기 전에 male/female로 태그를 지정한다.

```
males = [(name, 'male') for name in names.words('male.txt')]
females = [(name, 'female') for name in names.words('female.txt')]
```

이 코드는 남성과 여성의 고유한 목록을 만든다. random.shuffle( )은 목록의 모든 데이터가 랜덤으로 추출되도록 한다.

```
combined = males + females
random.shuffle(combined)
```

이 코드는 gender에서 feature( ) 함수를 호출하고 training이라는 변수에 모든 이름을 저장한다.

```
training = [(self.feature(name), gender) for (name, gender) in combined]
```

training 변수에 저장돼있는 남성 및 여성 특징feature을 사용해 _classifier라는 Naive BayesClassifier 객체를 만든다.

```
self._classifier = nltk.NaiveBayesClassifier.train(training)
```

이 함수는 주어진 이름을 남성 또는 여성으로 분류하는 가장 간단한 기능을 정의한다. 단순히 이름의 마지막 문자만 본다.

```
def feature(self, word):
    return {'last(1)' : word[-1]}
```

이 함수는 단어를 인수로 받고 앞에서 만든 분류기를 사용해 남성 혹은 여성으로 성별을 감지하려고 한다.

```
def gender(self, word):
    return self._classifier.classify(self.feature(word))
```

다음은 샘플 문장에서 대용어를 탐지하는 부분으로, 흥미로운 메인 함수다.

```
def learnAnaphora(self):
```

이 문장들은 대용어 형태에서 복잡성이 혼재된 네 가지 예다.

```
sentences = [
    "John is a man. He walks",
    "John and Mary are married. They have two kids",
    "In order for Ravi to be successful, he should follow John",
    "John met Mary in Barista. She asked him to order a Pizza"
]
```

이 코드는 한 번에 한 문장씩 sent라는 지역 변수로 가져와 모든 문장을 반복한다.

```
for sent in sentences:
```

이 코드는 토큰화하고, 품사를 할당하고, 청크(개체명)를 추출하고, chunks라는 변수에 청크 트리를 반환한다.

```
chunks = nltk.ne_chunk(nltk.pos_tag(nltk.word_tokenize(sent)),
binary=False)
```

이 변수는 대용어를 처리하는 데 도움이 되는 모든 이름과 대명사를 저장하는 데 사용된다.

```
stack = []
```

이 코드는 처리 중인 현재 문장을 사용자의 화면에 표시한다.

```
print(sent)
```

이 코드는 청크 트리를 IOB 형식으로 표현된 아이템 리스트로 배치한다.

```
items = tree2conlltags(chunks)
```

IOB 형식(3개의 요소를 갖는 튜플)의 모든 청크 문장을 탐색한다.

```
for item in items:
```

단어의 품사가 NNP이고 IOB 문자가 B-PERSON 또는 O인 경우 해당 단어를 이름으로 표시한다.

```
        if item[1] == 'NNP' and (item[2] == 'B-PERSON' or item[2] == 'O'):
            stack.append((item[0], self.gender(item[0])))
```

단어의 품사가 CC면 stack 변수에 추가한다.

```
        elif item[1] == 'CC':
            stack.append(item[0])
```

단어의 품사가 PRP면 stack 변수에 추가한다.

```
        elif item[1] == 'PRP':
            stack.append(item[0])
```

마지막으로 화면에 stack을 출력한다.

```
        print("\t {}".format(stack))
```

AnaphoraExample( )로 anaphora라는 새로운 객체를 생성하고 anaphora 객체의 learnAnap
hora( ) 함수를 호출한다. 함수 실행이 완료되면 모든 문장에 대한 단어의 리스트가 표시
된다.

```
anaphora = AnaphoraExample( )
anaphora.learnAnaphora( )
```

단어 의미 명확화[4]

7장에서는 단어의 품사를 식별하고 개체명을 찾는 방법을 배웠다. 영어 단어가 명사와 동
사의 역할을 모두 수행하는 것처럼 컴퓨터 프로그램에서는 단어가 사용되는 느낌을 찾는
것이 매우 어렵다.

---

4 언어에는 다른 단어지만 형태가 같은 동철이의어(또는 소리가 같지만 다른 단어인 동음이의어)도 많고 같은 단어라 할지라도
   맥락에 따라 쓰이는 의미가 다르다. 따라서 해당 글자가 여러 동철이의어 중 어떤 단어를 가리키는지, 더 나아가 각 단어에 있
   는 여러 가지 세부 의미(의미 갈래) 중 해당 맥락에서 사용한 세부 의미가 어떤 것인지 판별하는 것은 굉장히 중요한 작업이
   다. 이를 단어 의미 판별(Word Sense Disambiguation, 갈래뜻 판별)이라고 부른다(출처: http://bab2min.tistory.com/576).
   – 옮긴이

이 의미 부분을 이해하기 위한 몇 가지 예를 들어보자.

문장	설명
She is my date	여기서 date라는 단어의 의미는 달력의 날짜가 아니라 인간 관계를 표현한다.
You have taken too many leaves to skip cleaning leaves in the garden	여기서 단어 leaves는 여러 의미를 가지고 있다. • 첫 번째 단어 leave는 휴식을 취하는 것을 의미한다. • 두 번째는 실제 나뭇잎(leaf)을 의미한다.

이와 같이 여러 가지 의미의 조합이 문장에서 가능하다.

의미 식별을 위해 직면한 어려움 중 하나는 이러한 뜻을 기술하기 위한 적절한 명명법을 찾는 것이다. 단어의 행동과 가능한 모든 조합을 설명하는 많은 영어 사전이 있다. 그중에서도 워드넷은 가장 구조화되고 선호되며 널리 사용되는 의미 용법의 소스다.

이 레시피에서는 워드넷 라이브러리의 의미와 관련된 예제를 볼 수 있으며 기본 제공되는 nltk 라이브러리를 사용해 단어의 의미를 찾을 수 있다.

레스크 알고리즘Lesk Algorithm은 이 의미 탐지를 다루기 위해 만들어진 가장 오래된 알고리즘이다. 그러나 어떤 때는 정확하지 않은 경우가 있다.

준비하기

nltk 라이브러리와 함께 파이썬을 설치해야 한다.

수행 방법

1. 아톰 에디터(혹은 즐겨 쓰는 프로그래밍 편집기)를 연다.
2. WordSense.py라는 새 파일을 만든다.

3. 다음 소스코드를 입력한다.

```
WordSense.py
1  import nltk

   def understandWordSenseExamples():
       words = ['wind', 'date', 'left']
       print("-- examples --")
       for word in words:
           syns = nltk.corpus.wordnet.synsets(word)
           for syn in syns[:2]:
               for example in syn.examples()[:2]:
                   print("{} -> {} -> {}".format(word, syn.name(), example))


   def understandBuiltinWSD():
       print("-- built-in wsd --")
       maps = [
           ('Is it the fish net that you are using to catch fish ?', 'fish', 'n'),
           ('Please dont point your finger at others.', 'point', 'n'),
           ('I went to the river bank to see the sun rise', 'bank', 'n'),
       ]
       for m in maps:
           print("Sense '{}' for '{}' -> '{}'".format(m[0], m[1],
           nltk.wsd.lesk(m[0], m[1], m[2])))

   if __name__ == '__main__':
       understandWordSenseExamples()
       understandBuiltinWSD()
```

4. 파일을 저장한다.

5. 파이썬 인터프리터를 사용해 프로그램을 실행한다.

6. 다음 결과가 표시된다.

```
nltk $ python WordSense.py
-- examples --
wind -> wind.n.01 -> trees bent under the fierce winds
wind -> wind.n.01 -> when there is no wind, row
wind -> wind.n.02 -> the winds of change
date -> date.n.01 -> what is the date today?
date -> date.n.02 -> his date never stopped talking
left -> left.n.01 -> she stood on the left
-- built-in wsd --
Sense 'Is it the fish net that you are using to catch fish ?' for 'fish' -> 'Synset('pisces.n.02')'
Sense 'Please dont point your finger at others.' for 'point' -> 'Synset('point.n.25')'
Sense 'I went to the river bank to see the sun rise' for 'bank' -> 'Synset('savings_bank.n.02')'
nltk $
```

프로그램의 구조를 살펴보자. 이 코드는 nltk 라이브러리를 가져온다.

```
import nltk
```

알아보려는 단어의 가용한 의미들을 보여주기 위해 워드넷 말뭉치를 사용하는 under standWordSenseExamples()라는 이름의 함수를 정의한다.

```
def understandWordSenseExamples():
```

이들은 서로 다른 뜻을 지닌 세 단어다. words라는 변수에 리스트 형태로 저장된다.

```
words = ['wind', 'date', 'left']
print("-- examples --")
for word in words:
    syns = nltk.corpus.wordnet.synsets(word)
    for syn in syns[:2]:
        for example in syn.examples()[:2]:
            print("{} -> {} -> {}".format(word, syn.name(), example))
```

이 코드는 다음을 수행한다.

- word 변수에 현재 단어를 저장해 목록의 모든 단어를 반복한다.
- wordnet 모듈에서 synsets() 함수를 호출하고 결과를 syns 변수에 저장한다.
- 목록에서 처음 세 동의어 집합을 가져와서 반복하며 현재의 집합을 syn이라는 변수로 가져온다.
- syn 객체에서 examples() 함수를 호출하고 처음 두 예제를 이터레이터로 사용한다. 이터레이터의 현재 값은 example 변수로 사용할 수 있다.
- 마지막으로 단어, 동의어 집합명, 예제 문장을 출력한다.

새로운 함수 understandBuiltinWSD( )를 정의해 샘플 문장에서 NLTK 내장 레스크 알고리즘의 성능을 탐색한다.

```
def understandBuiltinWSD():
```

튜플의 리스트인 maps라는 새 변수를 정의한다.

```
print("-- built-in wsd --")
maps = [
    ('Is it the fish net that you are using to catch fish ?', 'fish', 'n'),
    ('Please dont point your finger at others.', 'point', 'n'),
    ('I went to the river bank to see the sun rise', 'bank', 'n'),
]
```

각 튜플은 다음 세 가지 요소로 구성된다.

- 분석할 문장
- 문장 안에서 의미를 찾고자 하는 단어
- 단어의 품사

두 명령어에서 maps 변수를 탐색하면서 현재 변수 m에 튜플을 넣고 nltk.wsd.lesk( ) 함수를 호출한 다음 서식이 지정된 결과를 화면에 표시한다.

```
for m in maps:
    print("Sense '{}' for '{}' -> '{}'".format(m[0], m[1],
nltk.wsd.lesk(m[0], m[1], m[2])))
```

프로그램이 실행되면 사용자 화면에 결과를 보여주는 두 함수를 호출한다.

```
if __name__ == '__main__':
    understandWordSenseExamples()
    understandBuiltinWSD()
```

감정 분석 수행

피드백은 관계를 이해하는 가장 강력한 방법 중 하나다. 인간은 구두^{verbal} 커뮤니케이션 과정에서 무의식적으로 분석이 일어나기 때문에 피드백을 이해하는 데 매우 능숙하다. 감정적인 몫을 측정하고 찾을 수 있는 컴퓨터 프로그램을 작성하려면 자연어로 이러한 감정이 표현되는 방식을 잘 이해해야 한다.

몇 가지 예를 들어보자.

문장	설명
나는 매우 행복하다	행복한 감정을 나타냄
그녀는 매우 :(	슬픔의 상징적 표현이 있다는 걸 알고 있다.

자연어로 작성된 메시지에서 텍스트, 아이콘, 이모지의 사용이 증가함에 따라 컴퓨터 프로그램이 문장의 감정적 의미를 이해하는 것이 점점 더 어려워지고 있다.

nltk가 자체 알고리즘을 구축하기 위해 제공하는 기능을 알아보는 프로그램을 작성해보자.

준비하기

nltk 라이브러리와 함께 파이썬을 설치해야 한다.

수행 방법

1. 아톰 에디터(혹은 즐겨 쓰는 프로그래밍 편집기)를 연다.
2. Sentiment.py라는 새 파일을 만든다.

3. 다음 소스코드를 입력한다.

```
Sentiment.py
1  import nltk
2  import nltk.sentiment.sentiment_analyzer
3
4  def wordBasedSentiment():
5      positive_words = ['love', 'hope', 'joy']
6      text = 'Rainfall this year brings lot of hope and joy to Farmers.'.split()
7      analysis = nltk.sentiment.util.extract_unigram_feats(text, positive_words)
8      print(' — single word sentiment —')
9      print(analysis)
10
11 def multiWordBasedSentiment():
12     word_sets = [('heavy', 'rains'), ('flood', 'bengaluru')]
13     text = 'heavy rains cause flash flooding in bengaluru'.split()
14     analysis = nltk.sentiment.util.extract_bigram_feats(text, word_sets)
15     print(' — multi word sentiment —')
16     print(analysis)
17
18 def markNegativity():
19     text = 'Rainfall last year did not bring joy to Farmers'.split()
20     negation = nltk.sentiment.util.mark_negation(text)
21     print(' — negativity —')
22     print(negation)
23
24 if __name__ == '__main__':
25     wordBasedSentiment()
26     multiWordBasedSentiment()
27     markNegativity()
```

4. 파일을 저장한다.

5. 파이썬 인터프리터를 사용해 프로그램을 실행한다.

6. 다음 결과가 표시된다.

```
● ● ●                        ch8 — -bash — 104×23
nltk $ atom Sentiment.py
nltk $ python Sentiment.py
 — single word sentiment —
{'contains(love)': False, 'contains(hope)': True, 'contains(joy)': True}
 — multi word sentiment —
{'contains(heavy - rains)': True, 'contains(flood - bengaluru)': False}
 — negativity —
['Rainfall', 'last', 'year', 'did', 'not', 'bring_NEG', 'joy_NEG', 'to_NEG', 'Farmers_NEG']
nltk $
```

감정 분석 프로그램이 어떻게 작동하는지 보자. 이 코드는 각각 nltk 모듈과 sentiment_
analyzer 모듈을 가져온다.

```
import nltk
import nltk.sentiment.sentiment_analyzer
```

이미 알고 있는 단어와 우리에게 중요한 것을 의미하는 단어를 기반으로 정서 분석을 하는
법을 배우기 위해 사용할 새로운 함수 wordBasedSentiment()를 정의한다.

```
def wordBasedSentiment():
```

그들이 어떤 형태의 행복을 나타내는 것처럼 특별한 세 단어의 목록을 정의하고 있다. 이
단어들은 positive_words 변수에 저장된다.

```
    positive_words = ['love', 'hope', 'joy']
```

이것은 분석하려는 샘플 텍스트다. 텍스트는 text 변수에 저장된다.

```
    text = 'Rainfall this year brings lot of hope and joy to Farmers.'.split()
```

정의한 단어를 사용해 텍스트에 대해 extract_unigram_feats() 함수를 호출한다. 결과는
주어진 단어가 텍스트에 존재하는지 여부를 나타내는 입력 단어 딕셔너리다.

```
    analysis = nltk.sentiment.util.extract_unigram_feats(text, positive_words)
```

이 코드는 사용자의 화면에 딕셔너리를 표시한다.

```
    print(' -- single word sentiment --')
    print(analysis)
```

이 코드는 문장에서 몇 쌍의 단어가 발생하는지 이해하는 데 사용할 새로운 함수를 정의
한다.

```
def multiWordBasedSentiment():
```

이 코드는 두 단어짜리 튜플의 리스트를 정의한다. 우리는 이러한 단어 쌍이 한 문장에서 함께 나오는지 알아내려고 한다.

```
word_sets = [('heavy', 'rains'), ('flood', 'bengaluru')]
```

다음은 처리 및 특징을 찾으려는 문장이다.

```
text = 'heavy rains cause flash flooding in bengaluru'.split()
```

word_sets 변수의 단어 집합에 대한 입력 문장에서 extract_bigram_feats( )를 호출한다. 결과는 이러한 단어 쌍이 문장에 있는지 여부를 나타내는 딕셔너리다.

```
analysis = nltk.sentiment.util.extract_bigram_feats(text, word_sets)
```

이 코드는 딕셔너리를 화면에 표시한다.

```
print(' -- multi word sentiment --')
print(analysis)
```

새로운 함수 markNegativity( )를 정의한다. 이 함수는 문장의 부정성negativity을 어떻게 찾을 수 있는지 이해하는 데 도움이 된다.

```
def markNegativity():
```

다음은 부정성 분석을 수행하려는 문장으로, 변수 text에 저장된다.

```
text = 'Rainfall last year did not bring joy to Farmers'.split()
```

text에서 mark_negation( ) 함수를 호출하고 있다. 이것은 부정적 의미를 가진 모든 단어에 대해 특수 접미사 _NEG와 함께 문장의 모든 단어 리스트를 반환한다. 결과는 negation 변수에 저장된다.

```
negation = nltk.sentiment.util.mark_negation(text)
```

이 코드는 화면에 negation 리스트를 표시한다.

```
print(' -- negativity --')
print(negation)
```

프로그램 실행 시 다음 함수들이 호출되고 실행된 순서대로(위에서 아래로) 세 함수의 출력이 표시된다.

```
if __name__ == '__main__':
    wordBasedSentiment()
    multiWordBasedSentiment()
    markNegativity()
```

고급 감정 분석 탐색

대상 고객 기반을 늘리기 위해 점점 더 많은 기업이 온라인으로 향하고 있으며, 고객은 다양한 채널을 통해 의견을 남길 수 있는 기회를 얻게 됐다. 기업이 자신들이 운영하는 사업에 대한 고객의 감정적인 반응을 이해하는 것이 점점 더 중요해지고 있다.

이 레시피에서는 이전 레시피에서 배운 내용을 토대로 독자적인 감정 분석 프로그램을 만들어볼 것이다. 또한 복잡한 문장의 감정을 평가하는 데 도움이 되는 기본 제공 vader[5] 감정 분석 알고리즘도 알아볼 것이다.

준비하기

nltk 라이브러리와 함께 파이썬을 설치해야 한다.

---

5 Valence Aware Dictionary and sEntiment Reasoner의 약어다. - 옮긴이

260

1. 아톰 에디터(혹은 즐겨 쓰는 프로그래밍 편집기)를 연다.

2. AdvSentiment.py라는 새 파일을 만든다.

3. 다음 소스코드를 입력한다.

```
AdvSentiment.py
1  import nltk
2  import nltk.sentiment.util
3  import nltk.sentiment.sentiment_analyzer
4  from nltk.sentiment.vader import SentimentIntensityAnalyzer
5
6  def mySentimentAnalyzer():
7      def score_feedback(text):
8          positive_words = ['love', 'genuine', 'liked']
9          if '_NEG' in ' '.join(nltk.sentiment.util.mark_negation(text.split())):
10             score = -1
11         else:
12             analysis = nltk.sentiment.util.extract_unigram_feats(text.split(),
                   positive_words)
13             if True in analysis.values():
14                 score = 1
15             else:
16                 score = 0
17         return score
18
19     feedback = """I love the items in this shop, very genuine and quality is
           well maintained.
20     I have visited this shop and had samosa, my friends liked it very much.
21     ok average food in this shop.
22     Fridays are very busy in this shop, do not place orders during this day."""
23     print(' -- custom scorer --')
24     for text in feedback.split("\n"):
25         print("score = {} for >> {}".format(score_feedback(text), text))
26
27
28 def advancedSentimentAnalyzer():
29     sentences = [
30         ':)',
31         ':(',
32         'She is so :(',
33         'I love the way cricket is played by the champions',
34         'She neither likes coffee nor tea',
35     ]
36     senti = SentimentIntensityAnalyzer()
37     print(' -- built-in intensity analyser --')
38     for sentence in sentences:
39         print('[{}]'.format(sentence), end=' --> ')
40         kvp = senti.polarity_scores(sentence)
41         for k in kvp:
42             print('{} = {}, '.format(k, kvp[k]), end='')
43         print()
44
45 if __name__ == '__main__':
46     advancedSentimentAnalyzer()
47     mySentimentAnalyzer()
48
```

4. 파일을 저장한다.

5. 파이썬 인터프리터를 사용해 프로그램을 실행한다.

6. 다음 결과가 표시된다.

```
nltk $ python AdvSentiment.py
 —- built-in intensity analyser —-
[:)] —> neg = 0.0, neu = 0.0, pos = 1.0, compound = 0.4588,
[:(] —> neg = 1.0, neu = 0.0, pos = 0.0, compound = -0.4404,
[She is so :(] —> neg = 0.555, neu = 0.445, pos = 0.0, compound = -0.5777,
[I love the way cricket is played by the champions] —> neg = 0.0, neu = 0.375, pos = 0.625, compound =
0.875,
[She neither likes coffee nor tea] —> neg = 0.318, neu = 0.682, pos = 0.0, compound = -0.3252,
 —- custom scorer —-
score = 1 for >> I love the items in this shop, very genuine and quality is well maintained.
score = 1 for >>    I have visited this shop and had samosa, my friends liked it very much.
score = 0 for >>    ok average food in this shop.
score = -1 for >>    Fridays are very busy in this shop, do not place orders during this day.
nltk $
```

동작 원리

이제 감정 분석 프로그램이 어떻게 작동하는지 보자. 이 프로그램에서 사용할 모듈을 임포트한다.

```
import nltk
import nltk.sentiment.util
import nltk.sentiment.sentiment_analyzer
from nltk.sentiment.vader import SentimentIntensityAnalyzer
```

새로운 함수 mySentimentAnalyzer( )를 정의한다.

```
def mySentimentAnalyzer( ):
```

이 코드는 문장을 입력으로 사용해 부정은 -1, 중립은 0, 긍정은 1로 문장의 점수를 반환하는 새 서브함수 score_feedback( )을 정의한다.

```
    def score_feedback(text):
```

262

단지 실험용이기 때문에, 감정을 찾을 세 단어를 정의하고 있다. 실제 사용 시에는 더 큰 딕셔너리의 말뭉치에서 단어들을 가져와서 사용할 수 있다.

```
positive_words = ['love', 'genuine', 'liked']
```

이 코드는 입력된 문장을 단어로 나눈다.

단어 목록은 mark_negation( ) 함수에 제공되어 문장에서 부정적인 영향을 식별한다. mark_negation( )의 결과를 문자열로 결합하고 _NEG 접미사가 있는지 확인한다. 점수를 -1로 설정한다.

```
if '_NEG' in ' '.join(nltk.sentiment.util.mark_negation(text.split())):
    score = -1
```

여기서 positive_words에 대한 입력 텍스트에서 extract_unigram_feats( )를 사용하고 analysis라는 변수에 딕셔너리를 저장한다.

```
else:
    analysis = nltk.sentiment.util.extract_unigram_feats(text.split(),
positive_words)
```

입력 텍스트에 긍정 단어가 있으면 점수값을 1로 결정한다.

```
if True in analysis.values():
    score = 1
else:
    score = 0
```

마지막으로 이 score_feedback( ) 함수는 계산된 점수를 반환한다.

```
return score
```

다음은 알고리즘을 사용해 점수를 출력하고 처리하려는 4개의 리뷰다.

```
feedback = """I love the items in this shop, very genuine and quality
is well maintained.
I have visited this shop and had samosa, my friends liked it very much.
```

```
ok average food in this shop.
Fridays are very busy in this shop, do not place orders during this
day."""
```

이 코드는 줄바꿈 문자(\n)로 분리하고 이 텍스트에서 score_feedback( ) 함수를 호출해
feedback 변수에서 문장을 추출한다.

```
print(' -- custom scorer --')
for text in feedback.split("\n"):
    print("score = {} for >> {}".format(score_feedback(text), text))
```

결과는 화면에 점수와 문장이 표시될 것이다. 이 코드는 NLTK 감정 분석의 기본 기능을
이해하는 데 사용되는 advancedSentimentAnalyzer( ) 함수를 정의한다.

def advancedSentimentAnalyzer( ):

분석할 다섯 개의 문장을 정의하고 있다. 알고리즘의 작동 방식을 확인하기 위해 이모티
콘(아이콘)을 사용하는 것을 알 수 있다.

```
sentences = [
    ':)',
    ':(',
    'She is so :(',
    'I love the way cricket is played by the champions',
    'She neither likes coffee nor tea',
]
```

이 코드는 SentimentIntensityAnalyzer( )로 새 객체를 만들고 변수 senti에 저장한다.

```
senti = SentimentIntensityAnalyzer( )

print(' -- built-in intensity analyser --')
for sentence in sentences:
    print('[{}]'.format(sentence), end=' --> ')
    kvp = senti.polarity_scores(sentence)
    for k in kvp:
```

```
        print('{} = {}, '.format(k, kvp[k]), end='')
    print()
```

이 코드는 다음과 같은 작업을 한다.

- 모든 문장을 반복하고 현재 문장을 sentence 변수에 저장한다.
- 현재 처리 중인 문장을 화면에 표시한다.
- 이 문장에서 polarity_scores() 함수를 호출하고 그 결과를 kvp라는 변수에 저장한다.
- kvp 딕셔너리를 탐색하고 키(부정적, 중립, 긍정적 또는 복합 유형) 및 이러한 타입에 대해 계산된 점수를 출력한다.

프로그램 실행 시 결과를 화면에 표시하기 위해 두 함수를 호출한다.

```
if __name__ == '__main__':
    advancedSentimentAnalyzer()
    mySentimentAnalyzer()
```

대화형 비서 또는 챗봇 만들기

대화형 비서나 챗봇이 그리 새로운 것은 아니다. 어시스턴트류의 가장 진보한 것 가운데 하나는 1960년대 초에 만들어진 ELIZA로, 탐구할 만한 가치가 있다. 대화형 엔진을 성공적으로 만들려면 다음 사항을 고려해야 한다.

- 대상 사용자(청자) 이해
- 커뮤니케이션이 이루어지는 자연어 이해
- 사용자의 의도 이해
- 사용자에게 대답하고 추가 단서를 제공할 수 있는 응답 주기

NLTK의 nltk.chat 모듈이 범용 프레임워크를 제공해 이러한 엔진을 간단하게 만들 수 있다.

NLTK에서 사용 가능한 엔진을 살펴보자.

엔진	모듈
Eliza	nltk.chat.eliza 파이썬 모듈
Iesha	nltk.chat.iesha 파이썬 모듈
Rude	nltk.chat.rude 파이썬 모듈
Suntsu	nltk.chat.suntsu 모듈
Zen	nltk.chat.zen 모듈

이러한 엔진과 상호작용하기 위해 각 모듈을 파이썬 프로그램에 로드하고 demo( ) 함수를 실행하면 된다.

이 레시피는 기본 제공 엔진을 사용하는 방법과 nltk.chat 모듈이 제공하는 프레임워크를 사용해 간단한 대화식 엔진을 작성하는 방법을 보여준다.

준비하기

nltk 라이브러리와 함께 파이썬을 설치해야 한다. 정규표현식을 이해하면 도움이 된다.

수행 방법

1. 아톰 에디터(혹은 즐겨 쓰는 프로그래밍 편집기)를 연다.
2. Conversational.py라는 새 파일을 만든다.
3. 다음 소스코드를 입력한다.

```
Conversational.py
1   import nltk

    def builtinEngines(whichOne):
        if whichOne == 'eliza':
            nltk.chat.eliza.demo()
        elif whichOne == 'iesha':
            nltk.chat.iesha.demo()
        elif whichOne == 'rude':
            nltk.chat.rude.demo()
        elif whichOne == 'suntsu':
            nltk.chat.suntsu.demo()
        elif whichOne == 'zen':
            nltk.chat.zen.demo()
        else:
            print("알 수 없는 내장 채팅 엔진 {}".format(whichOne))

    def myEngine():
        chatpairs = (
            (r"(.*?)Stock price(.*)",
                ("Today stock price is 100",
                "I am unable to find out the stock price.")),
            (r"(.*?)not well(.*)",
                ("Oh, take care. May be you should visit a doctor",
                "Did you take some medicine ?")),
            (r"(.*?)raining(.*)",
                ("Its monsoon season, what more do you expect ?",
                "Yes, its good for farmers")),
            (r"How(.*?)health(.*)",
                ("I am always healthy.",
                "I am a program, super healthy!")),
            (r".*",
                ("I am good. How are you today ?",
                "What brings you here ?"))
        )
        def chat():
            print("!"*80)
            print(" >> 내 엔진 << ")
            print("일반 영어로 프로그램과 대화")
            print("="*80)
            print("완료되면 'quit' 입력")
            chatbot = nltk.chat.util.Chat(chatpairs, nltk.chat.util.reflections)
            chatbot.converse()

        chat()

    if __name__ == '__main__':
        for engine in ['eliza', 'iesha', 'rude', 'suntsu', 'zen']:
            print("=== {} 데모 ===".format(engine))
            builtinEngines(engine)
            print()
        myEngine()
```

4. 파일을 저장한다.

5. 파이썬 인터프리터를 사용해 프로그램을 실행한다.

6. 다음 결과가 표시된다.

여기서 달성하려는 목표를 이해하자. 이 코드는 nltk 라이브러리를 프로그램으로 가져온다.

```
import nltk
```

이 코드는 whichOne 문자열 파라미터를 취하는 builtinEngines라는 새 함수를 정의한다.

```
def builtinEngines(whichOne):
```

if, elif, else 명령어는 whichOne 변수에 있는 인수에 따라 어떤 채팅 엔진의 demo() 함수가 호출될지를 결정하는 전형적인 분기 명령어다. 사용자가 알 수 없는 엔진 이름을 전달하면 해당 엔진에 대해 알지 못한다는 메시지를 사용자에게 표시한다.

```
    if whichOne == 'eliza':
        nltk.chat.eliza.demo()
    elif whichOne == 'iesha':
        nltk.chat.iesha.demo()
    elif whichOne == 'rude':
        nltk.chat.rude.demo()
    elif whichOne == 'suntsu':
        nltk.chat.suntsu.demo()
    elif whichOne == 'zen':
        nltk.chat.zen.demo()
    else:
        print("알 수 없는 내장 채팅 엔진 {}".format(whichOne))
```

알고 있는 모든 사례와 알 수 없는 사례도 모두 처리하는 것이 좋다. 예외 처리를 하면 알려지지 않은 상황을 처리할 때 프로그램의 안정성이 향상된다.

이 코드는 myEngine()이라는 새 함수를 정의한다. 이 함수는 파라미터를 사용하지 않는다.

```
def myEngine():
```

중첩된 튜플 자료 구조를 정의하고 이를 채팅 쌍에 할당하는 하나의 명령어다.

```
chatpairs = (
    (r"(.*?)Stock price(.*)",
        ("Today stock price is 100",
        "I am unable to find out the stock price.")),
    (r"(.*?)not well(.*)",
        ("Oh, take care. May be you should visit a doctor",
        "Did you take some medicine ?")),
    (r"(.*?)raining(.*)",
        ("Its monsoon season, what more do you expect ?",
        "Yes, its good for farmers")),
    (r"How(.*?)health(.*)",
        ("I am always healthy.",
        "I am a program, super healthy!")),
    (r".*",
        ("I am good. How are you today ?",
        "What brings you here ?"))
)
```

자료 구조에 세심한 주의를 기울여보자.

- 튜플들로 이뤄진 튜플을 정의하고 있다.
- 각 서브튜플은 두 개의 요소로 구성돼 있다.
  - 첫 번째 멤버는 정규표현식(정규식 형태인 사용자의 질문)이다.
  - 튜플의 두 번째 멤버는 또 다른 튜플 집합(답변들)이다.

myEngine( ) 함수 내부에 chat( )이라는 서브함수를 정의하고 있다. 파이썬은 서브함수를 허용한다. 이 chat( ) 함수는 화면에 사용자에게 몇 가지 정보를 표시하고 chatpairs 변수로 nltk 내장 nltk.chat.util.Chat( ) 클래스를 호출한다. nltk.chat.util.reflections를 두 번째 인수로 전달한다. 마지막으로 chat( ) 클래스를 사용해 생성된 객체에 대해 chatbot.converse( ) 함수를 호출한다.

```
def chat():
    print("!"*80)
    print(" >> 내 엔진 << ")
    print("일반 영어로 프로그램과 대화")
    print("="*80)
    print("완료되면 'quit' 입력")
    chatbot = nltk.chat.util.Chat(chatpairs, nltk.chat.util.reflections)
    chatbot.converse()
```

이 코드는 chat() 함수를 호출한다. chat() 함수는 화면에 프롬프트를 표시하고 사용자의 요청을 받아들인다.

이전에 작성한 정규표현식에 따라 응답을 표시한다.

```
chat()
```

이 코드는 프로그램이 독립형 프로그램(임포트를 사용하지 않음)으로 실행될 때 호출된다.

```
if __name__ == '__main__':
    for engine in ['eliza', 'iesha', 'rude', 'suntsu', 'zen']:
        print("=== {} 데모 ===".format(engine))
        builtinEngines(engine)
        print()
    myEngine()
```

위 코드는 다음 두 가지를 수행한다.

- 내장 엔진을 차례로 호출한다(체험해볼 수 있도록).
- 기본 제공 5개의 엔진이 모두 종료되면 myEngine()을 호출해 커스텀 엔진이 실행된다.

NLP의 딥러닝 적용

9장에서는 다음과 같은 레시피를 다룬다.

- TF-IDF 생성 후 심층 신경망을 이용한 이메일 분류
- 합성곱망 CNN 1D를 이용한 IMDB 감정 분류
- 양방향 LSTM을 이용한 IMDB 감정 분류
- 신경 단어 벡터 시각화를 사용해 고차원의 단어를 2차원으로 시각화

소개

최근 들어 텍스트, 음성, 이미지 데이터를 사용해 응용 프로그램을 만들 때 최신 결과를 얻는 데 있어 인공지능 분야에서 주로 사용되는 딥러닝(심층 학습)이 현저하게 두각을 나타내고 있다. 다만 이러한 모델들은 모든 응용 분야에서 두드러진 결과를 내고 있는 것으로 밝혀졌다. 9장에서는 NLP/텍스트 처리의 다양한 적용을 다룰 것이다.

CNN과 RNN은 딥러닝에서 중심 주제이며 도메인 전체에서 계속 논의를 진행한다.

합성곱 신경망

합성곱 신경망 즉, CNN$^{Convolutional\ Neural\ Network}$은 이미지를 고정된 카테고리 세트로 분류하는 등 이미지 처리에 주로 사용된다. CNN의 작동 원리는 크기가 3×3인 필터가 크기가 5×5인 원래의 행렬과 컨볼루션^{convolves}되는 크기로 3×3 크기의 출력을 생성하는 다음 다이어그램에 설명돼 있다. 필터는 1단계 크기 또는 1보다 큰 임의의 값으로 수평으로 걸을 수 있다. 셀(1, 1)의 경우 얻은 값은 3이며 기본 행렬 값과 필터 값의 곱이다. 이 방법으로 필터는 원본 5×5 매트릭스를 가로질러 활성화 맵이라고도 하는 3×3의 컨볼루션된 피처를 만든다.

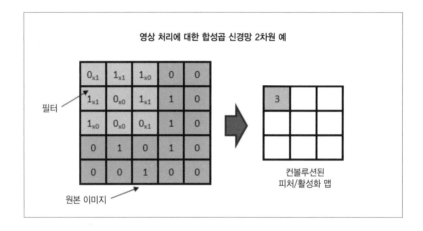

컨볼루션 사용의 장점이다.

- 고정된 크기 대신에 완전히 연결된 레이어가 뉴런의 수를 절약하고, 따라서 머신의 계산 능력 요구 조건이 줄어든다.
- 다음 레이어에 연결된 각 픽셀보다는 작은 크기의 필터 가중치만 사용해 매트릭스를 가리킨다. 따라서 이것은 입력 이미지를 다음 레이어로 요약하는 더 좋은 방법이다.
- 역전파^{backpropagation} 중에는 역전파된 오류에 따라 필터의 가중치만 업데이트해야 하므로 효율성이 높아진다.

CNN은 임의적 차원에서 공간적/시간적으로 분산된 배열 간의 매핑을 수행한다. 시계열, 이미지 또는 동영상에 적용하기에 적합하다. CNN의 특징은 다음과 같다.

- 변환 불변성(신경 가중치는 공간 변환과 관련해 고정돼 있음)
- 로컬 연결성(신경 연결은 공간적 지역 간에만 존재함)
- 공간 해상도의 점진적인 감소(피처 수가 점차적으로 증가함)

컨볼루션 후, 동일한 동작이 포인트 수를 줄이고 계산 효율을 향상시킴에 따라 가장 중요한 기능을 기반으로 컨볼루션된 피처/활성화 맵을 줄여야 한다. 풀링은 일반적으로 불필요한 표현을 줄이기 위해 수행되는 작업이다. 풀링 작업에 대한 간략한 세부 정보는 다음과 같다.

- **풀링**: 풀링은 작고 관리하기 쉬운 활성화 표현을 만든다(입력 및 가중치의 입력 조합에서 필터를 컨볼루션함으로써 얻음). 그것은 각 활성화 맵에 대해 독립적으로 작동한다. 풀링은 레이어의 폭과 너비에 적용되며 풀링 단계에서 깊이는 동일하게 유지된다. 다음 다이어그램에서는 2×2 풀링 작업에 대해 설명한다. 원래의 모든 4×4 매트릭스는 절반으로 줄어들었다. 2, 4, 5, 8의 처음 네 개의 셀 값에서 최댓값인 8이 추출된다.

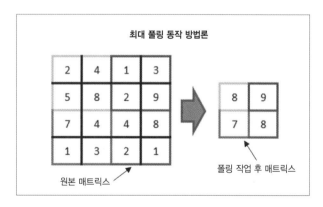

컨볼루션 작업으로 인해 픽셀/입력 데이터 크기가 스테이지에서 줄어드는 것이 당연하다. 그러나 어떤 경우에는 작업 전반에 걸쳐 크기를 유지하려고 한다. 이를 달성하기 위한 임시방편적인 방법은 그에 따라 최상위 레이어에 0으로 패딩하는 것이다.

- **패딩**: 다음 다이어그램(폭과 너비)은 연속적으로 축소된다. 이는 심층 네트워크에서는 바람직하지 않으며, 패딩은 그림의 크기를 일정하게 유지하거나 네트워크 전체에서 크기를 제어할 수 있도록 한다.

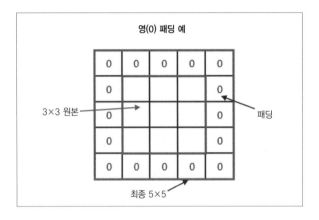

주어진 입력 너비, 필터 크기, 패딩 및 폭을 기준으로 활성화 맵 크기를 계산하는 간단한 방정식은 다음과 같다. 이 방정식은 어느 정도의 컴퓨팅 성능이 필요한지 등을 알려준다.

- **활성화 맵 크기 계산**: 다음 공식에서 컨볼루션 계층에서 얻은 활성화 맵의 크기는 다음과 같다.

$$활성\ 맵\ 크기 = (\frac{W - F + 2P}{S}) + 1$$

여기서 W는 원본 이미지의 너비이고 F는 필터 크기이며 P는 패딩 크기다(단일 레이어의 경우 1, 이중 레이어의 경우 2 등).

예를 들어 크기 $224 \times 224 \times 3$(3은 각각 RGB(적녹청) 채널을 나타냄)의 입력 이미지를 고려하고 필터 크기는 11×11이고 필터 수는 96이 된다. 스트라이드 길이는 4이며 패딩은 없다. 이 필터에서 생성된 활성화 맵 크기는 얼마인가?

$$활성\ 맵\ 크기 = (\frac{W - F + 2P}{S}) + 1$$

$$활성\ 맵\ 크기 = (\frac{224 - 11 + 2 * 0}{4}) + 1 = 54.25 \sim 55$$

활성화 맵의 차원은 $55 \times 55 \times 96$이다. 앞의 수식을 사용하면 너비와 깊이만 계산할 수 있지만 깊이는 사용되는 필터 수에 따라 다르다. 실제로 이것은 AlexNet의 컨볼루션 단계 이후 1단계에서 얻은 것이다.

- **2012년 ImageNet 경연에서 사용된 AlexNet**: 다음 이미지는 2012년 ImageNet 경연에서 우위를 점하기 위해 개발된 AlexNet에 대해 설명한다. 그것은 다른 경쟁 기법들에 비해 훨씬 더 높은 정확도를 보였다.

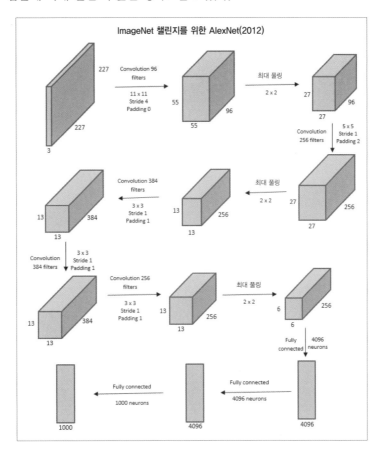

AlexNet에서는 컨볼루션^{convolution}, 풀링^{pooling}, 패딩^{padding}과 같은 모든 기술이 사용돼 결국 완전 연결^{fully connected}(전결합) 레이어와 연결된다.

CNN의 적용

CNN은 다양한 응용 분야에서 사용되고 있다. 그중 일부는 다음과 같다.

- **이미지 분류**: CNN은 다른 방법과 비교해 대용량의 이미지 크기에 대해 더 높은 정확도를 제공한다. 이미지 분류에서는 초기 단계에서 CNN을 사용하고 풀링 레이어를 사용해 충분한 피처를 추출한 다음 다른 CNN 등을 추출해 최종 연결된 레이어와 연결해 주어진 클래스 수로 분류한다.
- **얼굴 인식**: CNN은 위치, 밝기 등이 변하지 않으므로 이미지에서 얼굴을 인식하고 조명이 좋지 않거나 얼굴이 옆을 향하는 것처럼 보이더라도 얼굴을 처리한다.
- **장면 레이블링**: 각 픽셀은 장면 레이블에 속한 대상의 범주로 레이블이 지정된다. 여기서 CNN은 픽셀을 계층적 방식으로 결합하는 데 사용된다.
- **자연어 처리**: NLP에서 CNN은 단어주머니^{bag-of-words}와 유사하게 사용된다. 단어의 순서는 이메일/텍스트의 최종 클래스를 식별하는 데 중요한 역할을 하지 않는다. CNN은 벡터 형식의 문장으로 표현되는 행렬에 사용된다. 그 후에 필터가 적용되지만 CNN은 폭이 일정한 1차원이며 필터는 높이만 통과한다(바이그램의 경우 2, 트라이그램의 경우 3 등등).

순환 신경망

순환 신경망 즉, RNN^{Recurrent Neural Network}은 매 시간 단계마다 반복 수식을 적용해 벡터 X의 시퀀스를 처리하는 데 사용된다. 합성곱 신경망에서는 모든 입력이 서로 독립적이라고 가정한다. 그러나 어떤 작업에서는 입력이 서로 종속적인데, 예를 들어 시계열 예측 데이터나 과거 단어에 따라 문장의 다음 단어를 예측하는 등 과거 시퀀스의 종속성을 고려해 모델링해야 한다. 이론적으로 RNN은 임의의 긴 시퀀스 정보를 사용할 수 있지만 실제로는 몇 단계만 돌아가는 것으로만 제한된다. 이러한 문제는 더 나은 정확도를 제공하므로 RNN으로 모델링된다. 다음 수식은 RNN 기능을 설명한다.

$$h_t = f_W(h_{t-1}, x_t)$$
$$h_t = tanh(W_{hh} h_{t-1} + W_{xh} x_t)$$
$$y_t = W_{hy} h_t$$

h_t = 새로운 상태;

f_W = 파라미터 W를 지닌 함수

h_{t-1} = 이전 상태; x_t = 시간 간격 입력 벡터

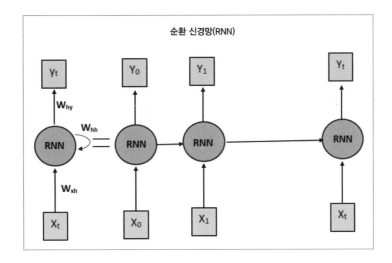

• **RNN의 기울기**gradient **소실**vanishing **또는 발산**exploding **문제**: 기울기는 레이어가 많을수록 빠르게 소실되며, 각 레이어에는 많은 시간 간격이 발생하고, 순환 가중치는 본질적으로 배수가 되므로 기울기가 빠르게 발산하거나 소실돼 신경망을 학습할 수 없게 만든다. 기울기 클리핑 기법을 사용해 발산 기울기를 제한할 수 있다. 기울기 클리핑 기술을 사용하면 상한선이 기울기를 발산시키도록 설정되지만 기울기 문제는 여전히 존재한다. 이 문제는 LSTMlong short-term memory 네트워크를 사용해 극복할 수 있다.

- **LSTM**: 규칙적인 네트워크 단위 외에 LSTM 블록을 포함하는 인공 신경망이다. LSTM 블록은 입력이 기억하기에 충분히 중요한 시점, 기억을 계속해야 할 시점 또는 값을 잊어야 하는 시점과 값을 출력해야 하는 시점을 결정하는 게이트를 포함한다.

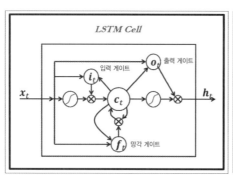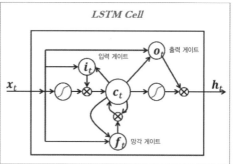

기울기 소실 및 발산 문제는 RNN의 경우인 곱셈 모델보다 가산 모델이기 때문에 LSTM에서는 발생하지 않는다.

NLP에서 RNN 적용

RNN은 많은 NLP 작업에서 큰 성공을 거뒀다. 가장 일반적으로 사용되는 RNN의 변형은 LSTM이다. 기울기 소실/발산 문제를 극복하기 때문이다.

- **언어 모델링**: 일련의 단어가 주어지면 다음으로 예상되는 단어를 예측하는 작업이다.
- **텍스트 생성**: 몇몇 작가의 글로부터 텍스트를 생성한다.
- **기계 번역**: 어떤 언어를 다른 언어(영어에서 중국어 등)로 변환한다.
- **챗봇**: 이 애플리케이션은 기계 번역과 매우 비슷하다. 그러나 질문과 답변 쌍이 모델을 학습시키는 데 사용된다.
- **이미지 설명 생성**: CNN과 RNN을 함께 트레이닝함으로써 이미지 캡션, 설명을 생성하는 데 사용할 수 있다.

TF-IDF 생성 후 심층 신경망을 이용한 이메일 분류

이 레시피에서는 각 이메일에 있는 단어를 기반으로 20개의 사전 분류된 범주 중 하나로 이메일을 분류하기 위해 DNN(심층 신경망)을 사용할 것이다. 이것은 딥러닝의 주제와 NLP 에서의 적용을 이해하기 위해 시작하는 간단한 모델이다.

준비하기

scikit-learn의 20개 뉴스 그룹 데이터셋이 개념을 설명하기 위해 활용됐다. 분석을 위해 고려된 관측치, 이메일 수는 18,846(학습 관측치-11,314 및 테스트 관측치-7,532)이며 해당 클래스/카테고리는 20으로 다음과 같이 표시된다.[1]

```
>>> from sklearn.datasets import fetch_20newsgroups
>>> newsgroups_train = fetch_20newsgroups(subset='train')
>>> newsgroups_test = fetch_20newsgroups(subset='test')
>>> x_train = newsgroups_train.data
>>> x_test = newsgroups_test.data
>>> y_train = newsgroups_train.target
>>> y_test = newsgroups_test.target
>>> print ("20개 카테고리 전체 목록:")
>>> print (newsgroups_train.target_names)
>>> print ("\n")
>>> print ("샘플 이메일:")
>>> print (x_train[0])
>>> print ("샘플 타깃 카테고리:")
>>> print (y_train[0])
>>> print (newsgroups_train.target_names[y_train[0]])
```

---

1 다음 문구와 함께 다운로드에 시간이 다소 소요된다.
  Downloading 20news dataset. This may take a few minutes.
  Downloading dataset from https://ndownloader.figshare.com/files/5975967(14MB) – 옮긴이

다음 스크린샷은 데이터 관찰의 첫 번째 카테고리와 대상 클래스의 예를 보여준다. 첫 번째 관찰이나 이메일에서 그 이메일이 2도어 스포츠카에 관한 것이라고 추측할 수 있다. 이것은 수작업으로 자동차 카테고리인 8로 분류할 수 있다.

 인덱싱이 0부터 시작하기 때문에 목표값이 7이며, 이는 실제 목표 클래스 7과 이해도를 검증한다.

```
List of all 20 categories:
['alt.atheism', 'comp.graphics', 'comp.os.ms-windows.misc', 'comp.sys.ibm.pc.hardware', '
comp.sys.mac.hardware', 'comp.windows.x', 'misc.forsale', 'rec.autos', 'rec.motorcycles',
'rec.sport.baseball', 'rec.sport.hockey', 'sci.crypt', 'sci.electronics', 'sci.med', 'sc
i.space', 'soc.religion.christian', 'talk.politics.guns', 'talk.politics.mideast', 'talk.
politics.misc', 'talk.religion.misc']


Sample Email:
From: lerxst@wam.umd.edu (where's my thing)
Subject: WHAT car is this!?
Nntp-Posting-Host: rac3.wam.umd.edu
Organization: University of Maryland, College Park
Lines: 15

 I was wondering if anyone out there could enlighten me on this car I saw
the other day. It was a 2-door sports car, looked to be from the late 60s/
early 70s. It was called a Bricklin. The doors were really small. In addition,
the front bumper was separate from the rest of the body. This is
all I know. If anyone can tellme a model name, engine specs, years
of production, where this car is made, history, or whatever info you
have on this funky looking car, please e-mail.

Thanks,
- IL
   ---- brought to you by your neighborhood Lerxst ----


Sample Target Category:
7
rec.autos
```

NLP 기술을 사용해 최종 결과물인 스팸 메일 또는 햄과 매핑하기 위해 최종 단어 벡터를 얻기 위해 데이터를 사전 처리했다. 주요 단계는 다음과 같다.

1. 전처리
2. 문장부호 제거
3. 단어 토큰화
4. 단어를 소문자로 변환
5. 불용어 제거
6. 최소 3자의 단어 길이 유지
7. 단어 어간 추출(스테밍)
8. 품사 태깅
9. 단어의 원형 복원
   1. TF–IDF 벡터 변환
   2. 딥러닝 모델 학습 및 테스트
   3. 모델 평가 및 결과 토론

동작 원리

NLTK 패키지는 한지붕 아래 필요한 모든 NLP 기능으로 구성돼 있으므로 모든 전처리 단계에 활용되고 있다.

```
# 데이터 전처리에 사용
>>> import nltk
>>> from nltk.corpus import stopwords
>>> from nltk.stem import WordNetLemmatizer
>>> import string
>>> import pandas as pd
>>> from nltk import pos_tag
>>> from nltk.stem import PorterStemmer
```

작성한 함수 preprocessing는 편의상 모든 단계로 구성된다. 그러나 각 섹션의 모든 단계에 대해 설명할 것이다.

```
>>> def preprocessing(text):
```

다음 코드는 단어를 분할해 각 문자에 표준 문장부호가 포함돼 있는지 확인한다. 표준 문장부호가 있다면 빈칸으로 바꾸고 아니면 공백으로 바꾸지 않는다.

```
... text2 = " ".join("".join([" " if ch in string.punctuation else ch
for ch in text]).split())
```

다음 코드는 문장을 공백에 따라 단어로 토큰화하고 추가 단계를 적용하기 위한 리스트로 함께 묶는다.

```
... tokens = [word for sent in nltk.sent_tokenize(text2) for word in
nltk.word_tokenize(sent)]
```

모든 문자(대/소문자 모두)를 소문자로 변환해 말뭉치에서 중복을 줄인다.

```
... tokens = [word.lower() for word in tokens]
```

앞서 언급했듯이 불용어는 단어 등을 연결하는 데 사용되며 문장을 이해하는 데는 별로 중요치 않은 단어다. 다음 코드를 사용해 제거했다.

```
... stopwds = stopwords.words('english')
... tokens = [token for token in tokens if token not in stopwds]
```

다음 코드로 (길이가 3보다 큰) 세 글자 이상 단어만 유지하면 의미가 거의 없는 짧은 단어를 제거할 수 있다.

```
... tokens = [word for word in tokens if len(word)>=3]
```

단어에서 추가로 접미사가 나오는 단어에 PorterStemmer를 사용해 스테밍을 적용한다.

```
... stemmer = PorterStemmer()
... tokens = [stemmer.stem(word) for word in tokens]
```

품사 태깅은 단어가 명사인지 동사인지 등에 기초해 원형 복원[lemmatization]하기 위한 전제 조건이다. 원형 복원을 거치면 어근으로 줄어들 것이다.

```
... tagged_corpus = pos_tag(tokens)
```

pos_tag 함수는 명사에 대한 네 가지 형태와 동사에 대한 여섯 가지 형태로 품사를 반환한다. NN — (명사, 일반, 단수), NNP — (명사, 보통, 복수형), VB — (동사, 기본 형식), VBD — VBG — (동사, 현재 분사), VBN — (동사, 과거 분사), VBP — (동사, 현재 시제, 3인칭 단수가 아닌 형태), VBZ — (동사, 현재 시제, 3인칭 단수형)

```
... Noun_tags = ['NN','NNP','NNPS','NNS']
... Verb_tags = ['VB','VBD','VBG','VBN','VBP','VBZ']
... lemmatizer = WordNetLemmatizer()
```

다음 함수 prat_lemmatize는 pos_tag 함수와 lemmatize 함수의 받아들이는 값이 일치하지 않는 경우를 대비해 만들었다. 어떤 단어에 해당하는 태그가 각각의 명사 또는 동사 태그 카테고리에 속하는 경우, n 또는 v가 다음과 같이 lemmatize 함수에 적용된다.

```
... def prat_lemmatize(token,tag):
...     if tag in Noun_tags:
...         return lemmatizer.lemmatize(token,'n')
...     elif tag in Verb_tags:
...         return lemmatizer.lemmatize(token,'v')
...     else:
...         return lemmatizer.lemmatize(token,'n')
```

토큰화를 수행하고 다양한 작업을 모두 적용한 후, 다시 결합해 문자열 형태를 생성해야 한다. 다음 함수가 해당 기능을 수행한다.

```
... pre_proc_text = " ".join([prat_lemmatize(token,tag) for token,tag
in tagged_corpus])
... return pre_proc_text
```

학습 및 테스트 데이터에 대해 전처리를 적용한다.

```
>>> x_train_preprocessed = []
>>> for i in x_train:
... x_train_preprocessed.append(preprocessing(i))
>>> x_test_preprocessed = []
>>> for i in x_test:
... x_test_preprocessed.append(preprocessing(i))
# TFIDF 벡터라이저(vectorizer) 구축
>>> from sklearn.feature_extraction.text import TfidfVectorizer
>>> vectorizer = TfidfVectorizer(min_df=2, ngram_range=(1, 2),
stop_words='english', max_features= 10000,strip_accents='unicode',
norm='l2')
>>> x_train_2 = vectorizer.fit_transform(x_train_preprocessed).todense()
>>> x_test_2 = vectorizer.transform(x_test_preprocessed).todense()
```

전처리 단계가 완료된 후 처리된 TF-IDF 벡터는 다음 딥러닝 코드로 넘겨야 한다.

```
# 딥러닝 모듈
>>> import numpy as np
>>> from keras.models import Sequential
>>> from keras.layers.core import Dense, Dropout, Activation
>>> from keras.optimizers import Adadelta,Adam,RMSprop
>>> from keras.utils import np_utils
```

다음 이미지는 이전 케라스 코드를 실행한 후 출력을 생성한다. 케라스는 테아노^{Theano}에 설치됐으며 결국 파이썬에서 동작한다. 6GB 메모리가 장착된 GPU에는 추가 라이브러리 (CuDNN 및 CNMeM)가 4~5배 빠른 실행 속도로 설치돼 약 20%의 메모리가 소모됐다. 따라서 6GB 중 80%의 메모리만 사용할 수 있다.

```
Using Theano backend.
WARNING (theano.sandbox.cuda): The cuda backend is deprecated and will be removed in the next release (v0.10).  Please s
witch to the gpuarray backend. You can get more information about how to switch at this URL:
 https://github.com/Theano/Theano/wiki/Converting-to-the-new-gpu-back-end%28gpuarray%29

Using gpu device 0: GeForce GTX 1060 6GB (CNMeM is enabled with initial size: 80.0% of memory, cuDNN 5105)
```

다음 코드는 딥러닝 모델의 핵심 부분을 설명한다. 코드는 따로 설명할 것도 없이 클래스 수 20, 일괄 처리 사이즈는 64, 학습할 에포크^{epoch} 수는 20이다.

```
# 하이퍼 파라미터 정의
>>> np.random.seed(1337)
>>> nb_classes = 20
>>> batch_size = 64
>>> nb_epochs = 20
```

다음 코드는 20개의 카테고리를 하나의 원-핫 인코딩$^{one-hot\ encoding}$ 벡터로 변환해 20개의 열이 만들어지고 각 클래스에 대한 값은 1로 지정된다. 다른 모든 클래스는 0으로 표시된다.

```
>>> Y_train = np_utils.to_categorical(y_train, nb_classes)
```

다음 케라스 코드 블록에서 3개의 숨겨진 레이어(각 레이어에 각각 1,000, 500, 50개의 뉴런)가 사용되며 아담^{Adam}이 옵티마이저로 있는 각 레이어의 드롭아웃은 50%이다.

```
# 케라스에서의 딥 레이어(심층) 모델 구축
>>> model = Sequential()
>>> model.add(Dense(1000,input_shape= (10000,)))
>>> model.add(Activation('relu'))
>>> model.add(Dropout(0.5))
>>> model.add(Dense(500))
>>> model.add(Activation('relu'))
>>> model.add(Dropout(0.5))
>>> model.add(Dense(50))
>>> model.add(Activation('relu'))
>>> model.add(Dropout(0.5))
>>> model.add(Dense(nb_classes))
>>> model.add(Activation('softmax'))
>>> model.compile(loss='categorical_crossentropy', optimizer='adam')
>>> print (model.summary())
```

아키텍처는 다음과 같이 표시되며 10,000 시작점에서 입력으로의 데이터 흐름을 설명한다. 그런 다음 1,000, 500, 50, 20개의 뉴런이 주어진 이메일을 20개의 범주 중 하나로 분류한다.

```
Layer (type)                 Output Shape              Param #
=================================================================
dense_1 (Dense)              (None, 1000)              10001000

activation_1 (Activation)    (None, 1000)              0

dropout_1 (Dropout)          (None, 1000)              0

dense_2 (Dense)              (None, 500)               500500

activation_2 (Activation)    (None, 500)               0

dropout_2 (Dropout)          (None, 500)               0

dense_3 (Dense)              (None, 50)                25050

activation_3 (Activation)    (None, 50)                0

dropout_3 (Dropout)          (None, 50)                0

dense_4 (Dense)              (None, 20)                1020

activation_4 (Activation)    (None, 20)                0
=================================================================
Total params: 10,527,570.0
Trainable params: 10,527,570.0
Non-trainable params: 0.0
```

주어진 메트릭에 따라 모델이 학습된다.

```
# 모델 학습
>>> model.fit(x_train_2, Y_train, batch_size=batch_size,
epochs=nb_epochs,verbose=1)
```

모델에는 20개 에포크가 있으며, 각 에포크당 약 2초가 걸렸다. 손실은 1.9281에서 0.0241로 최소화됐다. CPU 하드웨어를 사용하면 GPU가 수천 개의 스레드/코어를 써서 계산을 대규모로 병렬 처리함에 따라 각 에포크를 학습하는 데 필요한 시간이 증가할 수 있다.

```
Epoch 1/20
11314/11314 [==============================] - 2s - loss: 1.9281
Epoch 2/20
11314/11314 [==============================] - 2s - loss: 0.5844
Epoch 3/20
11314/11314 [==============================] - 2s - loss: 0.2854
Epoch 4/20
11314/11314 [==============================] - 2s - loss: 0.1709
Epoch 17/20
11314/11314 [==============================] - 2s - loss: 0.0218
Epoch 18/20
11314/11314 [==============================] - 2s - loss: 0.0217
Epoch 19/20
11314/11314 [==============================] - 2s - loss: 0.0229
Epoch 20/20
11314/11314 [==============================] - 2s - loss: 0.0241
           <keras.callbacks.History at 0x1701c0f60>
```

마지막으로 학습 및 테스트 데이터셋에 대한 예측을 해 정확도, 정밀도, 재현율 값을 결정한다.

```
# 모델 예측
>>> y_train_predclass =
model.predict_classes(x_train_2,batch_size=batch_size)
>>> y_test_predclass =
model.predict_classes(x_test_2,batch_size=batch_size)
>>> from sklearn.metrics import accuracy_score,classification_report
>>> print ("\n\nDeep Neural Network - Train
accuracy:"),(round(accuracy_score( y_train, y_train_predclass),3))
>>> print ("\nDeep Neural Network - Test accuracy:"),(round(accuracy_score(
y_test,y_test_predclass),3))
>>> print ("\nDeep Neural Network - Train Classification Report")
>>> print (classification_report(y_train,y_train_predclass))
>>> print ("\nDeep Neural Network - Test Classification Report")
>>> print (classification_report(y_test,y_test_predclass))
```

```
Deep Neural Network  - Train accuracy: 0.999

Deep Neural Network  - Test accuracy: 0.807

Deep Neural Network  - Train Classification Report
             precision    recall  f1-score   support

          0       1.00      1.00      1.00       480
          1       0.99      1.00      1.00       584
          2       1.00      1.00      1.00       591
          3       1.00      1.00      1.00       590
          4       1.00      1.00      1.00       578
          5       1.00      1.00      1.00       593
          6       1.00      1.00      1.00       585
          7       1.00      1.00      1.00       594
          8       1.00      1.00      1.00       598
          9       1.00      1.00      1.00       597
         10       1.00      1.00      1.00       600
         11       1.00      1.00      1.00       595
         12       1.00      1.00      1.00       591
         13       1.00      1.00      1.00       594
         14       1.00      1.00      1.00       593
         15       1.00      1.00      1.00       599
         16       1.00      1.00      1.00       546
         17       1.00      1.00      1.00       564
         18       1.00      1.00      1.00       465
         19       1.00      1.00      1.00       377

avg / total       1.00      1.00      1.00     11314


Deep Neural Network  - Test Classification Report
             precision    recall  f1-score   support

          0       0.74      0.73      0.74       319
          1       0.61      0.75      0.67       389
          2       0.74      0.69      0.71       394
          3       0.71      0.67      0.69       392
          4       0.76      0.78      0.77       385
          5       0.86      0.76      0.81       395
          6       0:85      0.80      0.82       390
          7       0.89      0.84      0.86       396
          8       0.94      0.91      0.92       398
          9       0.91      0.89      0.90       397
         10       0.94      0.97      0.96       399
         11       0.92      0.91      0.91       396
         12       0.64      0.75      0.69       393
         13       0.92      0.80      0.86       396
         14       0.92      0.89      0.91       394
         15       0.81      0.89      0.85       398
         16       0.75      0.89      0.81       364
         17       0.94      0.82      0.88       376
         18       0.77      0.64      0.70       310
         19       0.55      0.65      0.60       251

avg / total       0.81      0.81      0.81      7532
```

분류기는 학습 데이터셋에서 99.9%의 정확도와 테스트 데이터셋에서 80.7%의 정확도를 보이고 있다.

합성곱망 CNN 1D를 이용한 IMDB 감정 분류

이 레시피에서는 감정(긍정/부정)으로 분류된 케라스 IMDB 영화 리뷰 감정 데이터를 사용한다. 리뷰는 사전 처리돼 있으며 각 리뷰는 이미 단어 인덱스(정수)의 시퀀스로 인코딩돼 있다. 그러나 예시를 보여주기 위해 다음 코드로 디코딩했다.

준비하기

케라스의 IMDB 데이터셋에는 일련의 단어와 각각의 감정이 있다. 다음은 데이터의 사전 처리다.

```
>>> import pandas as pd
>>> from keras.preprocessing import sequence
>>> from keras.models import Sequential
>>> from keras.layers import Dense, Dropout, Activation
>>> from keras.layers import Embedding
>>> from keras.layers import Conv1D, GlobalMaxPooling1D
>>> from keras.datasets import imdb
>>> from sklearn.metrics import accuracy_score,classification_report
```

이 파라미터 집합에서, 최대 피처 또는 추출할 단어 수는 6,000개이고, 개별 문장의 최대 길이는 400개 단어라고 입력했다.

```
# 파라미터 설정
>>> max_features = 6000
>>> max_length = 400
>>> (x_train, y_train), (x_test, y_test) = imdb.load_data(num_words=max_features)
>>> print(len(x_train), 'train observations')
>>> print(len(x_test), 'test observations')
```

데이터셋은 25,000개의 관측치에 대한 모델을 구축하고 25,000개의 데이터 관측을 통해 테스트 데이터에 대한 학습된 모델을 테스트할 학습 및 테스트 관측치의 수는 같다. 이 스크린샷에서 데이터 예제를 볼 수 있다.

```
25000 train observations
25000 test observations
```

다음 코드는 단어와 해당 정수 인덱스 값의 딕셔너리 매핑을 만드는 데 사용된다.

```
# 단어 대 숫자 매핑 생성
>>> wind = imdb.get_word_index()
>>> revind = dict((v,k) for k,v in wind.iteritems())
>>> print (x_train[0])
>>> print (y_train[0])
```

첫 번째 관측은 영어 단어가 아닌 숫자 집합으로 표시된다. 컴퓨터는 문자, 단어 등이 아닌 숫자만 이해하고 작업할 수 있기 때문이다.

```
[1, 14, 22, 16, 43, 530, 973, 1622, 1385, 65, 458, 4468, 66, 3941, 4, 173, 36, 256, 5, 25, 100, 43, 838, 112, 50, 670, 2
, 9, 35, 480, 284, 5, 150, 4, 172, 112, 167, 2, 336, 385, 39, 4, 172, 4536, 1111, 17, 546, 38, 13, 447, 4, 192, 50, 16,
6, 147, 2025, 19, 14, 22, 4, 1920, 4613, 469, 4, 22, 71, 87, 12, 16, 43, 530, 38, 76, 15, 13, 1247, 4, 22, 17, 515, 17,
12, 16, 626, 18, 2, 5, 62, 386, 12, 8, 316, 8, 106, 5, 4, 2223, 5244, 16, 480, 66, 3785, 33, 4, 130, 12, 16, 38, 619, 5,
25, 124, 51, 36, 135, 48, 25, 1415, 33, 6, 22, 12, 215, 28, 77, 52, 5, 14, 407, 16, 82, 2, 8, 4, 107, 117, 5952, 15, 25
6, 4, 2, 7, 3766, 5, 723, 36, 71, 43, 530, 476, 26, 400, 317, 46, 7, 4, 2, 1029, 13, 104, 88, 4, 381, 15, 297, 98, 32, 2
071, 56, 26, 141, 6, 194, 2, 18, 4, 226, 22, 21, 134, 476, 26, 480, 5, 144, 30, 5535, 18, 51, 36, 28, 224, 92, 25, 104,
4, 226, 65, 16, 38, 1334, 88, 12, 16, 283, 5, 16, 4472, 113, 103, 32, 15, 16, 5345, 19, 178, 32]
1
```

다음과 같이 역매핑된 딕셔너리를 사용해 디코딩할 수 있다.

```
>>> def decode(sent_list):
...     new_words = []
...     for i in sent_list:
...         new_words.append(revind[i])
...     comb_words = " ".join(new_words)
...     return comb_words
>>> print (decode(x_train[0]))
```

다음 스크린샷은 숫자 매핑을 텍스트 형식으로 변환한 후의 단계를 설명한다. 여기서는 딕셔너리를 사용해 정수 형식에서 텍스트 형식으로 맵을 역순으로 변환한다.

```
the as you with out themselves powerful lets loves their becomes reaching had journalist of lot from anyone to have after
 out atmosphere never more room and it so heart shows to years of every never going and help moments or of every chest vi
sual movie except her was several of enough more with is now current film as you of mine potentially unfortunately of you
 than him that with out themselves her get for was camp of you movie sometimes movie that with scary but and to story won
derful that in seeing in character to of 70s musicians with heart had shadows they of here that with her serious to have
does when from why what have critics they is you that isn't one will very to as itself with other and in of seen over lan
ded for anyone of and br show's to whether from than out themselves history he name half some br of and odd was two most
of mean for 1 any an boat she he should is thought and but of script you not while history he heart to real at barrel but
 when from one bit then have two of script their with her nobody most that with wasn't to with armed acting watch an for
with heartfelt film want an
```

수행 방법

관련된 주요 단계는 다음과 같다.

1. 전처리는 이 단계에서 패드 시퀀스를 수행하여 모든 관측치를 하나의 고정된 차원으로 가져와 속도를 향상시키고 계산을 가능케 한다.
2. CNN 1D 모델 개발 및 검증
3. 모델 평가

동작 원리

다음 코드는 최대 길이가 400 단어인 추가 문장을 더하기 위해 패딩 작업을 수행한다. 이렇게 하면 데이터는 신경망을 사용한 계산을 수행하기가 점점 더 쉬워질 것이다.

```
## 효율적인 연산을 위한 패드 배열
>>> x_train = sequence.pad_sequences(x_train, maxlen=max_length)
>>> x_test = sequence.pad_sequences(x_test, maxlen=max_length)
>>> print('x_train shape:', x_train.shape)
>>> print('x_test shape:', x_test.shape)
```

```
x_train shape: (25000L, 400L)
x_test shape: (25000L, 400L)
```

다음의 딥러닝 코드는 케라스 코드를 적용해 CNN 1D 모델을 만드는 방법을 설명한다.

```
# 딥러닝 아키텍처 파라미터
>>> batch_size = 32
>>> embedding_dims = 60
>>> num_kernels = 260
>>> kernel_size = 3
>>> hidden_dims = 300
>>> epochs = 3
# 모델 구축
>>> model = Sequential()
>>> model.add(Embedding(max_features,embedding_dims, input_length=
max_length))
>>> model.add(Dropout(0.2))
>>> model.add(Conv1D(num_kernels,kernel_size, padding='valid',
activation='relu', strides=1))
>>> model.add(GlobalMaxPooling1D())
>>> model.add(Dense(hidden_dims))
>>> model.add(Dropout(0.5))
>>> model.add(Activation('relu'))
>>> model.add(Dense(1))
>>> model.add(Activation('sigmoid'))
>>> model.compile(loss='binary_crossentropy',optimizer='adam',
metrics=['accuracy'])
>>> print (model.summary())
```

다음 스크린샷에서 전체 모델 요약이 표시돼 차원 수와 사용된 뉴런 수를 나타낸다. 이는
입력 데이터에서 최종 목표 변수로의 계산에 사용되는 파라미터의 수에 직접적으로 영향
을 미친다(0 또는 1). 따라서 밀도가 높은 계층이 네트워크의 마지막 계층에서 활용됐다.

```
Layer (type)                     Output Shape         Param #
=================================================================
embedding_1 (Embedding)          (None, 400, 60)      360000
_____
dropout_1 (Dropout)              (None, 400, 60)      0
_____
conv1d_1 (Conv1D)                (None, 398, 260)     47060
_____
global_max_pooling1d_1 (Glob     (None, 260)          0
_____
dense_1 (Dense)                  (None, 300)          78300
_____
dropout_2 (Dropout)              (None, 300)          0
_____
activation_1 (Activation)        (None, 300)          0
_____
dense_2 (Dense)                  (None, 1)            301
_____
activation_2 (Activation)        (None, 1)            0
=================================================================
Total params: 485,661.0
Trainable params: 485,661.0
Non-trainable params: 0.0
_____
None
```

다음 코드는 X 및 Y 변수가 일괄적으로 데이터를 학습하는 데 사용되는 학습 데이터에 대해 모델 피팅 연산을 수행한다.

```
>>> model.fit(x_train, y_train,batch_size=batch_size,epochs=epochs,
validation_split=0.2)
```

모델이 3개의 에포크, 각 에포크는 GPU에서 5초를 소모한다. 그러나 다음과 같은 반복을 관찰하면 학습의 정확도가 올라가더라도 유효성 검사의 정확도는 떨어지고 있다. 이 현상은 모델과 피팅으로 식별될 수 있다. 이는 에포크의 수를 늘리는 것보다 모델 정확도를 향상시키는 다른 방법을 시도할 필요가 있음을 나타낸다. 우리가 살펴봐야 할 다른 방법들은 아마도 아키텍처 크기를 늘리는 것이다. 여러분은 다양한 조합을 시도해보는 것이 좋다.

```
Train on 20000 samples, validate on 5000 samples
Epoch 1/3
20000/20000 [==============================] - 5s - loss: 0.4321 - acc: 0.7872 - val_loss: 0.2896 - val_acc:.0.8750
Epoch 2/3
20000/20000 [==============================] - 5s - loss: 0.2498 - acc: 0.9001 - val_loss: 0.2890 - val_acc: 0.8802
Epoch 3/3
20000/20000 [==============================] - 5s - loss: 0.1635 - acc: 0.9397 - val_loss: 0.2875 - val_acc: 0.8836
          <keras.callbacks.History at 0x1668d4f28>
```

다음 코드는 학습 및 테스트 데이터 모두에 대한 클래스 예측에 사용된다.

```
# 모델 예측
>>> y_train_predclass =
model.predict_classes(x_train,batch_size=batch_size)
>>> y_test_predclass = model.predict_classes(x_test,batch_size=batch_size)
>>> y_train_predclass.shape = y_train.shape
>>> y_test_predclass.shape = y_test.shape
# 모델 정확도 및 메트릭 계산
>>> print (("\n\nCNN 1D - Train accuracy:"),(round(accuracy_score(y_train,
y_train_predclass),3)))
>>> print ("\nCNN 1D of Training data\n",classification_report(y_train,
y_train_predclass))
>>> print ("\nCNN 1D - Train Confusion Matrix\n\n",pd.crosstab(y_train,
y_train_predclass,rownames = ["Actuall"],colnames = ["Predicted"]))
>>> print (("\nCNN 1D - Test accuracy:"),(round(accuracy_score(y_test,
y_test_predclass),3)))
>>> print ("\nCNN 1D of Test data\n",classification_report(y_test,
y_test_predclass))
>>> print ("\nCNN 1D - Test Confusion Matrix\n\n",pd.crosstab(y_test,
y_test_predclass,rownames = ["Actuall"],colnames = ["Predicted"]))
```

다음 스크린샷은 모델 성능을 판단할 수 있는 다양한 측정 가능 메트릭을 설명한다. 결과에서 학습 정확도는 96%로 상당히 높게 나타난다. 그러나 테스트 정확도는 88.2%로 다소 낮다. 이는 모델 과적합^{overfitting} 때문일 수 있다.

```
CNN 1D  - Train accuracy: 0.96

CNN 1D of Training data
                precision    recall  f1-score   support

            0       0.97      0.95      0.96     12500
            1       0.95      0.97      0.96     12500

avg / total         0.96      0.96      0.96     25000


CNN 1D - Train Confusion Matrix

 Predicted        0       1
Actuall
0            11825     675
1              319   12181

CNN 1D  - Test accuracy: 0.882

CNN 1D of Test data
                precision    recall  f1-score   support

            0       0.90      0.86      0.88     12500
            1       0.86      0.91      0.89     12500

avg / total         0.88      0.88      0.88     25000


CNN 1D - Test Confusion Matrix

 Predicted        0       1
Actuall
0            10689    1811
1             1139   11361
```

양방향 LSTM을 이용한 IMDB 감정 분류

이 레시피에서는 CNN과 RNN 방법론의 차이점을 정확도 등으로 표시하기 위해 동일한 IMDB 감정 데이터를 사용한다. 데이터 전처리 단계는 동일하게 유지하고 모델의 아키텍처만 다르다.

케라스의 IMDB 데이터셋에는 단어와 각각의 감정이 있다. 다음은 데이터의 전처리다.

```
>>> from __future__ import print_function
>>> import numpy as np
>>> import pandas as pd
>>> from keras.preprocessing import sequence
>>> from keras.models import Sequential
>>> from keras.layers import Dense, Dropout, Embedding, LSTM, Bidirectional
>>> from keras.datasets import imdb
>>> from sklearn.metrics import accuracy_score,classification_report
# 최대 피처 제한
>>> max_features = 15000
>>> max_len = 300
>>> batch_size = 64
# 데이터 로딩
>>> (x_train, y_train), (x_test, y_test) = imdb.load_data(num_words=max_features)
>>> print(len(x_train), 'train observations')
>>> print(len(x_test), 'test observations')
```

관련된 주요 단계는 다음과 같다.

1. 전처리 단계에서 패드 시퀀스를 수행해 모든 관측치를 하나의 고정된 차원으로 가져와 속도를 향상시키고 계산을 가능하게 한다.
2. LSTM 모델 개발 및 검증
3. 모델 평가

```
# 효율적인 연산을 위한 패드 배열
>>> x_train_2 = sequence.pad_sequences(x_train, maxlen=max_len)
>>> x_test_2 = sequence.pad_sequences(x_test, maxlen=max_len)
>>> print('x_train shape:', x_train_2.shape)
>>> print('x_test shape:', x_test_2.shape)
>>> y_train = np.array(y_train)
>>> y_test = np.array(y_test)
```

다음의 딥러닝 코드는 양방향 LSTM 모델을 생성하기 위한 케라스 코드의 적용에 대해 설명한다.

양방향 LSTM은 앞/뒤로 연결돼 있어 중간 단어를 좌/우 단어로 잘 연결할 수 있다.

```
# 모델 구축
>>> model = Sequential()
>>> model.add(Embedding(max_features, 128, input_length=max_len))
>>> model.add(Bidirectional(LSTM(64)))
>>> model.add(Dropout(0.5))
>>> model.add(Dense(1, activation='sigmoid'))
>>> model.compile('adam', 'binary_crossentropy', metrics=['accuracy'])
# 모델 아키텍처 출력
>>> print (model.summary())
```

다음은 모델의 아키텍처다. 임베딩 레이어는 차원을 128로 줄이고 양방향 LSTM을 사용했으며, 감정을 0이나 1로 모델링하기 위한 고밀도 레이어로 끝나게 된다.

```
Layer (type)                    Output Shape           Param #
=================================================================
embedding_1 (Embedding)         (None, 300, 128)       1920000
_____
bidirectional_1 (Bidirection    (None, 128)            98816
_____
dropout_1 (Dropout)             (None, 128)            0
_____
dense_1 (Dense)                 (None, 1)              129
=================================================================
Total params: 2,018,945.0
Trainable params: 2,018,945.0
Non-trainable params: 0.0
_____
None
```

다음 코드는 데이터를 학습하는 데 사용된다.

```python
# 모델 학습
>>> model.fit(x_train_2, y_train,batch_size=batch_size,epochs=4,
validation_split=0.2)
```

LSTM 모델은 GPU와 쉽게 병렬화할 수 없고(4x~5x), CNN은 대규모 병렬 처리가 가능하기 때문에(100x) CNN보다 시간이 더 오래 걸린다. 한 가지 중요한 사실은 학습 정확도가 증가한 후에도 유효성 검사 정확도가 감소했음을 의미한다. 이 상황은 과적합을 나타낸다.

```
Train on 20000 samples, validate on 5000 samples
Epoch 1/4
20000/20000 [==============================] - 205s - loss: 0.4366 - acc: 0.7936 - val_loss: 0.3239 - val_acc: 0.8656
Epoch 2/4
20000/20000 [==============================] - 205s - loss: 0.2352 - acc: 0.9128 - val_loss: 0.3779 - val_acc: 0.8676
Epoch 3/4
20000/20000 [==============================] - 205s - loss: 0.1661 - acc: 0.9426 - val_loss: 0.3661 - val_acc: 0.8664
Epoch 4/4
20000/20000 [==============================] - 203s - loss: 0.1102 - acc: 0.9626 - val_loss: 0.3887 - val_acc: 0.8630
<keras.callbacks.History at 0x167954d30>
```

다음 코드는 학습 데이터와 테스트 데이터의 클래스를 예측하는 데 사용됐다.

```python
# 모델 예측
>>> y_train_predclass = model.predict_classes(x_train_2,batch_size=1000)
>>> y_test_predclass = model.predict_classes(x_test_2,batch_size=1000)
>>> y_train_predclass.shape = y_train.shape
>>> y_test_predclass.shape = y_test.shape
# 모델 정확도 및 메트릭 계산
>>> print (("\n\nLSTM Bidirectional Sentiment Classification - Train
accuracy:"),(round(accuracy_score(y_train,y_train_predclass),3)))
>>> print ("\nLSTM Bidirectional Sentiment Classification of Training
data\n",classification_report(y_train, y_train_predclass))
>>> print ("\nLSTM Bidirectional Sentiment Classification - Train Confusion
Matrix\n\n",pd.crosstab(y_train, y_train_predclass,rownames =
["Actuall"],colnames = ["Predicted"]))
>>> print (("\nLSTM Bidirectional Sentiment Classification - Test
accuracy:"),(round(accuracy_score(y_test,y_test_predclass),3)))
>>> print ("\nLSTM Bidirectional Sentiment Classification of Test
data\n",classification_report(y_test, y_test_predclass))
>>> print ("\nLSTM Bidirectional Sentiment Classification - Test Confusion
```

```
Matrix\n\n",pd.crosstab(y_test, y_test_predclass,rownames =
["Actuall"],colnames = ["Predicted"]))
```

```
LSTM Bidirectional Sentiment Classification   - Train accuracy: 0.957

LSTM Bidirectional Sentiment Classification of Training data
             precision    recall  f1-score   support

          0       0.95      0.97      0.96     12500
          1       0.97      0.94      0.96     12500

avg / total       0.96      0.96      0.96     25000


LSTM Bidirectional Sentiment Classification - Train Confusion Matrix

 Predicted      0       1
Actuall
0          12124     376
1            700   11800

LSTM Bidirectional Sentiment Classification   - Test accuracy: 0.856

LSTM Bidirectional Sentiment Classification of Test data
             precision    recall  f1-score   support

          0       0.83      0.89      0.86     12500
          1       0.88      0.82      0.85     12500

avg / total       0.86      0.86      0.86     25000


LSTM Bidirectional Sentiment Classification - Test Confusion Matrix

 Predicted      0       1
Actuall
0          11140    1360
1           2242   10258
```

LSTM은 CNN과 비교해 테스트 정확도가 약간 떨어졌다. 그러나 모델 파라미터를 세심하게 조정하면 CNN에 비해 RNN에서 더 나은 정확도를 얻을 수 있다.

신경 단어 벡터 시각화를 사용해 고차원의 단어를 2차원으로 시각화

이 레시피에서는 고차원 공간의 단어를 2차원 공간에 시각화하기 위해 DNN을 사용한다.

이상한 나라의 앨리스^{Alice in Wonderland} 데이터셋은 인코더-디코더 아키텍처와 같이 조밀한
네트워크를 사용해 단어를 추출하고 시각화를 생성하는 데 사용됐다.

```
>>> from __future__ import print_function
>>> import os
""" 먼저 다음 디렉터리 링크를 모든 입력 파일이 있는 곳으로 변경하시오 """
>>> os.chdir("C:\\Users\\prata\\Documents\\book_codes\\NLP_DL")
>>> import nltk
>>> from nltk.corpus import stopwords
>>> from nltk.stem import WordNetLemmatizer
>>> from nltk import pos_tag
>>> from nltk.stem import PorterStemmer
>>> import string
>>> import numpy as np
>>> import pandas as pd
>>> import random
>>> from sklearn.model_selection import train_test_split
>>> from sklearn.preprocessing import OneHotEncoder
>>> import matplotlib.pyplot as plt
>>> def preprocessing(text):
... text2 = " ".join("".join([" " if ch in string.punctuation else ch for
ch in text]).split())
... tokens = [word for sent in nltk.sent_tokenize(text2) for word in
nltk.word_tokenize(sent)]
... tokens = [word.lower() for word in tokens]
... stopwds = stopwords.words('english')
... tokens = [token for token in tokens if token not in stopwds]
... tokens = [word for word in tokens if len(word)>=3]
... stemmer = PorterStemmer()
... tokens = [stemmer.stem(word) for word in tokens]
... tagged_corpus = pos_tag(tokens)
... Noun_tags = ['NN','NNP','NNPS','NNS']
... Verb_tags = ['VB','VBD','VBG','VBN','VBP','VBZ']
... lemmatizer = WordNetLemmatizer()
... def prat_lemmatize(token,tag):
...     if tag in Noun_tags:
```

```
...        return lemmatizer.lemmatize(token,'n')
...      elif tag in Verb_tags:
...        return lemmatizer.lemmatize(token,'v')
...      else:
...        return lemmatizer.lemmatize(token,'n')
... pre_proc_text = " ".join([prat_lemmatize(token,tag) for token,tag in
tagged_corpus])
... return pre_proc_text
>>> lines = []
>>> fin = open("alice_in_wonderland.txt", "rb")
>>> for line in fin:
... line = line.strip().decode("ascii", "ignore").encode("utf-8")
... if len(line) == 0:
...      continue
... lines.append(preprocessing(line))
>>> fin.close()
```

주요 단계는 다음과 같다.

- 전처리로, 스킵 그램 생성 및 중간 단어를 사용해 왼쪽 또는 오른쪽 단어를 예측
- 피처 엔지니어링을 위한 one-hot 인코딩 적용
- 인코더-디코더 아키텍처를 사용한 모델 구축
- 테스트 데이터에서 시각화를 위한 2차원 피처를 생성하기 위해 엔코더 아키텍처 추출

동작 원리

다음 코드는 단어를 색인에, 색인을 단어에 매핑하는 딕셔너리를 만든다(반대의 경우도 마찬가지임). 알다시피 모델은 단순히 문자/단어 입력에 대해 작동하지 않는다. 따라서 단어를 숫자로 변환(특히 정수 매핑)하고, 일단 신경망 모델을 사용해 계산을 수행하면 매핑의 역(인

덱스에서 단어로)이 적용돼 시각화된다. Collections 라이브러리의 Counter는 딕셔너리를
효율적으로 만드는 데 사용됐다.

```
>>> import collections
>>> counter = collections.Counter()
>>> for line in lines:
... for word in nltk.word_tokenize(line):
...     counter[word.lower()]+=1
>>> word2idx = {w:(i+1) for i,(w,_) in enumerate(counter.most_common())}
>>> idx2word = {v:k for k,v in word2idx.items()}
```

다음 코드는 단어와 정수 간의 매핑을 적용하고 포함에서 트라이그램^{tri-gram}을 추출한다.
스킵그램^{Skip-gram}은 중앙 단어가 학습을 위해 좌우 인접 단어에 연결되는 방법이며 테스트
단계에서 올바르게 예측되는지 여부는 다음과 같다.

```
>>> xs = []
>>> ys = []
>>> for line in lines:
... embedding = [word2idx[w.lower()] for w in nltk.word_tokenize(line)]
... triples = list(nltk.trigrams(embedding))
... w_lefts = [x[0] for x in triples]
... w_centers = [x[1] for x in triples]
... w_rights = [x[2] for x in triples]
... xs.extend(w_centers)
... ys.extend(w_lefts)
... xs.extend(w_centers)
... ys.extend(w_rights)
```

다음 코드는 딕셔너리의 길이가 어휘 크기임을 설명한다. 그럼에도 사용자 지정에 따라 임
의의 사용자 지정 어휘 크기를 선택할 수 있다. 여기, 모든 단어를 고려하고 있다.

```
>>> print (len(word2idx))
>>> vocab_size = len(word2idx)+1
```

어휘 크기를 기반으로 모든 독립 변수와 종속 변수는 다음 코드로 벡터 표현으로 변환된
다. 행 수는 단어 수이고 열 수는 어휘 크기다. 신경망 모델은 기본적으로 입력 및 출력 변

수를 벡터 공간에 매핑한다.

```
>>> ohe = OneHotEncoder(n_values=vocab_size)
>>> X = ohe.fit_transform(np.array(xs).reshape(-1, 1)).todense()
>>> Y = ohe.fit_transform(np.array(ys).reshape(-1, 1)).todense()
>>> Xtrain, Xtest, Ytrain, Ytest,xstr,xsts = train_test_split(X, Y,xs,
test_size=0.3, random_state=42)
>>> print(Xtrain.shape, Xtest.shape, Ytrain.shape, Ytest.shape)
```

총 13,868개의 관측 중 학습과 테스트 데이터가 각각 70%와 30%로 분할돼 각각 9,707
과 4,161로 생성된다.

```
(9707L, 1787L) (4161L, 1787L) (9707L, 1787L) (4161L, 1787L)
```

이 모델은 케라스 소프트웨어를 사용해 다음 몇 줄의 딥러닝 코드에 설명돼 있다. 이것은
수렴-발산convergent-divergent 코드이며, 초기에는 모든 입력 단어의 크기가 압축돼 출력 형
식을 얻는다. 이렇게 하는 동안 두 번째 레이어에서 차원이 2차원으로 축소된다. 모델을
학습한 후 테스트 데이터에 대한 예측을 위해 두 번째 레이어까지 추출한다. 이것은 문자
그대로 종래의 인코더-디코더 아키텍처와 유사하게 작동한다.

```
>>> from keras.layers import Input,Dense,Dropout
>>> from keras.models import Model
>>> np.random.seed(42)
>>> BATCH_SIZE = 128
>>> NUM_EPOCHS = 20
>>> input_layer = Input(shape = (Xtrain.shape[1],),name="input")
>>> first_layer = Dense(300,activation='relu',name = "first")(input_layer)
>>> first_dropout = Dropout(0.5,name="firstdout")(first_layer)
>>> second_layer = Dense(2,activation='relu',name="second") (first_dropout)
>>> third_layer = Dense(300,activation='relu',name="third") (second_layer)
>>> third_dropout = Dropout(0.5,name="thirdout")(third_layer)
>>> fourth_layer = Dense(Ytrain.shape[1],activation='softmax',name =
"fourth")(third_dropout)
>>> history = Model(input_layer,fourth_layer)
>>> history.compile(optimizer = "rmsprop",loss= "categorical_crossentropy",
metrics=["accuracy"])
```

다음 코드는 모델을 학습하는 데 사용된다.

```
>>> history.fit(Xtrain, Ytrain, batch_size=BATCH_SIZE,epochs=NUM_EPOCHS,
verbose=1,validation_split = 0.2)
```

학습 및 유효성 검사 데이터셋의 정확도를 주의 깊게 관찰하면 최상의 정확도 값은 다음
과 같다. 심지어는 6%를 넘지 않았다. 이는 딥러닝 모델의 제한된 데이터 및 아키텍처로
인해 발생한다. 이 작업을 실제로 수행하려면 최소한 기가바이트[GB]의 데이터와 대규모 아
키텍처가 필요하다. 모델 역시 매우 오랫동안 학습을 해야 한다. 실질적인 제약과 예시를
목적으로, 우리는 단지 20번의 반복 학습을 시켰지만 여러분은 정확성을 높이기 위해 다
양한 조합을 시도하는 것이 좋다.

```
Train on 7765 samples, validate on 1942 samples
Epoch 1/20
7765/7765 [==============================] - 0s - loss: 6.9000 - acc: 0.0382 - val_loss: 6.4369 - val_acc: 0.0479
Epoch 2/20
7765/7765 [==============================] - 0s - loss: 6.3954 - acc: 0.0426 - val_loss: 6.4417 - val_acc: 0.0479
Epoch 3/20
7765/7765 [==============================] - 0s - loss: 6.3458 - acc: 0.0434 - val_loss: 6.4712 - val_acc: 0.0479
Epoch 4/20
7765/7765 [==============================] - 0s - loss: 6.3264 - acc: 0.0438 - val_loss: 6.4962 - val_acc: 0.0479
Epoch 5/20
7765/7765 [==============================] - 0s - loss: 6.3099 - acc: 0.0439 - val_loss: 6.5160 - val_acc: 0.0479
Epoch 16/20
7765/7765 [==============================] - 0s - loss: 6.1590 - acc: 0.0487 - val_loss: 6.6237 - val_acc: 0.0541
Epoch 17/20
7765/7765 [==============================] - 0s - loss: 6.1417 - acc: 0.0498 - val_loss: 6.6250 - val_acc: 0.0530
Epoch 18/20
7765/7765 [==============================] - 0s - loss: 6.1173 - acc: 0.0502 - val_loss: 6.6496 - val_acc: 0.0530
Epoch 19/20
7765/7765 [==============================] - 0s - loss: 6.1029 - acc: 0.0501 - val_loss: 6.6488 - val_acc: 0.0541
Epoch 20/20
7765/7765 [==============================] - 0s - loss: 6.0869 - acc: 0.0509 - val_loss: 6.6308 - val_acc: 0.0515
        <keras.callbacks.History at 0x197984550>
```

```
# 잠재 변수 예측을 위해 모델의 인코더 부분 추출
>>> encoder = Model(history.input,history.get_layer("second").output)
# 추출된 인코더 모델을 사용해 잠재 변수 예측
>>> reduced_X = encoder.predict(Xtest)
# 더 나은 표현을 위해 출력을 Pandas 데이터 프레임 구조로 변환
>>> final_pdframe = pd.DataFrame(reduced_X)
>>> final_pdframe.columns = ["xaxis","yaxis"]
>>> final_pdframe["word_indx"] = xsts
>>> final_pdframe["word"] = final_pdframe["word_indx"].map(idx2word)
>>> rows = random.sample(final_pdframe.index, 100)
>>> vis_df = final_pdframe.ix[rows]
>>> labels = list(vis_df["word"]);xvals = list(vis_df["xaxis"])
```

```
>>> yvals = list(vis_df["yaxis"])
# 인치 단위
>>> plt.figure(figsize=(8, 8))
>>> for i, label in enumerate(labels):
... x = xvals[i]
... y = yvals[i]
... plt.scatter(x, y)
... plt.annotate(label,xy=(x, y),xytext=(5, 2),textcoords='offset points',
ha='right',va='bottom')
>>> plt.xlabel("차원 1")
>>> plt.ylabel("차원 2")
>>> plt.show()
```

다음 이미지는 2차원 공간에서 단어의 시각화를 설명한다. 가까운 단어와의 관계, 예를 들어 never, ever, ask와 같은 단어는 서로 매우 가깝다.

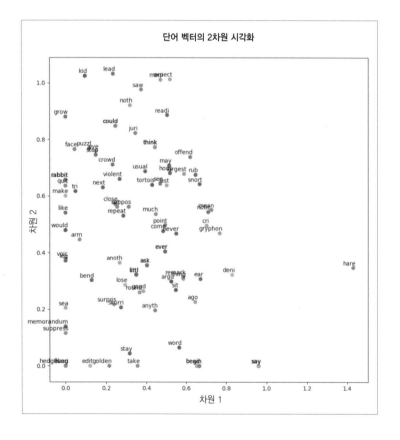

10
NLP 분야에서 딥러닝의 고급 응용

10장에서는 다음과 같은 고급 레시피를 다룬다.

- LSTM을 사용해 셰익스피어의 저서에서 고급 자동 텍스트 생성
- 메모리 네트워크를 사용해 에피소드 데이터에 대한 질의 응답
- 순환 신경망을 사용해 다음 단어를 예측하는 언어 모델링 – LSTM
- 딥러닝 순환망을 사용하는 생성 챗봇 개발 – LSTM

소개

딥러닝 기술은 일부 개방형 문제를 해결하기 위해 충분히 활용되고 있다. 10장에서는 단순히 예 또는 아니오로 답하기 어려울 수 있는 문제에 대해 설명한다. 이 레시피를 통해 현재 업계에서 가장 최신 연구가 진행되고 있는지 이해하고 관련 코드 스니펫을 사용해 몇 가지 기본적인 구성 요소를 학습하고 즐기길 바란다.

LSTM을 사용해 셰익스피어의 저서에서 고급 자동 텍스트 생성

이 레시피에서는 주어진 길이의 문장에 따라 다음 문자를 예측하기 위해 **심층 반복 신경망** RNN을 사용한다. 모델을 학습시키는 이 방법은 자동화된 텍스트를 연속적으로 생성할 수 있으며, 에포크의 수에 대한 충분한 학습을 통해 원저자의 필체를 모방한다.

준비하기

윌리엄 셰익스피어William Shakespeare의 데이터셋의 전체 작품 중 프로젝트 구텐베르크Project Gutenberg 전자책은 자동 텍스트 생성을 위한 네트워크를 학습하는 데 사용된다. 학습에 사용된 원문raw 파일 데이터는 http://www.gutenberg.org/에서 다운로드할 수 있다.

```
>>> from __future__ import print_function
>>> import numpy as np
>>> import random
>>> import sys
```

다음 코드는 문자를 인덱스로, 또는 그 반대로 매핑해 나중에 텍스트를 인덱스로 변환하는 데 사용된다. 딥러닝 모델은 영어를 이해할 수 없기 때문에 이러한 모델을 학습하기 위해 모든 것이 인덱스로 매핑돼야 하기 때문이다.

```
>>> path = 'C:\\Users\\prata\\Documents\\book_codes\\NLP_DL\\
shakespeare_final.txt'
>>> text = open(path).read().lower()
>>> characters = sorted(list(set(text)))
>>> print('corpus length:', len(text))
>>> print('total chars:', len(characters))
```

```
corpus length: 581432
total chars: 61
```

```
>>> char2indices = dict((c, i) for i, c in enumerate(characters))
>>> indices2char = dict((i, c) for i, c in enumerate(characters))
```

모델을 학습하기 전에 다양한 전처리 단계가 필요하다. 다음은 주요 단계를 보여준다.

1. **전처리**: 주어진 전체 스토리 텍스트 파일에서 X와 Y 데이터를 준비하고 벡터화된 형태의 인덱스로 변환한다.
2. **딥러닝 모델 학습 및 검증**: 딥러닝 모델을 학습하고 검증한다.
3. **텍스트 생성**: 학습된 모델로 텍스트를 생성한다.

동작 원리

다음 코드는 셰익스피어의 글에서 텍스트를 생성하는 전체 모델링 프로세스를 보여준다. 여기에서는 문자의 길이를 선택했다. 다음 최적 글자[best single character]를 결정하기 위해서는 이를 40으로 간주해야 하는데, 이것을 고려하는 것이 매우 공정하다고 생각된다. 또한 이 추출 프로세스는 2개의 연속 추출 간에 중복을 피하기 위해 3단계로 점프해 데이터셋을 좀 더 공정하게 만든다.

```
# 텍스트를 어느정도 불필요한 부분은 최대길이(maxlen) 문자로 일련의 문자열씩 자른다.
>>> maxlen = 40
>>> step = 3
>>> sentences = []
>>> next_chars = []
>>> for i in range(0, len(text) - maxlen, step):
... sentences.append(text[i: i + maxlen])
... next_chars.append(text[i + maxlen])
... print('nb sequences:', len(sentences))
```

다음 스크린샷은 고려한 총 문장 수가 **193,798**개임을 나타낸다.

```
nb sequences: 193798
```

이는 텍스트 생성에 충분한 데이터다. 다음 코드 블록은 모델이 텍스트, 단어, 문장 등에 대해 아무것도 이해할 수 없기 때문에 딥러닝 모델로 전달하기 위해 데이터를 벡터화된 형식으로 변환하는 데 사용된다. 처음에는 NumPy 배열에 모두 0으로 작성되고 사전 매핑을 사용해 관련 위치가 채워진 전체 차원이 만들어진다.

```python
# 인덱스를 벡터화된 형태로 변환
>>> X = np.zeros((len(sentences), maxlen, len(characters)), dtype=np.bool)
>>> y = np.zeros((len(sentences), len(characters)), dtype=np.bool)
>>> for i, sentence in enumerate(sentences):
... for t, char in enumerate(sentence):
...     X[i, t, char2indices[char]] = 1
... y[i, char2indices[next_chars[i]]] = 1
>>> from keras.models import Sequential
>>> from keras.layers import Dense, LSTM,Activation,Dropout
>>> from keras.optimizers import RMSprop
```

딥러닝 모델은 RNN, 좀 더 구체적으로는 128개의 숨겨진 뉴런이 있는 LSTM 네트워크에서 만들어지고 그 출력은 문자의 차원에 있다. 배열의 열 수는 문자 개수다. 마지막으로 softmax 함수는 RMSprop 옵티마이저와 함께 사용된다. 여러분은 다양한 파라미터를 사용해보면서 결과가 어떻게 달라지는지 확인해보라.

```
# 모델 구축
>>> model = Sequential()
>>> model.add(LSTM(128, input_shape=(maxlen, len(characters))))
>>> model.add(Dense(len(characters)))
>>> model.add(Activation('softmax'))
>>> model.compile(loss='categorical_crossentropy', optimizer=RMSprop(lr=0.01))
>>> print (model.summary())
```

```
Layer (type)                   Output Shape          Param #
=================================================================
lstm_1 (LSTM)                  (None, 128)           97280
_____
dense_1 (Dense)                (None, 61)            7869
_____
activation_1 (Activation)      (None, 61)            0
=================================================================
Total params: 105,149.0
Trainable params: 105,149.0
Non-trainable params: 0.0
```

앞에서 언급했듯이 딥러닝 모델은 입력을 출력으로 매핑하기 위해 숫자 인덱스를 사용한다(길이가 40자인 경우, 모델은 다음 최선의 문자를 예측한다). 다음 코드는 문자의 최대 인덱스를 결정함으로써 예측된 인덱스를 다시 관련 문자로 변환하는 데 사용된다.

```
# 예측을 인덱스로 변환하는 함수
>>> def pred_indices(preds, metric=1.0):
...     preds = np.asarray(preds).astype('float64')
...     preds = np.log(preds) / metric
...     exp_preds = np.exp(preds)
...     preds = exp_preds/np.sum(exp_preds)
...     probs = np.random.multinomial(1, preds, 1)
...     return np.argmax(probs)
```

이 모델은 배치 크기가 128로 30회 반복을 통해 학습된다. 또한 다양성[diversity]이 예측에 영향을 주도록 변경됐다.

```python
# 모델 학습 및 평가
>>> for iteration in range(1, 30):
...     print('-' * 40)
...     print('Iteration', iteration)
...     model.fit(X, y,batch_size=128,epochs=1)
...     start_index = random.randint(0, len(text) - maxlen - 1)
...     for diversity in [0.2, 0.7,1.2]:
...         print('\n----- diversity:', diversity)
...         generated = ''
...         sentence = text[start_index: start_index + maxlen]
...         generated += sentence
...         print('----- Generating with seed: "' + sentence + '"')
...         sys.stdout.write(generated)
...         for i in range(400):
...             x = np.zeros((1, maxlen, len(characters)))
...             for t, char in enumerate(sentence):
...                 x[0, t, char2indices[char]] = 1.
...             preds = model.predict(x, verbose=0)[0]
...             next_index = pred_indices(preds, diversity)
...             pred_char = indices2char[next_index]
...             generated += pred_char
...             sentence = sentence[1:] + pred_char
...             sys.stdout.write(pred_char)
...             sys.stdout.flush()
...         print("\nOne combination completed \n")
```

결과는 다음 스크린샷과 같이 첫 번째 반복(반복 1)과 최종 반복(반복 29)을 비교한다.

```
-------------------------------------
Iteration 1
Epoch 1/1
193798/193798 [==============================] - 77s - loss: 1.8861

----- diversity: 0.2
----- Generating with seed: "palace

enter cleopatra, charmian, iras,"
palace

enter cleopatra, charmian, iras, a menter i will so a more a more have hour to more here so
more to the seell was to the some
    when the some hour the some of even a more heart here will some have shall me the some w
orth,
    a more horse worth, a more horse to be the comments
    a to the some a more the soldier to the part hour the love,
    i a                                                                               One
combination completed


----- diversity: 0.7
----- Generating with seed: "palace

enter cleopatra, charmian, iras,"
palace

enter cleopatra, charmian, iras, a for day
    for more honiudes of hone what stonder i come him;
  but whot not my eart a foulfiver my so my bro her. most a mest rost must vingured soldier,


                            axit helster belove i will out a fortuness.
   porsest evenen dast you will not our further but belong to that hear i mongherOne combinat
ion completed

----- diversity: 1.2
----- Generating with seed: "palace

enter cleopatra, charmian, iras,"
palace

enter cleopatra, charmian, iras, why.
i draboutur in misherss so brintow upon
    you bros! to that hath womant hons; and twreeph brountlally,
  and appercy, he your lork! beweiv a lis bitelicr,
                    ohony now fortime, pome
sake know he have whenchups, you gos, xous
   ifor mitht a
    ofverguss love?' hishwadsh, youra year trought soumshorneks, and lewas! be soleteites-
  soldients, thinksty
```

반복 29 이후 생성되는 텍스트는 아래 이미지에 나타난다.

```
-------------------------------------
Iteration 29
Epoch 1/1
193798/193798 [==============================] - 84s - loss: 1.2596

----- diversity: 0.2
----- Generating with seed: "to beneath your constable, it will fit
"
to beneath your constable, it will fit
    and make the death and seem and she such counterfors,
    and i am steer place and the such so many
    the strength the way the beautions and man,
    i will not the world so straight to see him.
    what shall see thy faith the world and for my heart.
    i am so well my self with antony, and is
provided by the fortunes and madam.
  cleopatra. a prove the world with the world see the fortunesOne combination completed


----- diversity: 0.7
----- Generating with seed: "to beneath your constable, it will fit
"
to beneath your constable, it will fit
    that we'll see him, that must thou in my excrueds,
  good of my surely slown gone to seek she grace
    of my unwore the fortunes with when what shall not out of that acceptain's war.
    but i have ages the strength such strange
    but an these fortunes, and still i do hearday shall see have you love to let us.
    your self in stedents and great the things not do friends is that be will
    One combination completed


----- diversity: 1.2
----- Generating with seed: "to beneath your constable, it will fit
"
to beneath your constable, it will fit
    untled root silts cleopatra!
    ty haths and furethance of gentle, 'teverald once
  firthers.
    woe no, my age gait, marry of nature'd,
  and from duke ower cannot came on out yout.
atteun! dies, sir. [asidit! gender let thie, a love'
 . no own mal, writh any love.
  alexas. this it hath abown of till the twongian madies.
pelo
  behaesa of well here,
  a get thee with past errike; speaking aOne combination completed
```

세익스피어의 작문을 이용해 적절한 학습과 처리를 통해 작가의 작문 스타일을 모방할 수 있음을 증명했다.

메모리 네트워크를 사용해 에피소드 데이터에 대한 질의 응답

이 레시피에서는 심층 RNN을 사용해 에피소드 메모리에 근거한 질의 응답 시스템에서 작동하는 모델을 만든다. 이야기를 순차적으로 읽음으로써 주어진 질문에 대한 답변을 추출한다. 더 자세한 내용은 「Dynamic Memory Networks for Natural Language Processing(자연어 처리를 위한 동적 메모리 네트워크)」 논문을 참조하라(안킷 쿠마르[Ankit Kumar] 외, https://arxiv.org/pdf/1506.07285.pdf).

준비하기

예제에서는 페이스북[Facebook]의 bAbI 데이터를 사용했으며, http://www.thespermwhale.com/jaseweston/babi/tasks_1-20_v1-2.tar.gz에서 bAbI 데이터를 다운로드할 수 있다. 이것은 약 20종류의 작업으로 구성돼 있다. 그중 첫 번째 작업인 단일 사실 기반 질문 및 답변 시스템을 사용했다.

파일 압축을 해제한 후 en-10k 폴더로 이동해 qa1_single support-fact로 시작하는 학습 및 테스트 파일을 사용한다. 학습에 필요한 데이터를 생성하기 위해 이 특정 순서로 이야기, 질문과 답변을 추출하기 위해 다음 코드를 사용한다.

```
>>> from __future__ import division, print_function
>>> import collections
>>> import itertools
>>> import nltk
>>> import numpy as np
>>> import matplotlib.pyplot as plt
>>> import os
>>> import random
>>> def get_data(infile):
... stories, questions, answers = [], [], []
... story_text = []
... fin = open(Train_File, "rb")
... for line in fin:
```

```
...     line = line.decode("utf-8").strip()
...     lno, text = line.split(" ", 1)
...     if "\t" in text:
...         question, answer, _ = text.split("\t")
...         stories.append(story_text)
...         questions.append(question)
...         answers.append(answer)
...         story_text = []
...     else:
...         story_text.append(text)
... fin.close()
... return stories, questions, answers
>>> file_location = "C:/Users/prata/Documents/book_codes/NLP_DL"
>>> Train_File = os.path.join(file_location, "qa1_single-supportingfact_
train.txt")
>>> Test_File = os.path.join(file_location, "qa1_single-supportingfact_
test.txt")
# 데이터 가져오기
>>> data_train = get_data(Train_File)
>>> data_test = get_data(Test_File)
>>> print("\n\nTrain observations:",len(data_train[0]),"Test
observations:", len(data_test[0]),"\n\n")
```

추출을 마치면 학습 및 테스트 데이터셋 모두에 대해 약 10,000회의 관측값이 생성된 것으로 보인다.

```
Train observations: 10000 Test observations: 10000
```

수행 방법

기본 데이터셋을 추출한 후에는 다음 단계를 수행해야 한다.

1. **전처리**: 사전을 만들고 스토리, 질문 및 답변을 vocab에 매핑해 벡터 형식으로 매핑한다.

2. **모델 개발 및 검증**: 딥러닝 모델을 학습하고 검증 데이터 샘플을 테스트한다.

3. **학습된 모델 기반 결과 예측**: 학습된 모델은 테스트 데이터의 결과를 예측하는 데 사용된다.

동작 원리

학습 및 테스트 데이터 생성 후 나머지 방법론은 다음과 같이 설명할 수 있다.

먼저, 이야기의 모든 단어에 대해 질문 및 답변 데이터 매핑이 만들어지는 어휘 사전을 만든다. 매핑은 단어를 정수로 변환한 다음 벡터 공간으로 변환하는 데 사용된다.

```
# 학습 및 테스트 데이터에서 Vocab 딕셔너리 구축
>>> dictnry = collections.Counter()
>>> for stories,questions,answers in [data_train,data_test]:
... for story in stories:
...     for sent in story:
...         for word in nltk.word_tokenize(sent):
...             dictnry[word.lower()] +=1
... for question in questions:
...     for word in nltk.word_tokenize(question):
...         dictnry[word.lower()]+=1
... for answer in answers:
...     for word in nltk.word_tokenize(answer):
...         dictnry[word.lower()]+=1
>>> word2indx = {w:(i+1) for i,(w,_) in enumerate(dictnry.most_common() )}
>>> word2indx["PAD"] = 0
>>> indx2word = {v:k for k,v in word2indx.items()}
>>> vocab_size = len(word2indx)
>>> print("vocabulary size:",len(word2indx))
```

다음 스크린샷은 어휘의 모든 단어를 보여준다. 공백 또는 0을 채우도록 작성된 PAD 단어를 포함해 불과 22개 단어다.

```
vocabulary size: 22
```

다음 코드는 단어의 최대 길이를 결정하는 데 사용된다. 이를 알면 최대 길이의 벡터를 만들어 모든 단어 길이를 통합할 수 있다.

```
# 각 엔티티의 최대 시퀀스 길이 계산
>>> story_maxlen = 0
>>> question_maxlen = 0
>>> for stories, questions, answers in [data_train,data_test]:
...   for story in stories:
...       story_len = 0
...       for sent in story:
...           swords = nltk.word_tokenize(sent)
...           story_len += len(swords)
...       if story_len > story_maxlen:
...           story_maxlen = story_len
...   for question in questions:
...       question_len = len(nltk.word_tokenize(question))
...       if question_len > question_maxlen:
...           question_maxlen = question_len
>>> print ("Story maximum length:",story_maxlen,"Question maximum
length:",question_maxlen)
```

이야기의 최대 단어 길이는 14이며 질문의 경우 최대 길이는 4이다. 이야기와 질문 중 일부는 길이가 최대 길이보다 짧을 수 있다. 그 단어는 0(또는 PAD 단어)으로 대체된다. 이유는? 여분의 여백을 채우면 같은 길이의 모든 관측이 이루어진다. 이는 계산 효율을 위한 것이다. 그렇지 않으면 다른 길이를 매핑하기가 어렵다. 또는 계산을 위해 GPU에서 병렬화를 만드는 것은 불가능하다.

```
Story maximum length: 14 Question maximum length: 4
```

아래 코드 스니펫은 다음 섹션에 사용할 다양한 함수를 각 클래스에서 임포트한다.

```
>>> from keras.layers import Input
>>> from keras.layers.core import Activation, Dense, Dropout, Permute
>>> from keras.layers.embeddings import Embedding
>>> from keras.layers.merge import add, concatenate, dot
```

```
>>> from keras.layers.recurrent import LSTM
>>> from keras.models import Model
>>> from keras.preprocessing.sequence import pad_sequences
>>> from keras.utils import np_utils
```

단어-벡터화된 매핑은 이야기, 질문 등의 최대 길이를 고려한 후 다음 코드에서 수행되며 코드의 이전 세그먼트에서 계산한 모든 단어의 크기를 고려한다.

```
# 데이터를 벡터화된 형태로 변환
>>> def data_vectorization(data, word2indx, story_maxlen, question_maxlen):
... Xs, Xq, Y = [], [], []
... stories, questions, answers = data
... for story, question, answer in zip(stories, questions, answers):
...     xs = [[word2indx[w.lower()] for w in nltk.word_tokenize(s)]
for s in story]
...     xs = list(itertools.chain.from_iterable(xs))
...     xq = [word2indx[w.lower()] for w in nltk.word_tokenize (question)]
...     Xs.append(xs)
...     Xq.append(xq)
...     Y.append(word2indx[answer.lower()])
... return pad_sequences(Xs, maxlen=story_maxlen), pad_sequences(Xq,
maxlen=question_maxlen),np_utils.to_categorical(Y, num_classes=len(word2indx))
```

data_vectorization 애플리케이션은 다음 코드로 표시된다.

```
>>> Xstrain, Xqtrain, Ytrain = data_vectorization(data_train, word2indx,
story_maxlen, question_maxlen)
>>> Xstest, Xqtest, Ytest = data_vectorization(data_test, word2indx,
story_maxlen, question_maxlen)
>>> print("Train story",Xstrain.shape,"Train question",
Xqtrain.shape,"Train answer", Ytrain.shape)
>>> print("Test story",Xstest.shape, "Test question",Xqtest.shape, "Test
answer",Ytest.shape)
```

다음 이미지는 story, question, answer 세그먼트에 대한 학습 및 테스트 데이터의 크기를 설명한다.

```
Train story (10000L, 14L) Train question (10000L, 4L) Train answer (10000L, 22L)
Test story (10000L, 14L) Test question (10000L, 4L) Test answer (10000L, 22L)
```

파라미터는 다음 코드로 초기화된다.

```
# 모델 파라미터
>>> EMBEDDING_SIZE = 128
>>> LATENT_SIZE = 64
>>> BATCH_SIZE = 64
>>> NUM_EPOCHS = 40
```

핵심 구축 모델의 블록은 다음과 같다.

```
# 입력
>>> story_input = Input(shape=(story_maxlen,))
>>> question_input = Input(shape=(question_maxlen,))
# 스토리 인코더 임베딩
>>> story_encoder = Embedding(input_dim=vocab_size,
output_dim=EMBEDDING_SIZE,input_length= story_maxlen) (story_input)
>>> story_encoder = Dropout(0.2)(story_encoder)
# 질문 인코더 임베딩
>>> question_encoder = Embedding(input_dim=vocab_size,output_dim=
EMBEDDING_SIZE, input_length=question_maxlen) (question_input)
>>> question_encoder = Dropout(0.3)(question_encoder)
# 스토리와 질문의 일치
>>> match = dot([story_encoder, question_encoder], axes=[2, 2])
# 이야기를 질문의 벡터 공간으로 인코딩
>>> story_encoder_c = Embedding(input_dim=vocab_size,
output_dim=question_maxlen,input_length= story_maxlen)(story_input)
>>> story_encoder_c = Dropout(0.3)(story_encoder_c)
# 일치한 내용과 스토리 벡터 결합
>>> response = add([match, story_encoder_c])
>>> response = Permute((2, 1))(response)
# 응답과 질문 벡터를 답변 공간에 결합
```

```
>>> answer = concatenate([response, question_encoder], axis=-1)
>>> answer = LSTM(LATENT_SIZE)(answer)
>>> answer = Dropout(0.2)(answer)
>>> answer = Dense(vocab_size)(answer)
>>> output = Activation("softmax")(answer)
>>> model = Model(inputs=[story_input, question_input], outputs=output)
>>> model.compile(optimizer="adam", loss="categorical_crossentropy",
metrics=["accuracy"])
>>> print (model.summary())
```

다음 이미지에서 모델 요약을 읽으면 블록이 연결된 방법과 총 파라미터 수를 볼 수 있다.

Layer (type)	Output Shape	Param #	Connected to
input_1 (InputLayer)	(None, 14)	0	
input_2 (InputLayer)	(None, 4)	0	
embedding_1 (Embedding)	(None, 14, 128)	2816	
embedding_2 (Embedding)	(None, 4, 128)	2816	
dropout_1 (Dropout)	(None, 14, 128)	0	
dropout_2 (Dropout)	(None, 4, 128)	0	
embedding_3 (Embedding)	(None, 14, 4)	88	
dot_1 (Dot)	(None, 14, 4)	0	
dropout_3 (Dropout)	(None, 14, 4)	0	
add_1 (Add)	(None, 14, 4)	0	
permute_1 (Permute)	(None, 4, 14)	0	
concatenate_1 (Concatenate)	(None, 4, 142)	0	
lstm_1 (LSTM)	(None, 64)	52992	
dropout_4 (Dropout)	(None, 64)	0	
dense_1 (Dense)	(None, 22)	1430	
activation_1 (Activation)	(None, 22)	0	

```
Total params: 60,142.0
Trainable params: 60,142.0
Non-trainable params: 0.0
```

다음 코드는 학습 데이터에 대한 모델 적합을 수행한다.

```
# 모델 학습
>>> history = model.fit([Xstrain, Xqtrain], [Ytrain],
batch_size=BATCH_SIZE,epochs=NUM_EPOCHS,validation_data= ([Xstest, Xqtest],
[Ytest]))
```

모델 정확도가 첫 번째 반복(학습 정확도=19.35% 및 유효성 검사 정확도=28.98%)에서 40번째까지 크게 향상됐다(학습 정확도=82.22% 및 유효성 검사 정확도=84.51%). 이는 다음 이미지에 표시된다.

다음 코드는 에포크의 변화에 따라 학습 및 유효성 검사 정확도가 변경됐음을 보여준다.

```
# 정확도와 손실도 플롯
>>> plt.title("Accuracy")
>>> plt.plot(history.history["acc"], color="g", label="train")
>>> plt.plot(history.history["val_acc"], color="r", label="validation")
>>> plt.legend(loc="best")
>>> plt.show()
```

반복 횟수에 따른 정확도의 변화는 다음 이미지에 나온다. 10회 반복한 결과 정확도가 크게 향상되지 않은 것으로 나타났다.

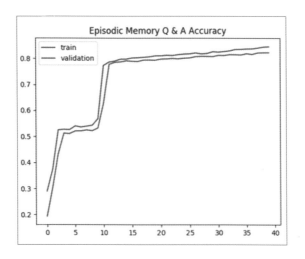

다음 코드에서 각 등급에 대한 확률을 찾을 수 있고 확률이 최대인 클래스를 찾기 위해 argmax 함수를 적용하는 결과가 예측된다.

```
# 레이블 예측 가져오기
>>> ytest = np.argmax(Ytest, axis=1)
>>> Ytest_ = model.predict([Xstest, Xqtest])
>>> ytest_ = np.argmax(Ytest_, axis=1)
# 무작위로 질문을 선택하고 답변을 예측
>>> NUM_DISPLAY = 10
>>> for i in random.sample(range(Xstest.shape[0]),NUM_DISPLAY):
... story = " ".join([indx2word[x] for x in Xstest[i].tolist() if x != 0])
... question = " ".join([indx2word[x] for x in Xqtest[i].tolist()])
... label = indx2word[ytest[i]]
... prediction = indx2word[ytest_[i]]
... print(story, question, label, prediction)
```

모델을 충분히 학습하고 84.51%와 같은 유효성 검사 데이터에서 더 나은 정확도를 얻은 후에는 실제 테스트 데이터를 사용해 예상 답변이 실제 응답과 얼마나 일치하는지 확인해야 한다.

모델은 무작위로 추출된 10개의 질문 중에서 올바른 질문을 단 1회 예측하지 못했다(여섯 번째 질문의 경우 실제 응답은 bedroom이고 예측된 답은 office임). 즉, 샘플에 대해 90%의 정확도를 얻었다. 정확도 값을 일반화할 수는 없지만 모델의 예측 능력에 대해 독자들에게 약간의 아이디어를 준다.

```
mary journeyed to the kitchen . daniel went to the bedroom . where is daniel ? bedroom bedroom
daniel went back to the hallway . sandra went to the garden . where is sandra ? garden garden
sandra journeyed to the hallway . sandra journeyed to the bathroom . where is sandra ? bathroom bathroom
john travelled to the bedroom . daniel moved to the garden . where is daniel ? garden garden
sandra journeyed to the hallway . sandra travelled to the kitchen . where is mary ? bathroom bathroom
daniel moved to the bathroom . daniel journeyed to the hallway . where is john ? bedroom office
john went to the hallway . daniel travelled to the hallway . where is daniel ? hallway hallway
john went back to the bathroom . sandra went back to the hallway . where is sandra ? hallway hallway
john went to the office . john went to the bedroom . where is john ? bedroom bedroom
john travelled to the kitchen . daniel travelled to the bathroom . where is daniel ? bathroom bathroom
```

순환 신경망을 사용해 다음 단어를 예측하는 언어 모델링 – LSTM

단어 일부 타이핑에 기초해 다음 단어를 예측하는 실제 상용화된 애플리케이션이 많이 있다. 예를 들어 단어를 구글 검색창에 입력하는 동안 단어를 제안하는 것이다. 이러한 유형의 기능은 검색엔진 사용 시 사용자 만족도를 향상시킨다. 기술적으로 이것은 **N그램**이라고 부른다(두 개의 연속된 단어가 추출되면 **바이그램**bi-gram이라고 한다). 이것을 모델링하는 데는 여러 방법이 있지만 여기에서는 *N-1* 사전 단어pre-word를 기반으로 다음 최상의 단어를 예측하기 위해 심층 RNN을 선택했다.

준비하기

이상한 나라의 앨리스Alice in Wonderland 데이터가 이 용도로 사용됐으며 동일한 데이터를 http://www.umich.edu/~umfandsf/other/ebooks/alice30.txt에서 다운로드할 수 있다. 초기 데이터 준비 단계에서 스토리 파일과 같은 연속 텍스트 파일 데이터에서 N그램을 추출했다.

```
>>> from __future__ import print_function
>>> import os
""" 먼저 다음 디렉터리 링크를 모든 입력 파일이 있는 곳으로 변경하시오 """
>>> os.chdir("C:\\Users\\prata\\Documents\\book_codes\\NLP_DL")
>>> from sklearn.model_selection import train_test_split
>>> import nltk
>>> import numpy as np
>>> import string
# 파일 읽기
>>> with open('alice_in_wonderland.txt', 'r') as content_file:
... content = content_file.read()
>>> content2 = " ".join("".join([" " if ch in string.punctuation else ch
for ch in content]).split())
>>> tokens = nltk.word_tokenize(content2)
>>> tokens = [word.lower() for word in tokens if len(word)>=2]
```

N그램은 다음 N값으로 선택된다. 다음 코드에서 N은 3을 선택했다. 이는 각 데이터 조각
이 세 단어를 연속적으로 가진다는 뜻이다. 그중 두 개의 단어(바이그램)가 각 관찰에서 다
음 단어를 예측하는 데 사용됐다. 여러분은 N값을 변경하고 모델이 단어를 예측하는 방법
을 확인하는 것이 좋다.

 N그램이 4, 5, 6 정도 증가하면 차원의 저주를 보완하기 위한 충분한 양의 증분 데이터를 제
공해야 한다.

```
# N-1이 마지막 N번째 단어를 예측하는 데 사용되는 N그램에 대한 N값 선택
Nth word
>>> N = 3
>>> quads = list(nltk.ngrams(tokens,N))
>>> newl_app = []
>>> for ln in quads:
... newl = " ".join(ln)
... newl_app.append(newl)
```

기본 데이터 관측을 추출한 후에 다음 작업을 수행해야 한다.

1. **전처리**: 전처리 단계에서 단어는 모델 작업에 필요한 벡터화된 형식으로 변환된다.

2. **모델 개발 및 유효성 검증**: 입력을 출력에 매핑하는 수렴-발산 모델을 작성한 후 학습 및 유효성 검증 데이터를 작성한다.

3. **다음 최적 단어 예측**: 학습된 모델을 활용해 테스트 데이터에서 다음으로 우수한 단어를 예측한다.

scikit-learn에서 CountVectorizer를 사용해 주어진 단어(X와 Y 단어)를 벡터 공간에 벡터화한다.

```python
# 단어 벡터화
>>> from sklearn.feature_extraction.text import CountVectorizer
>>> vectorizer = CountVectorizer()
>>> x_trigm = []
>>> y_trigm = []
>>> for l in newl_app:
... x_str = " ".join(l.split()[0:N-1])
... y_str = l.split()[N-1]
... x_trigm.append(x_str)
... y_trigm.append(y_str)
>>> x_trigm_check = vectorizer.fit_transform(x_trigm).todense()
>>> y_trigm_check = vectorizer.fit_transform(y_trigm).todense()
# 단어에서 정수, 정수에서 단어로 변환하기 위한 딕셔너리
>>> dictnry = vectorizer.vocabulary_
>>> rev_dictnry = {v:k for k,v in dictnry.items()}
>>> X = np.array(x_trigm_check)
>>> Y = np.array(y_trigm_check)
>>> Xtrain, Xtest, Ytrain, Ytest,xtrain_tg,xtest_tg = train_test_split(X,
```

```
Y,x_trigm, test_size=0.3,random_state=42)
>>> print("X Train shape",Xtrain.shape, "Y Train shape" , Ytrain.shape)
>>> print("X Test shape",Xtest.shape, "Y Test shape" , Ytest.shape)
```

데이터를 벡터화된 형식으로 변환한 후 열 값이 동일하게 유지되는 것을 볼 수 있다. 어휘 길이 (가능한 모든 단어 2,559개).

```
X Train shape (17947L, 2559L) Y Train shape (17947L, 2559L)
X Test shape (7692L, 2559L) Y Test shape (7692L, 2559L)
```

다음 코드는 신경망의 모양을 축소하고 확장하는 수렴형 발산 구조로 구성된 모델의 핵심이다.

```
# 모델 구축
>>> from keras.layers import Input,Dense,Dropout
>>> from keras.models import Model
>>> np.random.seed(42)
>>> BATCH_SIZE = 128
>>> NUM_EPOCHS = 100
>>> input_layer = Input(shape = (Xtrain.shape[1],),name="input")
>>> first_layer = Dense(1000,activation='relu',name = "first")(input_layer)
>>> first_dropout = Dropout(0.5,name="firstdout")(first_layer)
>>> second_layer = Dense(800,activation='relu',name="second")
(first_dropout)
>>> third_layer = Dense(1000,activation='relu',name="third") (second_layer)
>>> third_dropout = Dropout(0.5,name="thirdout")(third_layer)
>>> fourth_layer = Dense(Ytrain.shape[1],activation='softmax',name =
"fourth")(third_dropout)
>>> history = Model(input_layer,fourth_layer)
>>> history.compile(optimizer = "adam",loss="categorical_crossentropy",
metrics=["accuracy"])
>>> print (history.summary())
```

이 스크린샷은 모델. Convergent-divergent 구조로 구성된다.

```
Layer (type)               Output Shape         Param #
=================================================================
input (InputLayer)         (None, 2559L)        0
_____
first (Dense)              (None, 1000)         2560000
_____
firstdout (Dropout)        (None, 1000)         0
_____
second (Dense)             (None, 800)          800800
_____
third (Dense)              (None, 1000)         801000
_____
thirdout (Dropout)         (None, 1000)         0
_____
fourth (Dense)             (None, 2559L)        2561559
=================================================================
Total params: 6,723,359.0
Trainable params: 6,723,359.0
Non-trainable params: 0.0
```

모델 학습
```
>>> history.fit(Xtrain, Ytrain, batch_size=BATCH_SIZE,epochs=NUM_EPOCHS,
verbose=1,validation_split = 0.2)
```

이 모델은 100개 에포크가 있는 데이터에 대해 학습된다. 학습 정확도가 크게 개선(5.46%
에서 63.18%로)된 후에도 유효성 검사 정확도가 약간 향상된다(6.63%에서 10.53%). 그러나
유효성 검사 정확도를 더 향상시키기 위해 다양한 설정을 시도하는 것이 좋다.

```
Train on 14357 samples, validate on 3590 samples
Epoch 1/100
14357/14357 [==============================] - 1s - loss: 6.3349 - acc: 0.0546 - val_loss: 6.0973 - val_acc: 0.0663
Epoch 2/100
14357/14357 [==============================] - 1s - loss: 5.9002 - acc: 0.0664 - val_loss: 6.0327 - val_acc: 0.0733
Epoch 3/100
14357/14357 [==============================] - 1s - loss: 5.6806 - acc: 0.0823 - val_loss: 5.9812 - val_acc: 0.0869
Epoch 4/100
14357/14357 [==============================] - 1s - loss: 5.4250 - acc: 0.1045 - val_loss: 5.9641 - val_acc: 0.0969

Epoch 96/100
14357/14357 [==============================] - 1s - loss: 1.1159 - acc: 0.6394 - val_loss: 9.2412 - val_acc: 0.1100
Epoch 97/100
14357/14357 [==============================] - 1s - loss: 1.1252 - acc: 0.6329 - val_loss: 9.2342 - val_acc: 0.1100
Epoch 98/100
14357/14357 [==============================] - 1s - loss: 1.1061 - acc: 0.6375 - val_loss: 9.3985 - val_acc: 0.1120
Epoch 99/100
14357/14357 [==============================] - 1s - loss: 1.1132 - acc: 0.6368 - val_loss: 9.3619 - val_acc: 0.1092
Epoch 100/100
14357/14357 [==============================] - 1s - loss: 1.1138 - acc: 0.6318 - val_loss: 9.2746 - val_acc: 0.1053
       <keras.callbacks.History at 0xe16dc4f98>
```

```
# 모델 예측
>>> Y_pred = history.predict(Xtest)
# 테스트 데이터에 대한 샘플 확인
>>> print ("Prior bigram words", "|Actual", "|Predicted","\n")
>>> for i in range(10):
... print (i,xtest_tg[i],"|",rev_dictnry[np.argmax(Ytest[i])],
"|",rev_dictnry[np.argmax(Y_pred[i])])
```

유효성 검사 정확도가 낮으면 모델이 단어를 잘 예측하지 못할 수 있다는 힌트가 제공된다. 그 이유는 문자 레벨보다는 단어를 취하는 매우 고차원적인 측면일 수 있다(문자 차원은 26차원으로, 단어의 2559값보다 훨씬 작다). 다음 스크린샷에서 보듯이 10점 중 2점을 예측했다. 그러나 예측이 맞았는지 여부는 매우 주관적이다. 때로는 예측된 단어가 비슷하지만 같지 않을 수 있다.

```
7148 want to | go | see
3039 neck nicely | straightened | of
2408 the rest | between | of
4068 soon finished | off | it
7093 up and | began | down
6885 her so | she | she
5985 was an | old | old
4901 have been | that | changed
4447 the roof | there | of
777 no lower | said | the
```

딥러닝 순환망을 사용하는 생성 챗봇 개발 – LSTM

생성형 챗봇은 구축하고 운영하기가 매우 어렵다. 오늘날에도 대부분의 작업 가능한 챗봇은 자연에서 검색하고 있다. 의미론적 유사성, 의도 등을 기반으로 주어진 질문에 대한 최상의 응답을 검색한다. 자세한 내용은 「통계적 기계 번역을 위한 RNN 인코더-디코더를 사용한 학습 구문 표현」 논문을 참조하라(조경현 외, https://arxiv.org/pdf/1406.1078.pdf).

A.L.I.C.E AI 재단^{A.L.I.C.E Artificial Intelligence Foundation} 데이터셋 bot.aiml 인공지능 마크업 언어 AIML는 XML 파일과 같은 사용자 지정 구문으로 모델을 학습하는 데 사용됐다. 이 파일에는 질의 응답이 매핑된다. 각 질문마다 특정한 응답이 있다. 폴더 압축을 풀고 bot.aiml 파일을 메모장으로 연 다음 bot.txt로 저장해 파이썬으로 읽어온다.

```
>>> import os
""" 먼저 다음 디렉터리 링크를 모든 입력 파일이 있는 곳으로 변경하시오 """
>>> os.chdir("C:\\Users\\prata\\Documents\\book_codes\\NLP_DL")
>>> import numpy as np
>>> import pandas as pd
# 파일 읽기
>>> with open('bot.txt', 'r') as content_file:
... botdata = content_file.read()
>>> Questions = []
>>> Answers = []
```

AIML 파일은 XML과 비슷한 고유한 구문을 사용한다. 패턴 단어는 질문과 답변의 템플릿 단어를 나타내는 데 사용된다.

```
>>> for line in botdata.split("</pattern>"):
... if "<pattern>" in line:
...     Quesn = line[line.find("<pattern>")+len("<pattern>"):]
...     Questions.append(Quesn.lower())
>>> for line in botdata.split("</template>"):
... if "<template>" in line:
...     Ans = line[line.find("<template>")+len("<template>"):]
...     Ans = Ans.lower()
...     Answers.append(Ans.lower())
>>> QnAdata = pd.DataFrame(np.column_stack([Questions,Answers]),columns =
["Questions","Answers"])
>>> QnAdata["QnAcomb"] = QnAdata["Questions"]+" "+QnAdata["Answers"]
>>> print(QnAdata.head())
```

모든 단어/문자를 숫자로 변환해야 하기 때문에 질문과 답변을 결합해 모델링에 사용된 전체 어휘를 추출한다. 그 이유는 앞에서 언급한 대로다. 딥러닝 모델은 영어를 읽을 수 없으며 모델의 모든 것이 숫자다.

```
                 Questions                                       Answers   \
0            yahoo  a lot of people hear about <bot name="name"/> ...
1        you are lazy                        actually i work 24 hours a day.
2         you are mad          no i am quite logical and rational.
3    you are thinking  i am a thinking machine.<think><set name="it">...
4  you are dividing *           actually i am not too good at division.

                                                     QnAcomb
0  yahoo a lot of people hear about <bot name="na...
1        you are lazy actually i work 24 hours a day.
2    you are mad no i am quite logical and rational.
3  you are thinking i am a thinking machine.<thin...
4  you are dividing * actually i am not too good ...
```

수행 방법

질문-답변 쌍을 추출한 후 데이터를 처리하고 결과를 산출하려면 다음 과정이 필요하다.

1. **전처리**: 질문 및 응답 쌍을 벡터화된 형식으로 변환해 모델 학습에 활용한다.
2. **모델 구축 및 검증**: 딥러닝 모델을 개발하고 데이터를 검증한다.
3. **학습된 모델의 응답 예측**: 학습된 모델은 주어진 질문에 대한 응답을 예측하는 데 사용된다.

동작 원리

질문과 답변은 인덱스 매핑에 사용되는 단어의 어휘를 만드는 데 활용된다. 그것은 단어를 벡터 매핑으로 변환하는 데 사용된다.

```
# 단어장 생성
>>> import nltk
```

```
>>> import collections
>>> counter = collections.Counter()
>>> for i in range(len(QnAdata)):
...   for word in nltk.word_tokenize(QnAdata.iloc[i][2]):
...     counter[word]+=1
>>> word2idx = {w:(i+1) for i,(w,_) in enumerate(counter.most_common())}
>>> idx2word = {v:k for k,v in word2idx.items()}
>>> idx2word[0] = "PAD"
>>> vocab_size = len(word2idx)+1
>>> print("\n\nVocabulary size:", vocab_size)
```

```
Vocabulary size: 3451
```

인코딩 및 디코딩 함수는 텍스트를 인덱스로 변환하고 인덱스를 텍스트로 변환하는 데 사용된다. 알다시피 딥러닝 모델은 텍스트나 문자 데이터가 아닌 숫자numeric 값에서 작동한다.

```
>>> def encode(sentence, maxlen,vocab_size):
...   indices = np.zeros((maxlen, vocab_size))
...   for i, w in enumerate(nltk.word_tokenize(sentence)):
...     if i == maxlen: break
...     indices[i, word2idx[w]] = 1
...   return indices
>>> def decode(indices, calc_argmax=True):
...   if calc_argmax:
...     indices = np.argmax(indices, axis=-1)
...   return ' '.join(idx2word[x] for x in indices)
```

다음 코드는 질문과 대답 모두에 대해 주어진 최대 길이로 질문 및 답변을 벡터화하는 데 사용된다. 둘의 길이는 다를 수 있다. 어떤 데이터에서는 질문 길이가 대답 길이보다 길며, 경우에 따라 질문 길이가 대답 길이보다 짧다. 이상적인 질문 길이는 올바른 답을 잡는 것이 좋다. 불행히도 이 경우 질문 길이는 대답 길이보다 훨씬 적다. 이는 생성 모델을 개발하는 데 매우 나쁜 예다.

```
>>> question_maxlen = 10
>>> answer_maxlen = 20
>>> def create_questions(question_maxlen,vocab_size):
... question_idx = np.zeros(shape=(len(Questions),question_maxlen,
vocab_size))
... for q in range(len(Questions)):
...        question = encode(Questions[q],question_maxlen,vocab_size)
...        question_idx[i] = question
... return question_idx
>>> quesns_train = create_questions(question_maxlen=question_maxlen,
vocab_size=vocab_size)
>>> def create_answers(answer_maxlen,vocab_size):
... answer_idx = np.zeros(shape=(len(Answers),answer_maxlen, vocab_size))
... for q in range(len(Answers)):
...        answer = encode(Answers[q],answer_maxlen,vocab_size)
...        answer_idx[i] = answer
... return answer_idx
>>> answs_train = create_answers(answer_maxlen=answer_maxlen,vocab_size=
vocab_size)
>>> from keras.layers import Input,Dense,Dropout,Activation
>>> from keras.models import Model
>>> from keras.layers.recurrent import LSTM
>>> from keras.layers.wrappers import Bidirectional
>>> from keras.layers import RepeatVector, TimeDistributed,
ActivityRegularization
```

다음 코드는 챗봇의 중요한 부분이다. 여기서는 순환망, 반복 벡터, 시간 분산 네트워크를
사용했다. 반복 벡터는 입력/출력값의 차원을 일치시키는 데 사용된다. 반면에 시간 분산
네트워크는 열 벡터를 출력 차원의 어휘 크기로 변경하는 데 사용된다.

```
>>> n_hidden = 128
>>> question_layer = Input(shape=(question_maxlen,vocab_size))
>>> encoder_rnn = LSTM(n_hidden,dropout=0.2,recurrent_dropout=0.2)
(question_layer)
>>> repeat_encode = RepeatVector(answer_maxlen)(encoder_rnn)
>>> dense_layer = TimeDistributed(Dense(vocab_size))(repeat_encode)
>>> regularized_layer = ActivityRegularization(l2=1)(dense_layer)
>>> softmax_layer = Activation('softmax')(regularized_layer)
```

```
>>> model = Model([question_layer],[softmax_layer])
>>> model.compile(loss='categorical_crossentropy', optimizer='adam',
metrics=['accuracy'])
>>> print (model.summary())
```

다음 모델 요약은 모델에서 모델 크기의 흐름 변화를 설명한다. 입력 레이어가 질문의 크기와 일치하고 출력이 답변의 크기와 일치한다.

```
Layer (type)                      Output Shape           Param #
=================================================================
input_1 (InputLayer)              (None, 10, 3451)        0

lstm_1 (LSTM)                     (None, 128)             1832960

repeat_vector_1 (RepeatVecto      (None, 20, 128)         0

time_distributed_1 (TimeDist      (None, 20, 3451)        445179

activity_regularization_1 (A      (None, 20, 3451)        0

activation_1 (Activation)         (None, 20, 3451)        0
=================================================================
Total params: 2,278,139.0
Trainable params: 2,278,139.0
Non-trainable params: 0.0
```

```
# 모델 학습
>>> quesns_train_2 = quesns_train.astype('float32')
>>> answs_train_2 = answs_train.astype('float32')
>>> model.fit(quesns_train_2, answs_train_2,batch_size=32,epochs=30,
validation_split=0.05)
```

정확도가 훨씬 높지만 다음 스크린샷에서 결과가 약간 까다롭다. 챗봇 모델은 대부분의 단어가 여기에 패딩되므로 완전히 말이 안 되는 소리를 낼 수 있다. 데이터의 단어 수가 적기 때문이다.

```
Train on 2803 samples, validate on 148 samples
Epoch 1/30
2803/2803 [==============================] - 3s - loss: 0.0000e+00 - acc: 1.0000 - val_loss: 0.0571 - val_acc: 0.9932
Epoch 2/30
2803/2803 [==============================] - 3s - loss: 0.0000e+00 - acc: 1.0000 - val_loss: 0.0571 - val_acc: 0.9932
Epoch 3/30
2803/2803 [==============================] - 3s - loss: 0.0000e+00 - acc: 1.0000 - val_loss: 0.0571 - val_acc: 0.9932
Epoch 4/30
2803/2803 [==============================] - 3s - loss: 0.0000e+00 - acc: 1.0000 - val_loss: 0.0571 - val_acc: 0.9932
Epoch 5/30
Epoch 26/30
2803/2803 [==============================] - 3s - loss: 0.0000e+00 - acc: 1.0000 - val_loss: 0.0571 - val_acc: 0.9932
Epoch 27/30
2803/2803 [==============================] - 3s - loss: 0.0000e+00 - acc: 1.0000 - val_loss: 0.0571 - val_acc: 0.9932
Epoch 28/30
2803/2803 [==============================] - 3s - loss: 0.0000e+00 - acc: 1.0000 - val_loss: 0.0571 - val_acc: 0.9932
Epoch 29/30
2803/2803 [==============================] - 3s - loss: 0.0000e+00 - acc: 1.0000 - val_loss: 0.0571 - val_acc: 0.9932
Epoch 30/30
2803/2803 [==============================] - 3s - loss: 0.0000e+00 - acc: 1.0000 - val_loss: 0.0571 - val_acc: 0.9932
                <keras.callbacks.History at 0x17efbe358>
```

```python
# 모델 예측
>>> ans_pred = model.predict(quesns_train_2[0:3])
>>> print (decode(ans_pred[0]))
>>> print (decode(ans_pred[1]))
```

다음 스크린샷은 테스트 데이터의 샘플 출력을 보여준다. 출력은 의미가 없는 것처럼 보이는데, 이는 생성 모델의 문제다.

```
PAD PAD PAD PAD PAD PAD PAD PAD PAD PAD PAD PAD PAD PAD PAD PAD PAD PAD PAD PAD
PAD PAD PAD PAD PAD PAD PAD PAD PAD PAD PAD PAD PAD PAD PAD PAD PAD PAD PAD PAD
```

우리 모델은 이 경우에는 제대로 작동하지 않지만 생성형 챗봇 모델로 계속해서 개선할 수 있는 영역이 있다. 여러분은 다음 사항들을 시도해볼 수 있다.

- 긴 질문과 답변이 담긴 데이터셋을 준비하여 신호 잘 포착하기
- 딥러닝 모델로 구성된 대규모 아키텍처를 구축하고 장기간 반복해 학습하기
- 질문과 답변 쌍을 지식 검색 등과 같이 사실에 기반한 것이 아닌 일반적인 것으로 만들기

찾아보기

에이콘출판의 기틀을 마련하신 故 정완재 선생님 (1935-2004)

자연어 처리 쿡북 with 파이썬

파이썬으로 NLP를 구현하는 60여 가지 레시피

발   행 | 2019년 1월 31일

지은이 | 크리슈나 바브사 · 나레쉬 쿠마르 · 프라탑 단게티
옮긴이 | 지은

펴낸이 | 권 성 준
편집장 | 황 영 주
편   집 | 조 유 나
디자인 | 박 주 란

에이콘출판주식회사
서울특별시 양천구 국회대로 287 (목동)
전화 02-2653-7600, 팩스 02-2653-0433
www.acornpub.co.kr / editor@acornpub.co.kr

한국어판 © 에이콘출판주식회사, 2019, Printed in Korea.
ISBN 979-11-6175-265-5
ISBN 978-89-6077-210-6 (세트)
http://www.acornpub.co.kr/book/nlp-python-cookbook

이 도서의 국립중앙도서관 출판시도서목록(CIP)은 서지정보유통지원시스템 홈페이지(http://seoji.nl.go.kr)와
국가자료공동목록시스템(http://www.nl.go.kr/kolisnet)에서 이용하실 수 있습니다.(CIP제어번호: CIP2019002449)

책값은 뒤표지에 있습니다.